2021年乐山师范学院学术著作出版基金资助

基于在线点评的酒店服务质量管理研究

冯晓兵　著

西南财经大学出版社

中国·成都

图书在版编目(CIP)数据

基于在线点评的酒店服务质量管理研究/冯晓兵著.—成都:西南财经
大学出版社,2021.11
ISBN 978-7-5504-5051-6

Ⅰ.①基…　Ⅱ.①冯…　Ⅲ.①饭店—服务质量—质量管理—研究
Ⅳ.①F719.3

中国版本图书馆 CIP 数据核字(2021)第 186553 号

基于在线点评的酒店服务质量管理研究
JIYU ZAIXIAN DIANPING DE JIUDIAN FUWU ZHILIANG GUANLI YANJIU
冯晓兵　著

策划编辑:李邓超
责任编辑:李特军
责任校对:陈何真璐
封面设计:张姗姗
责任印制:朱曼丽

出版发行	西南财经大学出版社(四川省成都市光华村街 55 号)
网　　址	http://cbs.swufe.edu.cn
电子邮件	bookcj@swufe.edu.cn
邮政编码	610074
电　　话	028-87353785
照　　排	四川胜翔数码印务设计有限公司
印　　刷	成都市火炬印务有限公司
成品尺寸	170mm×240mm
印　　张	14
字　　数	262 千字
版　　次	2021 年 11 月第 1 版
印　　次	2021 年 11 月第 1 次印刷
书　　号	ISBN 978-7-5504-5051-6
定　　价	88.00 元

序　言

    酒店产品具有使用价值的时效性、生产消费的同步性和服务质量的不稳定性等特征，相比其他有形实物产品的消费，酒店产品的消费具有更大的风险。为了降低购买风险，顾客通过整理第三方点评信息指导消费决策行为的现象越来越普遍。随着旅游电子商务的快速发展，顾客将自己的消费经历分享到网络平台上，海量真实的点评信息成为顾客快速认识所购买商品和服务的重要渠道。顾客在发生购买行为前会主动查阅网络点评内容形成自己的购买依据。酒店管理者可以通过对在线旅游平台的点评数据进行分析，快速了解顾客消费偏好及市场趋势，明确酒店在服务接待管理过程中存在的问题，从而及时改进服务质量及市场营销决策，提高顾客满意度及网络口碑，进一步提高酒店经营收益。

    在线点评内容的爆炸式增长为酒店了解其服务质量提供了有利的工具。本书通过对在线点评内容进行深度挖掘，将在线点评信息转换为较为直观的结构型数据，并基于此构建在线点评视角的酒店服务质量评价体系，为酒店企业管理者测评服务质量提供了一种新的思路与方法，这也是对酒店服务质量研究领域的丰富和完善。本书主体内容由"背景理论"和"实践案例"两篇构成。背景理论篇主要阐述选题的研究背景、课题研究的设计思路、课题研究所使用的研究方法及课题研究的数据来源。实践案例篇则以当前住宿接待业市场中常见的几种住宿业态为对象，以顾客点评文本数据为基础，通过案例分析的形式对酒店的服务质量进行分析，并提出管理提升建议。实践案例篇涉及商务型酒店、度假型酒店、经济型酒店、主题酒店及民宿客栈，酒店类型较为全面。

    乐山师范学院旅游管理专业是四川省一流本科专业和应用型示范专业。乐山师范学院在旅游管理类专业人才培养上注重产学研教的多元融合，与洲际酒店集团、开元酒店集团等合作开设英才培养学院，在企业高管进课堂、教师企业挂职、学生专业实习、合作科研项目等方面开展常态化合作；鼓励学生以专业课程学习为基础，以教师科研项目为依托，注重科学研究能力的提升，从理论学习、专业实践、科学研究等方面提升学生的专业素质。作者较长时期从事《酒店服务质量管理》这门课程的教学讲授工作，主持完成了四川省哲学社会科学重点研究基地四川旅游发展研究中心课题"基于在线点评的旅游服务质量感知研究"，并受洲际酒店英才培养学院委托完成教学开发奖励项目"基于内容分析法的酒店服务质量在线评价研究"。此外，作者以"酒店服务质量在线评价"为主题指导旅游管理、酒店管理专业多名学生完成毕业论文（设计），并指导旅游管理专业学生以"酒店服务质量管理"为主题发表多篇学术论文，形成了"旅游服务质量管理"系列教学研究成果。

本书是作者多年来从事"旅游服务质量管理"教学与科研工作的成果总结，也是四川省2018—2020年高等教育人才培养质量和教学改革项目"基于产教融合的旅游管理类应用型人才培养模式研究与实践"（项目编号：JG2018-710）的实践成果。本书的内容既有作者近年来完成的教学科研成果，也收录了部分指导学生完成的优秀本科毕业论文（设计）成果。感谢乐山师范学院旅游学院蒲丽、王旭、刘柏林、周雨晴、黄自琪、邹琪、郑钞文、付晓轩、张周等同学在网络点评数据收集与处理中的辛勤付出，本书的出版离不开你们的支持。感谢乐山师范学院旅游学院郭剑英教授、郑元同教授、邱云志教授长期以来对我的关心与指导，感谢乐山师范学院科研部和旅游学院为本书出版提供的基金资助，感谢西南财经大学出版社编辑老师在本书编辑、校对、出版过程中付出的辛勤劳动。

冯晓兵

2020. 11. 30

目　录

背景理论篇

实践案例篇

背景理论篇

第一章　绪论

一、研究背景

（一）问题提出

由于网络传播的低成本、高扩散性，其具有很大的受众群体。在线预订为顾客带来了购买便利性、选择多样性等感知收益，但顾客在做出购买决策前无法对所要购买的商品进行实际观察和体验，因此网络预订相比传统线下预订具有一定的消费风险。为了降低消费风险，顾客通过整理第三方点评信息指导消费决策行为的现象越来越普遍。据易观国际监测数据，中国在线旅游交易规模逐年递增，2017 年交易规模达 8 923.3 亿元。从在线旅行预订用户规模变化情况看，通过线上渠道进行旅游预订的用户数量越来越多。截至 2018 年 6 月底，在线旅行预订用户规模达到 3.93 亿人（见图 1-1），这说明约一半的消费者会通过在线业务进行旅行预订。从在线旅游细分市场网民比例变化情况看，酒店预订的网民比例仅次于火车票预订，排名第二，占比达到了 25.7%①。

随着在线旅游市场交易规模的不断扩大和顾客购买行为方式的变化，越来越多的酒店经营管理者开始意识到互联网大数据的价值，在线点评的爆炸式增长为酒店企业了解自身服务质量及竞争对手的市场口碑提供了有利的工具。德拉罗卡斯（Dellarocas）等在对电影点评的研究中发现，电影点评的分值与票房收益呈正相关关系②。与网络正面口碑带来的产品收入的增加相比，负面点

---

① 前瞻经济学人. 2018 年在线旅游行业规模与 2019 年在线旅游发展前景分析 [EB/OL].（2019 - 10 - 25）[2020 - 06 - 01]. https：//www. qianzhan. com/analyst/detail/220/181212 - 6dc3ac93. html.

② DELLAROCAS C N, NEVEEN A F, ZHANG X. Exploring the value of online product reviews in forecasting sales：the case of motion pictures [J]. Journal of interactive marketing, 2007, 21 (4)：23-45.

评对产品收入减少的影响更大①。雷晶等通过实证检验发现，负面点评和主观评价型的点评信息对消费者行为意向的影响要大于正面点评和客观事实型的点评信息②。在线点评的快速发展，使越来越多的旅游企业开始运用互联网和移动互联网提供服务，并以此来扩大自身的经济效益③。

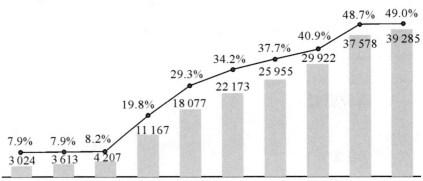

图 1-1 2009—2018 年中国在线旅游行业用户规模

在线点评是酒店口碑的重要来源，是重要的顾客反馈渠道，对消费者的决策有非常重要的参考价值④。李孙琴的研究发现，酒店在线点评显著正向影响消费者的购买意向，且点评质量、点评形式、点评者的资信度等因素都会对消费者的购买意向产生影响⑤。因此，对酒店顾客在线点评的内容进行分析，有利于识别顾客在住宿期间的关注需求。秦海菲等对酒店在线评论数据的特征进行了深入分析研究，得出了酒店在线评论的特征词是服务、环境、设施、整体舒适度和餐饮⑥。丁鑫等在对厦门康莱德酒店在线点评内容的分析中发现，服

① CHEVALIER J A, MAYZLIN D. The effect of word of mouth on sales: online book reviews [J]. Journal of marketing research, 2006, 43 (3): 345-354.

② 雷晶, 李霞. 在线点评对消费者行为意向影响的实证检验 [J]. 统计与决策, 2015, (18): 117-121.

③ 张慧. 网络环境下山东省五星级酒店顾客满意度评价研究 [D]. 济南: 山东师范大学, 2015.

④ 郝海媛. 酒店产品在线评价的可信度研究：以缤客网香港酒店为例 [J]. 现代商业, 2018 (14): 29-31.

⑤ 李孙琴. 酒店在线点评对消费者购买意向的影响 [D]. 合肥: 安徽财经大学, 2017: 43.

⑥ 秦海菲, 杜军平. 酒店在线评论数据的特征挖掘 [J]. 智能系统学报, 2018, 13 (6): 1006-1014.

务态度和周边环境是顾客关注最多的因素①。

互联网与电子商务的快速发展，使得在线点评无疑成为顾客快速认识所购买商品和服务的重要渠道。顾客在发生购买行为前会主动查阅网络点评内容，形成自己的购买依据，因此在线网络口碑形象在顾客购买决策过程中发挥着非常重要的作用。通过对在线旅游平台的网络数据进行分析，企业可以快速了解顾客消费偏好及市场趋势，明确企业在服务接待管理过程中存在的问题，从而及时改进服务质量及市场营销决策，提高顾客满意度及网络口碑，进一步实现企业收益的提升。

（二）研究意义

酒店产品具有使用价值的时效性、生产消费的同步性和服务质量的不稳定性等特征，同时又不能被顾客提前试用，因此，相比其他有形实物产品的消费，酒店产品的消费具有更大的风险。除了酒店所处的地理位置、自身的星级以及产品价格以外，酒店的市场口碑形象也是顾客选择酒店的重要因素。顾客消费后对酒店产品的真实评价信息，对其他顾客购买行为的影响远比电视、广告等营销渠道更大②。旅游电子商务的发展，使得顾客可以将自己的消费经历分享到网络平台上，这些海量的真实点评信息共同构成了酒店的网络口碑形象。信息化的发展使得人们在出行时，大多会选择网络在线方式进行酒店的订购，而网站上的酒店评价信息则是顾客选择酒店的重要参考内容③。

网络在线点评文本的快速增长，为顾客做出购买消费决策提供了信息参考，同时顾客也乐意在网络上分享自己的住宿经历，海量的顾客真实点评文本为酒店行业管理者测评服务质量提供了一种新的思路与方法。酒店业作为现代服务业，提高服务质量是其管理者所追求的重要目标。本书通过对旅游者在线点评内容进行深度挖掘，将在线点评信息转换为较为直观的结构型数据，构建基于在线点评视角的酒店服务质量测评体系，是对酒店服务质量研究领域的丰富和完善，同时也有助于酒店及时对顾客的点评做出反馈。通过及时有效的沟通，酒店可以明确自身在服务接待与硬件设施设备方面存在的不足，从而有针对性地采取措施以提高酒店服务质量，改善酒店的市场口碑形象。

---

① 丁鑫，汪京强，王晓燕. 基于在线点评的酒店顾客感知服务质量研究 [J]. 内蒙古师范大学学报（哲学社会科学版），2018，47（3）：43-47.
② 卢向华，冯越. 网络口碑的价值：基于在线餐馆点评的实证研究 [J]. 管理世界，2009（7）：126-132.
③ 姚晨洋. 酒店服务质量网络评价研究 [J]. 旅游纵览（下半月），2018（5）：85.

二、研究设计

（一）研究方法

1. 文献分析法

本书在全面收集酒店服务质量在线评价有关文献资料的基础上，经过归纳整理、分析鉴别，对一定时期内酒店服务质量在线评价的研究成果进行叙述和评论，形成本书所做研究的理论基础，并在此基础上设计与确定酒店服务质量的在线评价指标体系。

2. 内容分析法

内容分析法是一种对类目和分析单元出现的频数进行计量，将文字（或图画）的非定量的内容转化为定量的数据的研究方法。本书使用该方法将文字资料转换成数据，从而达到对研究内容更精确认识的目的。本书在所做研究中，主要通过提取网络文本高频词的方式，对酒店的在线服务质量进行评价。

3. 案例分析法

本书通过构建酒店服务质量的在线评价指标体系，分别选择商务型酒店、度假型酒店、经济型酒店、主题酒店及民宿客栈，对其在线网络点评文本进行分析，分别对每一家酒店存在的服务质量问题进行分析，并提出提升服务质量与顾客满意度的管理建议，以促进酒店收益的提高。

（二）研究工具

1. 后羿采集器

后羿采集器是由前谷歌搜索技术团队基于人工智能技术研发的新一代网页采集软件。后羿采集器不仅能够进行数据的自动化采集，而且在采集过程中还可以对数据进行清洗。本书所做研究使用后羿采集器对选择的案例酒店在携程旅行网站上的信息进行了抓取，获得了顾客点评、房间类型、游客出游目的等方面的海量信息，形成了本研究的基础数据。

2. ROST Content Mining 软件

ROST Content Mining 软件是一款专业的内容挖掘软件，可以实现文本预处理、分字、分词、词频统计等功能。通过使用 ROST Content Mining 软件，本书所做研究提取了酒店服务质量在线点评文本中出现的高频词，并根据词语属性将其归类到酒店服务质量网络评价指标体系中；使用 ROST Content Mining 软件中的 net-draw 功能，采用共现分析法构建了高频词的共现矩阵，形成酒店服务质量网络口碑的共现语义图。

（三）网络评价体系构建

酒店产品是有形的硬件设施和无形的劳务服务的有机统一，入住者是酒店服务质量最直接和最重要的感知者和评价者。酒店产品既包括由酒店员工提供的劳务服务，又包括酒店的设施设备与服务环境。顾客购买产品的构成综合性使得其中的任何一个要素都会对客人的消费体验产生影响。顾客的网络评价可以从侧面反映其体验感知和期望之间的差距，是研究酒店服务质量的重要依据。本书所做研究使用网络文本分析法，对顾客评价内容的高频词进行归纳整理，构建酒店服务质量在线评价体系，有助于酒店明晰其在顾客服务管理方面存在的不足，从而提高酒店的服务质量。

朱峰等以艺龙网上的游客评论内容为例，认为酒店服务质量文本分析主要从服务和设施设备两方面进行[①]。熊伟等提出"基础服务、设施设备、总体评价"的三维星级酒店服务质量文本分析体系[②]，并被其他学者广泛引用。于最兰设计出了包含"结果质量、环境质量和交互质量"的三维酒店服务质量感知评价体系，增加了以往研究中容易被忽略的交通便利性、环境舒适性等因素，使消费者对酒店服务质量的评价更加全面[③]。谭金凤将在线网络点评词条分为"设施设备、服务质量、地理位置"三类，研究广州高星级酒店的顾客满意度[④]。张彩霞等[⑤]和冯晓兵等[⑥]分别构建了由"基础服务、设施设备、卫生环境、品牌形象和基础服务、设施设备、卫生环境、总体评价"构成的酒店服务质量在线评价体系，对酒店的顾客感知服务质量进行研究。

首先，酒店的客房产品、餐饮产品等是客人住店消费的基础服务，也是酒店的核心竞争力所在。其次，酒店服务产品的提供依赖于员工熟练的服务技能和安全便捷的设施设备。设施设备是酒店提供服务产品的重要支撑。再次，酒

① 朱峰，吕镇. 国内游客对饭店服务质量评论的文本分析：以 e 龙网的网友评论为例 [J]. 旅游学刊，2006，21（5）：86-90.

② 熊伟，高阳，吴必虎. 中外国际高星级连锁酒店服务质量对比研究：基于网络评价的内容分析 [J]. 经济地理，2012，32（2）：160-165.

③ 于最兰. 游客对酒店服务质量评论的文本分析 [D]. 济南：山东大学，2013.

④ 谭金凤. 基于携程网在线点评探析广州高星级酒店的顾客满意度 [J]. 中国市场，2017（1）：103-105.

⑤ 张彩霞，武君阳. 基于网络在线点评的酒店顾客感知服务质量研究 [J]. 通讯世界，2019，26（8）：11-12.

⑥ 冯晓兵，侯瑞萍. 酒店服务质量网络评价研究 [J]. 科技和产业，2017，17（3）：119-123.

店作为服务接待场所，具有公共性和开放性，服务产品的生产和消费空间都对卫生环境有较高的要求，这也是影响客人对酒店整体评价的最直观因素。最后，酒店客人的在线点评内容以客人自己的亲身体验为主，评价内容不仅涵盖自己在酒店体验的服务项目和内容，还包括客人对酒店服务项目和内容的实际消费评价，具有一定的情感倾向性，属于客人的体验感知评价。因此，在结合现有较为成熟的研究成果的基础上，构建由"基础服务、设施设备、卫生环境、体验感知"四个方面构成的服务质量在线评价体系，能够较为全面地评价酒店服务的顾客在线感知情况。

三、研究对象

本研究共选取 21 家酒店作为案例分析的对象，涉及商务型酒店、度假型酒店、经济型酒店、主题酒店及民宿客栈。酒店类型较为全面，涵盖高、中、低端多个层次，既有高端五星级酒店、中端经济型酒店，也有业主自营的民宿客栈。本研究选取的商务型酒店共 7 家，分别是成都环球中心天堂洲际大饭店、成都世纪城天堂洲际大饭店、成都保利公园皇冠假日酒店、成都温江皇冠假日酒店、宜宾鲁能皇冠假日酒店、成都城市名人酒店、成都香格里拉大酒店；度假型酒店共 5 家，分别是简阳三岔湖长岛天堂洲际酒店、眉山黑龙潭长岛天堂洲际酒店、蒲江花样年福朋喜来登度假酒店、三亚文华东方酒店和西安华清御汤酒店；经济型酒店共 4 家，分别是内江滨江假日酒店、雅安智选假日酒店、绵阳高新智选假日酒店、乐山广场智选假日酒店；主题酒店共 2 家，分别是成都西藏饭店和乐山禅驿·嘉定院子；民宿客栈共 3 家，分别是泸沽湖真美里格客栈、成都繁星我们青年旅社和大乐之野民宿（庾村店）。本研究选择案例酒店统计情况如表 1-1 所示。

表 1-1   研究选择案例酒店统计情况

酒店名称	酒店规模	酒店类型	开业时间	网络评分
成都环球中心天堂洲际大饭店	975 间房	商务型	2014 年	4.6 分
成都世纪城天堂洲际大饭店	555 间房	商务型	2008 年	4.7 分
成都保利公园皇冠假日酒店	345 间房	商务型	2011 年	4.7 分
成都温江皇冠假日酒店	458 间房	商务型	2016 年	4.8 分
宜宾鲁能皇冠假日酒店	249 间房	商务型	2015 年	4.8 分

表1-1（续）

酒店名称	酒店规模	酒店类型	开业时间	网络评分
成都城市名人酒店	450 间房	商务型	2008 年	4.7 分
成都香格里拉大酒店	593 间房	商务型	2007 年	4.7 分
简阳三岔湖长岛天堂洲际酒店	422 间房	度假型	2016 年	4.5 分
眉山黑龙潭长岛天堂洲际酒店	401 间房	度假型	2013 年	4.6 分
蒲江花样年福朋喜来登度假酒店	275 间房	度假型	2015 年	4.5 分
三亚文华东方酒店	278 间房	度假型	2009 年	4.7 分
西安华清御汤酒店	95 间房	度假型	2016 年	4.8 分
内江滨江假日酒店	344 间房	经济型	2019 年	4.9 分
雅安智选假日酒店	182 间房	经济型	2018 年	4.8 分
绵阳高新智选假日酒店	254 间房	经济型	2018 年	4.8 分
乐山广场智选假日酒店	255 间房	经济型	2016 年	4.6 分
成都西藏饭店	271 间房	主题型	1988 年	4.8 分
乐山禅驿·嘉定院子	76 间房	主题型	2017 年	4.7 分
泸沽湖真美里格客栈	40 间房	非标住宿	2011 年	4.3 分
成都繁星我们青年旅社	70 间房	非标住宿	2019 年	4.5 分
大乐之野民宿（庚村店）	15 间房	非标住宿	2017 年	4.6 分

四、数据来源

携程旅行网是中国领先的在线旅行服务平台，向超过 2.5 亿名会员提供包括酒店预订、机票预订、旅游度假、商旅管理、美食订餐及旅游资讯在内的全方位旅行服务，被誉为互联网和传统旅游无缝结合的典范。据《2018—2024 年中国旅游产业发展趋势与投资决策分析报告》，在中国在线旅游市场份额中，以携程旅行网、去哪儿网为主体的携程系共占 63.9% 的市场份额①。

本研究所选取的顾客网络点评数据均来源于携程旅行网。本研究首先通过后羿采集器对研究所选择案例酒店的顾客真实点评文本内容进行收集；其次对

---

① 前瞻经济学人. 2018 年中国在线旅游竞争格局分析 携程系占据半壁江山 ［EB/OL］. （2019 - 10 - 25）［2020 - 06 - 01］. https：//www. qianzhan. com/analyst/detail/220/180627 - 5f0bf9d9. html.

顾客点评内容进行筛选，剔除无效、重复及信息不完整的内容，将顾客点评内容转换成文本格式，形成本研究的基础数据。本研究共选取 21 家酒店，累计提取顾客有效点评文本 34 094 条，形成顾客有效点评文本字数 1 401 033 个，所选酒店具体点评文本样本数量见表1-2。

表1-2　本研究所选酒店具体点评文本样本数量

酒店名称	有效点评 文本数量/条	有效点评 文本字数/个
成都环球中心天堂洲际大饭店	7 458	281 131
成都世纪城天堂洲际大饭店	1 189	27 380
成都保利公园皇冠假日酒店	2 510	109 637
成都温江皇冠假日酒店	819	26 777
宜宾鲁能皇冠假日酒店	1 284	36 258
成都城市名人酒店	1 800	64 118
成都香格里拉大酒店	2 110	72 373
简阳三岔湖长岛天堂洲际酒店	881	40 944
眉山黑龙滩长岛天堂洲际酒店	2 313	92 854
蒲江花样年福朋喜来登度假酒店	503	24 748
三亚文华东方酒店	3 285	168 995
西安华清御汤酒店	1 210	118 474
内江滨江假日酒店	58	3 670
雅安智选假日酒店	795	26 873
绵阳高新智选假日酒店	453	14 916
乐山广场智选假日酒店	1 527	47 316
成都西藏饭店	1 200	62 788
乐山禅驿·嘉定院子	1 050	32 621
泸沽湖真美里格客栈	2 160	71 286
大乐之野民宿（庚村店）	445	24 852
成都繁星我们青年旅社	1 101	53 022

实践案例篇

第二章　商务型酒店的实践案例

一、成都环球中心天堂洲际大饭店服务质量网络评价研究

（一）酒店简介

成都环球中心天堂洲际大饭店坐落于全球较大的单体建筑新世纪环球中心内，新世纪环球中心以"飞行之海鸥、漂浮之鲸、起伏之海浪"为建筑形态，融合成都休闲旅游城市的概念，成为成都的新名片之一。酒店拥有990间豪华客房及套房，每间客房皆有独特的海景观景阳台，将细砂海岸线及室内沙滩的天堂岛海洋乐园揽入怀中，沿海岸风情小镇、栈桥码头、无边界汤池及150米室内发光二级管（LED）屏等壮丽的海天景象一览无余。迷人的地中海风情建筑与别具一格的海洋主题浑然一体，更有世界一流美食，为顾客倾力打造美轮美奂的入住体验。

（二）基于市场细分的酒店服务质量在线评价

根据顾客出游目的的不同，成都环球中心天堂洲际大饭店的市场可划分为7个类型，具体见表2-1。由表2-1可知，在成都环球中心天堂洲际大饭店的客源类型中，家庭亲子的顾客的比例最高，达到了58%，是酒店的核心客源市场；其次是其他类型，其比例达到了19.82%；朋友出游的顾客的比例为9.32%，商务出差的顾客的比例为6.10%，独自旅行和情侣出游的顾客的比例分别为2.72%和2.06%。

表 2-1　成都环球中心天堂洲际大饭店网络评分市场差异

出游目的	网络评分	样本数量/条	样本比例/%
代人预订	4.88	148	1.98
独自旅行	4.73	203	2.72

表2-1(续)

出游目的	网络评分	样本数量/条	样本比例/%
家庭亲子	4.71	4 326	58.00
朋友出游	4.80	695	9.32
情侣出游	4.82	154	2.06
商务出差	4.77	455	6.10
其他	4.69	1 478	19.82

从不同细分市场对酒店服务质量的网络评分来看,代人预订的顾客对酒店的评价最高,其网络评分为4.88分;其次是情侣出游的顾客,其网络评分为4.82分;顾客样本中比例最高的是家庭亲子类型的顾客,其网络评分为4.71分。除其他类型的网络评分为4.69分外,成都环球中心天堂洲际大饭店所有细分市场的网络评分都在4.7分以上,显示出较高的顾客满意度和行业竞争力。

(三) 基于房间类型的酒店服务质量在线评价

携程旅行网的有关信息显示,成都环球中心天堂洲际大饭店网络在售的客房共有13种类型,其中售出最多的类型是洲际高级房,达到了选取样本的61.95%;其次是洲际景观房和洲际豪华房,比例分别达到了19.74%和12.86%,这三种类型的客房比例累计达到94.55%;洲际行政房的比例为3.03%,其他类型的客房比例较低,都在1%以下。成都环球中心天堂洲际大饭店不同房型的网络评分情况见表2-2。

表2-2　成都环球中心天堂洲际大饭店不同房型的网络评分情况

房间类型	网络评分	样本数量/条	样本比例/%
双卧家庭房	4.9	2	0.03
洲际行政豪华房	4.81	29	0.39
洲际高级房	4.77	4 620	61.95
洲际豪华房	4.73	959	12.86
海洋乐园高级大床房	4.71	7	0.09
洲际景观房	4.7	1 472	19.74
洲际花园套房	4.68	71	0.95
洲际行政房	4.66	226	3.03
海洋乐园高级双床房	4.61	26	0.35

表2-2(续)

房间类型	网络评分	样本数量/条	样本比例/%
洲际高级套房	4.43	15	0.20
海洋乐园花园套房	4.37	12	0.16
王子房	4.33	12	0.16
公主房	3.91	7	0.09

由表2-2可知,双卧家庭房的网络评分最高,达到了4.9分,也是顾客评价唯一在4.9分以上的客房类型;其次是洲际行政豪华房,其网络评分达到了4.81分;酒店客房中售出比例较高的洲际高级房、洲际豪华房、洲际景观房的网络评分分别为4.77分、4.73分、4.7分,顾客评价也较高;顾客网络评价在4.5分以下的房间类型有洲际高级套房、海洋乐园花园套房、王子房和公主房,其中公主房的网络评分最低,仅有3.91分,这四种类型的客房在后续的服务管理中需要重点加强。

(四)基于内容分析的酒店服务质量在线评价

1. 酒店在线点评文本高频词分析

本研究使用ROST软件的分词功能,对顾客在线点评文本进行分词处理,并对提取出来的词语进行出现频次统计,即统计成都环球中心天堂洲际大饭店顾客点评文本中出现的高频词。由于文本的限制,没办法将高频词一一显示出来,表2-3是成都环球中心天堂洲际大饭店在线点评文本中出现频次在前100位的词语统计,图2-1是成都环球中心天堂洲际大饭店在线点评文本高频词云图,图中字体的大小与词语在顾客点评文本中出现的频次的高低直接相关。

表2-3 成都环球中心天堂洲际大饭店在线点评文本出现频次在前100位的词语统计

词语	词频/次	词语	词频/次	词语	词频/次	词语	词频/次
酒店	3 999	热情	306	门票	167	摆渡	116
服务	2 111	满意	301	大堂	159	餐厅	116
房间	1 524	干净	296	时间	158	收费	114
早餐	1 465	小孩	288	泳池	155	停车场	114
孩子	1 212	位置	281	超级	149	问题	110
入住	1 070	体验	281	度假	149	出游	108
环境	1 068	免费	269	五星	141	感谢	104
方便	976	选择	266	性价比	140	建议	101

表2-3（续）

词语	词频/次	词语	词频/次	词语	词频/次	词语	词频/次
乐园	899	温泉	258	出行	139	漂亮	101
适合	874	开心	255	交通	139	品种	97
前台	852	升级	245	五星级	137	景观	94
水上	657	排队	227	天堂	137	好玩	91
设施	648	办理	217	游玩	134	安排	90
洲际	557	卫生	215	停车	131	第一次	90
中心	453	商场	214	儿童	129	客房	88
态度	433	舒服	197	接待	129	硬件	88
海洋	420	值得	188	项目	128	唯一	87
环球	415	服务员	184	朋友	125	隔音	87
下次	411	齐全	182	贴心	125	配套	86
购物	380	吃饭	181	娱乐	122	餐饮	86
丰富	334	客人	180	豪华	121	告知	82
亲子	325	吃喝玩乐	175	电瓶车	121	家庭	82
小朋友	320	阳台	174	夏天	118	味道	82
人员	315	周到	169	丰盛	117	自助	81
成都	315	舒适	167	行李	116	游乐	81

图2-1　成都环球中心天堂洲际大饭店在线点评文本高频词云图

由表2-3可知，出现频次最高的词语是"酒店"，出现频次达到了3 999次；其次是"服务"，出现频次为2 111次，其他出现频次在1 000次以上的词语分别是"房间""早餐""孩子""入住""环境"。根据词语的属性，可以发现，顾客的在线点评文本内容主要集中于酒店自身及周边环境简介、酒店服务及设施设备、对酒店服务及设施设备的评价、顾客出游目的四个类别。酒店自身及周边环境简介主要是对酒店品牌、位置、周边环境的介绍，相关词语包括："洲际""环境""环球中心""五星级""成都"等。酒店服务及设施设备包括酒店提供的服务内容、服务项目以及酒店硬件设施设备等，相关词语包括："房间""早餐""入住""设施""阳台""大堂""泳池"等。对酒店服务及设施设备评价的词语包括："丰富""热情""周到""舒适""豪华""漂亮"等。顾客出游目的相关词语包括："孩子""亲子""小朋友""家庭""出游"等。

在提取高频词的基础上，本研究根据高频词的共现频次，利用 ROST 软件的语义网络分析工具描绘整理出成都环球中心天堂洲际大饭店在线点评形象语义网络图（见图 2-2）。图 2-2 中是在线点评文本中出现次数较多的词语，包括"酒店""早餐""乐园""房间""设施""水上""环境""小孩"和"服务"等，相互之间有关联的词语用线条相连，以此来表示两者之间的关系。由图 2-2 可以看出，在线点评语义网络图中，"酒店""早餐""环境""服务""房间"构成酒店顾客在线点评文本的核心内容，这是顾客选择酒店最看重的几个指标，而其他的词语围绕这几个核心词语展开，共同组成了成都环球中心天堂洲际大饭店的在线点评语义网络分析图。

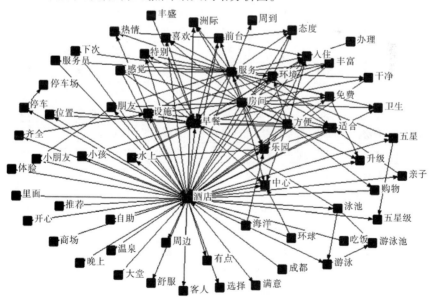

图 2-2　成都环球中心天堂洲际大饭店在线点评语义网络图

2. 酒店服务质量在线评价分析

成都环球中心天堂洲际大饭店是一家五星级酒店，其入住客人的消费水平较高，对酒店的环境、卫生、酒店设施设备和服务等方面有较高的要求，同时从网络评价文本词频统计中可以看出顾客十分关注酒店的服务、房间内部设施和房型、酒店卫生环境以及周边环境等。本研究将出现频次高的词语按照不同的属性分类，归并语义相近的词语，并将这些词条分门别类整理成表，从"基础服务、设施设备、卫生环境、体验感知"四个指标对成都环球中心天堂洲际大饭店的服务质量在线评价进行分析。表 2-4 是每种类别下排序前 30 位的网络评价词语及词频统计。

表 2-4　每种类别下排序前 30 位的网络评价词语及词频统计

排序	基础服务		设施设备		卫生环境		体验感知	
	词语	词频/次	词语	词频/次	词语	词频/次	词语	词频/次
1	酒店	3 999	房间	1 524	环境	1 068	方便	1 058
2	服务	2 111	设施	648	水上乐园	899	适合	874
3	孩子	1 500	娱乐	368	环球中心	453	下次	411
4	早餐	1 465	温泉	258	海洋	420	满意	301
5	入住	1 070	电瓶车	237	购物	380	干净	296
6	前台	852	阳台	174	成都	315	开心	255
7	态度	433	大堂	159	位置	281	齐全	224
8	丰富	334	泳池	155	周边	274	舒服	197
9	亲子	325	停车	131	卫生	215	值得	188
10	人员	315	项目	128	商场	214	周到	169
11	热情	306	餐厅	116	吵闹	153	舒适	167
12	免费	269	停车场	114	出行	139	度假天堂	149
13	升级	245	收费	114	景观	113	五星	141
14	排队	227	室内	95	出游	108	性价比	140
15	办理	217	硬件	88	休闲	77	豪华	139
16	服务员	184	隔音	87	公园	69	贴心	125
17	吃喝玩乐	175	餐饮	86	建筑	68	问题	110
18	门票	167	配套	86	乐天	65	再次入住	103
19	品种	154	游乐场	79	安静	54	漂亮	101
20	杨园	145	游泳池	74	机场	53	遗憾	94
21	游玩	134	装修	74	美食	49	好玩	91

表2-4(续)

排序	基础服务		设施设备		卫生环境		体验感知	
	词语	词频/次	词语	词频/次	词语	词频/次	词语	词频/次
22	接待	129	套房	68	地铁	48	唯一	87
23	丰盛	117	房型	62	整洁	47	大气	74
24	行李	116	行政	61	内部	38	完美	71
25	刘欢欢	92	住宿	58	空气	37	一流	67
26	味道	82	花园	56	市中心	26	优美	64
27	告知	82	设计	54	温馨	26	特色	61
28	自助餐	81	用品	54	高端	25	失望	60
29	停车费	78	系统	18	气派	25	好评	58
30	接送	57	热水	17	地铁站	25	人性化	33

（1）基础服务网络评价。

"服务""早餐""入住""前台""服务员"在"基础服务"这一评价指标中出现次数最多，这些指标共同构成了成都环球中心天堂洲际大饭店的核心服务。酒店员工的服务作为酒店产品的重要组成部分被多次提及，其中"入住"被提及1 070次，"前台"被提及852次，"服务员"被提及499次，员工的"服务态度"被提及433次，其中几名服务员的姓名因为服务质量高被多次提及。顾客对酒店员工服务的总体满意度较高，但存在个别服务员因为对工作内容不熟练给客人带来不好的体验以及对顾客服务态度不好的问题。

前台是整个酒店服务工作的核心之一，客人会在这个地方产生对酒店的第一印象。成都环球中心天堂洲际大饭店作为一家五星级酒店，其酒店面积和客流量较大，因此前台的工作量相对较大，会在一些细节方面给客人带来不好的体验，出现了比如前台工作人员对业务不熟悉、前台服务人员态度不好、退房和入住的高峰期前台拥堵排长队等现象。早餐是酒店服务的另一个组成部分，在涉及"早餐"这个词条的1 283条评价中，只有64.5%的客人对酒店的早餐表示非常满意，剩下的有35.5%的客人对早餐有不同程度的不满意，有5.2%的客人因为早餐种类少、排队时间长以及收费等问题打了低于3分的评分。此外，"热情""免费升级""周到""贴心"这四个词语出现的频次较高，其作为积极因素给酒店的口碑形象产生正面影响。

（2）设施设备网络评价。

客人对酒店设施设备的评价不仅涉及酒店房间内部，还涉及酒店配套的停车场、水上乐园、健身房、游泳池、温泉、酒店内交通工具以及酒店周边的购物娱乐场所等。

客房作为客人进入酒店后停留时间最长的地方，且客房收入也是酒店的主要收入来源，因此有关酒店设施设备的网络评价可以为酒店管理人员调整管理方案提供有价值的参考。从网络评价的数据分析来看，与"房间"有关的1219条评价中，有75.2%的客人给了低于4分的评价，其存在的问题主要集中在客房设施设备老化、房间小、隔音差等方面。由于酒店上空是苍穹结构，整个酒店处于近乎密闭的状态，酒店的空气流通不好，这也是客人在点评中多次提及的一个点。

对于餐厅，客人不满意的地方主要集中在环境嘈杂，部分员工没有服务意识，早餐排队时间长，儿童用餐收费，还有退房时客人对餐厅的消费存在质疑等问题。大部分客人对酒店的健身房、泳池、温泉、水上乐园和购物场所给予了较高的评价，很满意它们带来的便捷与享受。部分客人指出了这些设施设备存在的不足之处，比如说泳池的水温太低和水内的环境不够卫生，温泉的水温太高，水上乐园收费较高和开放时间较短等。还有一点就是，住店客人对酒店不提供免费的停车位且收费昂贵这一点表示难以接受。

成都环球中心天堂洲际大饭店的面积较大，房间和酒店内的其他配套设施如餐厅、健身房、泳池等隔着一定的距离，酒店的电动摆渡车给客人提供方便的同时，也存在一些问题，如在用车高峰期，车辆严重紧缺；客人叫车后等待时间较长；摆渡车司机服务态度不好等。

（3）卫生环境网络评价。

针对"卫生环境"评价指标词条，本研究将其大致分为三类：酒店地理位置、对酒店外部环境的评价、对酒店内部环境的评价。优越的地理位置对酒店的发展有积极的促进作用，"地铁站""机场""市中心""环球中心"等是酒店所处位置的地理坐标。成都环球中心是四川省、成都市两级政府打造世界现代田园城市的重大项目，位于成都市高新区天府大道，在绕城高速路内侧紧邻公路边，地处成都市中心向南发展的核心区域，地理位置十分优越，是成都市的娱乐天堂、购物天堂、休闲天堂和美食天堂。

成都环球中心天堂洲际大饭店位于环球中心内。环球中心是由中央游艺区和四周酒店、商业、办公等部分组成的一个集游艺、展览、商务、传媒、购物、酒店于一体的多功能建筑。整个酒店十分高端气派，一方面能够给客人带来方便、别样的入住体验，但另一方面巨大的人流量也造成了环境的嘈杂，给喜静的客人带来困扰。巨大的室内海洋公园和水上世界，也会让酒店的空气较为潮湿，让客人产生不好的体验。

对酒店内部环境的描述与评价主要是对酒店房间和设施设备的环境卫生进

行评价。总的来说，客人对酒店的环境卫生是比较满意的，但在一些细节上对酒店提出了更高的要求，主要体现在以下几个方面：①酒店部分房间房型太小；②酒店房间打扫不彻底，卫生间有积水，马桶、浴缸打扫不干净，房间有霉味，部分员工打扫不符合规范；③泳池有青苔，泳池水质卫生需要加强；④房间有蟑螂；⑤海洋世界的救生衣和房间的毛巾、浴巾清洗不干净；⑥酒店的新风系统不完善，导致酒店闷热；⑦有农药和油漆的味道等。

（4）服务质量体验感知。

针对"体验感知"指标中出现频次高且表达了情感立场的词条，本研究将其分成积极评价、中立评价和消极评价，积极评价占据了主要地位。"方便""适合""满意""下次""值得""舒服"等词条出现的频率都比较高，由此可见，顾客对成都环球中心天堂洲际大饭店的总体评价是以积极正面的评价为主；客人在对一些指标做出评价时，存在一些分歧，比如说"性价比""星级"方面，大部分客人认为酒店非常划算，能够达到酒店的星级水准，也有一部分客人觉得酒店的性价比不高，空有五星级酒店的消费，没有体验到五星级酒店的服务。除此之外，还包括"再次入住""周到""齐全""干净""大气""贴心""豪华"等积极的词语。当然也有一些负面的评价，比如词条"遗憾""问题""失望"等，顾客对酒店在早餐、入住和退房的手续办理、房间隔音、礼宾服务、客房服务、收费等方面提出了意见。

（五）酒店服务质量管理提升建议

作为五星级酒店，成都环球中心天堂洲际大饭店的品牌形象早已深入人心。由对酒店顾客点评文本的分析可以知，酒店的基础服务、设施设备、卫生环境是住店客人特别关注也是影响顾客满意度的主要因素。成都环球中心天堂洲际大饭店的网络评价总体较好，但仍存在一些问题。为了更好地为顾客提供服务，进一步提高酒店的服务质量，拟提出以下管理建议。

1. 建立在线点评回复与管理分析制度

在线点评的出现能够让酒店更加方便、及时地获得顾客反馈，同时也为酒店管理顾客关系带来了更多的挑战。客人给出的每一条评价都是基于自身的真实体验，对酒店来说是一种可贵的资源。管理者应该对客人的意见进行及时地收集与整理，并予以充分的重视，针对不同的问题在管理上做出相应调整，好的方面继续精进，不足的地方及时改进。同时，根据点评内容与客人有效互动也是相当重要的。特别是对酒店提出改进意见的客人，管理者在客人方便的情况下，最好能够与客人电话沟通，深入了解客人的需求，让客人感受到他们的意见是被酒店关注和重视的，并且已经为此付出了实际努力。酒店可以安排专职人员负责这项工作。

2. 加强酒店的推广宣传及形象维护

客人通过抖音或其他平台了解到酒店并产生入住需求，对所购买的酒店产品有较高的期望值。但是在客人入住酒店后，由于客流量大，酒店出现人手不够、公共设施资源拥挤等情况，让客人乘兴而来、败兴而归的情况偶有发生。因此，酒店在推广自身品牌形象的同时，更要提升自身的服务质量，为客人提供满足其期望甚至超出其预期的服务。

3. 优化房间设计，加强房间设施质量检查

首先，成都环球中心天堂洲际大饭店的房间类型较多。有部分客人反映酒店房间太小，与网上图片差异较大，因此酒店需要重新考量各个房间的摆放，合理利用现有空间，让客人在视觉和入住上都有良好的体验。其次，设施设备是酒店为客人提供服务的依托。酒店大部分的设施设备存在不同程度的老化。为了酒店的正常运营和客人的良好体验，酒店应经常对设施设备进行检查与保养，更换已经严重老化的设备，这不仅可以给顾客带来好的使用感受，还可以起到节约成本的作用。因此，酒店相关部门应制订设施设备定期维护保养计划，并按照计划严格执行。在网络评价指标"设施设备"中，有客人反映酒店新配备的新风系统没有起到应有的效果，导致酒店内闷热。对此，酒店应该重新评估该系统的实用性，及时对不合理的地方做出调整。

4. 加强对酒店内外部环境的卫生管理

优美的酒店周边环境和内部环境增加了酒店的竞争优势，但也有客人反映房间打扫不彻底，公共区域打扫不彻底，酒店内有蚊子、蟑螂等。虽然酒店的面积比较大，但是保持酒店的干净整洁也丝毫不能马虎。对于酒店客房的卫生，客房服务员应该严格按照客房的卫生标准来执行；客房主管和领班应该每天随机抽查清洁完成的房间，在客人入住前把好最后一道关。酒店应建立相应的考核制度，每月根据服务员的表现进行相应的奖励和惩罚，从而保证给客人提供一个干净舒适的居住环境。针对酒店客房卫生间打扫不彻底的问题，酒店应及时寻找问题存在的原因：如果是清洁用品的问题，应及时更换；如果是员工工作能力或态度问题，应对消极怠工的员工给予相应的惩罚。

5. 优化酒店的服务工作流程

高效流畅的工作流程可以让酒店的运作达到事半功倍的效果。比如说客人反映较多的早餐排队，办理入住和退房流程慢、等待时间长，对消费账单存在质疑等，这些都属于酒店的工作流程不完善导致的结果，酒店应该就这些存在

的问题制订具有可操作性的方案。针对客人反馈的入住和退房时排长队的问题，酒店可以增设办理柜台，分开办理入住和退房，引导客人使用酒店的自助机器，充分利用现有资源。针对早餐排队问题，酒店可在餐厅设置多个取餐点，不同类别的食物分开摆放并设标签牌，便于客人快速取餐。针对客人对消费账单存在质疑的问题，酒店可优化酒店的挂账系统，将每笔消费精确匹配到对应的客人，避免出现混乱。

注：本节内容受洲际酒店集团英才培养学院教学开发奖励项目"基于内容分析法的酒店服务质量在线评价研究"资助。

二、成都世纪城天堂洲际大饭店服务质量网络评价研究

（一）酒店简介

成都世纪城天堂洲际大饭店位于成都新国际会展中心，附近有超大单体建筑环球中心及天堂岛海洋乐园，毗邻金融城及天府软件园。该酒店拥有 555 间豪华客房及套房，配备设施齐全的现代化会议中心及一系列风格各异的餐厅和酒廊，还有精致幽雅的都市水疗中心等。该酒店将传统与现代的设计风格融为一体，并精于细致入微的华夏待客之道，旨在让顾客领略舒适悠闲的蓉城精粹。

（二）基于市场细分的酒店服务质量在线评价

根据顾客的出游目的的不同，成都世纪城天堂洲际大饭店的市场可划分为以下 7 个类型，具体见表 2-5。由表 2-5 可知，成都世纪城天堂洲际大饭店的客源类型中，商务出差的顾客比例最高，达到了 57.78%；其次是家庭亲子的顾客，其比例达到了 14.13%；朋友出游的顾客的比例为 10.6%；代人预订的顾客的比例为 6.06%；独自旅行的顾客的比例为 4.12%，情侣出游的顾客的比例为 4.29%，其他顾客的比例为 3.02%。

表 2-5　成都世纪城天堂洲际大饭店网络评分市场差异

出游目的	网络评分	样本数量/条	样本比例/%
代人预订	4.83	72	6.06
独自旅行	4.6	49	4.12
家庭亲子	4.65	168	14.13

表2-5（续）

出游目的	网络评分	样本数量/条	样本比例/%
朋友出游	4.83	126	10.60
情侣出游	4.87	51	4.29
商务出差	4.78	687	57.78
其他	4.39	36	3.02

从不同细分市场对酒店服务质量的网络评分来看，情侣出游的顾客对酒店的评价最高，其网络评分为4.87分；其次是朋友出游和代人预订的顾客，网络评分均为4.83分；顾客样本中比例最高的是商务出差的顾客，其网络评分为4.78分；独自旅行、家庭亲子类型的网络评分分别为4.6分和4.65分；其他类型的顾客的网络评分最低，为4.39分。除其他类型的顾客外，成都世纪城天堂洲际大饭店所有细分市场的网络评分都在4.6分以上，顾客满意度较高。

（三）基于房间类型的酒店服务质量在线评价

携程旅行网的有关信息显示，成都世纪城天堂洲际大饭店网络在售的客房共有8种类型，其中售出客房最多的类型是洲际高级房，达到了选取样本总量的76.87%；其次是洲际豪华房和洲际行政房，其比例分别达到了13.96%和4.21%。这三种类型的客房比例累计达到95.04%。洲际高级套房比例为2.94%，豪华套房的比例为1.01%，其他类型的客房比例都在1%以下，房间数量较少。成都世纪城天堂洲际大饭店不同房型的网络评分情况见表2-6。

表2-6 成都世纪城天堂洲际大饭店不同房型的网络评分情况

房间类型	网络评分	样本数量/条	样本比例/%
行政套房	3.50	1	0.08
豪华套房	4.84	12	1.01
洲际高级房	4.76	914	76.87
洲际高级套房	4.71	35	2.94
洲际行政房	4.68	50	4.21
洲际豪华房	4.75	166	13.96
洲际豪华亲子房	5.00	2	0.17
洲际亲子房	4.88	9	0.76

由表 2-6 可知，洲际豪华亲子房的网络评分最高，达到了 5.0 分，也是顾客评价中唯一的满分客房类型，但这与样本数量较少有关系；其次是洲际亲子房，其网络评分达到了 4.88 分；酒店客房售出数量较高的洲际高级房、洲际豪华房、洲际行政房的网络评分分别为 4.76 分、4.75 分、4.68 分，顾客评价也较好；顾客网络评价最低的客房类型是行政套房，评分仅有 3.5 分，虽然样本数量只有一个，但仍需要对该房型予以重视。

（四）基于内容分析的酒店服务质量在线评价

1. 酒店在线点评文本高频词分析

本研究使用 ROST 软件的分词功能，将顾客在线点评文本进行分词处理，再对提取出来的词语进行出现频次统计，即统计成都世纪城天堂洲际大饭店顾客网络点评文本中出现的高频词，由于文本的限制，没办法将高频词一一显示出来，表 2-7 是成都世纪城天堂洲际大饭店在线点评文本中出现频次在前 100 位的词语统计，图 2-3 是成都世纪城天堂洲际大饭店在线点评文本高频词云图，图 2-3 中字体的大小与词语在顾客点评文本中出现的频次的高低直接相关。

表 2-7　成都世纪城天堂洲际大饭店在线点评文本出现频次在前 100 位的词语统计

词语	频次/次	词语	频次/次	词语	频次/次	词语	频次/次
酒店	537	人员	33	优美	19	气派	14
服务	252	朋友	33	会展	19	陈旧	14
环境	203	态度	32	大气	19	停车场	14
早餐	178	适合	32	地方	19	特点	13
房间	175	五星	32	晚上	18	天堂	13
方便	132	舒适	30	体验	18	安静	13
设施	95	一流	28	配套	18	漂亮	13
洲际	86	五星级	28	整洁	18	中式	12
入住	86	周到	28	世纪城	18	客人	12
大堂	69	这家	26	品种	18	预定	12
成都	65	齐全	26	距离	18	首选	12
位置	64	热情	24	服务员	17	旁边	12
丰富	59	商务	24	停车	17	便利	12
中心	55	性价比	23	孩子	17	风格	11

表2-7(续)

词语	频次/次	词语	频次/次	词语	频次/次	词语	频次/次
满意	51	问题	23	吃饭	17	时间	11
前台	50	特色	22	好好好	17	卫生间	11
下次	48	老板	22	好吃	16	免费	11
出差	47	机场	22	一如既往	16	行政	11
交通	46	餐厅	22	分钟	15	到位	11
环球	46	卫生	22	每次	15	标准	11
周边	46	装修	21	硬件	15	品质	11
干净	40	值得	21	总体	15	地理	11
选择	40	会议	21	超级	15	餐饮	10
出行	34	丰盛	20	味道	15	优雅	10
舒服	34	自助餐	20	接待	14	高大	10

图2-3 成都世纪城天堂洲际大饭店在线点评文本高频词云图

由表2-7可知，出现频次最高的词语是"酒店"，出现频次达到了537次；其次是"服务"，出现频次为252次；其他出现频次在100次以上的词语分别是"环境""早餐""房间""方便"。根据词语的属性可以发现，顾客的在线点评文本内容主要集中于酒店自身及周边环境简介、酒店服务及设施设备、对酒店服务及设施设备的评价、顾客出游目的四类，酒店自身及周边环境的简介主要是对酒店品牌、位置、周边环境的介绍，如"天堂洲际""世纪城""环球中心"

"成都""机场"等地理位置词语以及对酒店周边环境的描述。酒店的服务及设施设备包括酒店提供的服务内容、服务项目以及酒店硬件设施设备等，如"入住""前台""服务员""自助餐""餐饮""预订"等服务接待类词语和"房间""大堂""餐厅""装修""硬件""停车场""卫生间"等酒店设施设备类词语。对酒店服务和设施设备的评价词语有"丰富""满意""舒服""舒适""热情""豪华""大气""安静""漂亮""优雅"等。顾客出游目的相关词语包括"出差""朋友""商务""会议""会展"等。

在提取高频词的基础上，本研究根据高频词的出现频次，利用 ROST 软件的语义网络分析工具描绘整理出成都世纪城天堂洲际大饭店在线点评形象语义网络图（见图 2-4）。在图 2-4 中，词语之间的线条代表二者之间存在联系。从图 2-4 中可以看出，"酒店""服务""环境""早餐""房间"和"设施"是其在线点评语义网络图的中心，这些词共同构成了游客在线点评文本的核心内容，也是最能影响顾客消费体验的指标，其他词语基本围绕着这些指标，共同组成了成都世纪城天堂洲际大饭店的在线点评语义网络分析图。

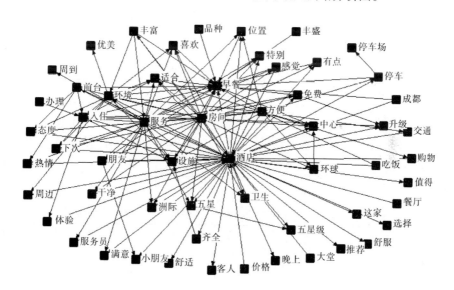

图 2-4　成都世纪城天堂洲际大饭店在线点评语义网络图

2. 酒店服务质量在线评价分析

酒店产品不仅包括有形的设施设备，还包括无形的劳务服务。顾客购买酒店产品后，成为酒店服务质量最直接和最重要的感知者和评价者。成都世纪城天堂洲际大饭店是洲际酒店集团旗下的一家五星级酒店，对于环境、卫生、酒店设施设备等方面的要求较高，构建了包括"基础服务、设施设备、卫生环境、体验感知"的四维评价体系。本研究将出现频次高的词语按照不同的属性分类，并对语义相近的词语进行合并统计，归纳出成都世纪城天堂洲际大饭店服务质量网络评价体系的高频词。表2-8是每种类别下排序前30位的网络评价词语及词频统计。

表2-8　每种类别下排序前30位的网络评价词语及词频统计

排序	基础服务		设施设备		卫生环境		体验感知	
	词语	频次/次	词语	频次/次	词语	频次/次	词语	频次/次
1	服务	252	房间	175	环境	203	方便	132
2	早餐	178	设施	95	成都	65	五星级	60
3	入住	86	大堂	69	位置	64	丰富	59
4	前台	50	齐全	26	中心	55	满意	51
5	人员	33	餐厅	22	交通	46	下次	48
6	态度	32	装修	21	环球	46	出差	47
7	热情	24	配套	18	周边	46	选择	40
8	丰盛	20	停车	17	干净	40	舒服	34
9	自助餐	20	硬件	15	出行	34	朋友	33
10	品种	18	陈旧	14	机场	22	适合	32
11	服务员	17	停车场	14	卫生	22	舒适	30
12	吃饭	17	中式	12	会议	21	一流	28
13	好吃	16	卫生间	11	优美	19	周到	28
14	味道	15	客房	9	会展	19	性价比	23
15	接待	14	明亮	9	地方	19	问题	23
16	管理	14	上档次	9	整洁	18	特色	22
17	预定	12	设计	9	世纪	18	好评	22
18	免费	11	高端	8	距离	18	值得	21
19	到位	11	豪华	8	安静	13	大气	19
20	餐饮	10	套房	7	漂亮	13	一如既往	16
21	预定	10	宽敞	7	周围	12	首选	12

表2-8(续)

排序	基础服务		设施设备		卫生环境		体验感知	
	词语	频次/次	词语	频次/次	词语	频次/次	词语	频次/次
22	办理	8	声音	6	便利	12	美中不足	9
23	水平	8	高级	6	地理	11	失望	7
24	水果	8	房型	6	优雅	10	贴心	7
25	软件	8	完善	6	各种	8	再次	6
26	升级	7	隔音	6	市中心	7	温馨	5
27	细致	6	空调	6	购物	7	用心	3
28	自助	6	游泳池	5	市区	7	完美	3
29	耐心	5	大厅	5	隔壁	7	满足	3
30	咖啡	4	高档	4	鸟语花香	6	郁闷	2

（1）基础服务网络评价。

从基础服务网络评价高频词中可以看出，"服务""早餐"和"入住"出现频次较高，成为成都世纪城天堂洲际大饭店的核心服务。"服务"就是酒店的软件，狭义上指酒店服务员服务劳动的使用价值，广义上指酒店自身所有的资源和要素。"服务"这个词条出现252次，说明了酒店服务对顾客满意度的重要性。入住顾客对于酒店工作人员服务的评价总体较高，但还有个别不如人意的地方。词频中"前台"出现频次较高，前台工作繁琐，作为游客进入酒店和离开酒店的纽带，为客人提供咨询、办理入住和退房手续以及处理投诉等服务。前台与顾客接触最为频繁，客人对此的评价也比较多，总体以服务热情为主，但部分客人觉得服务员态度欠佳，不够热情。其中"餐饮""自助餐""品种""丰盛"等词语体现出入住客人对酒店餐饮服务的评价较好。"耐心""细致""水果""免费""升级"出现的频次较高，说明酒店的员工能够真诚地提供对客服务，并为客人提供超出预期的服务，提升了顾客的入住体验。

（2）设施设备网络评价。

客房是客人在酒店期间停留最久的区域，从网络评价的数据分析来看，住店客人对酒店的设施设备的总体效果给予了高度的评价，认为成都世纪城天堂洲际大饭店的设施设备齐全、高端。在录入的与设施设备相关的高频词中，与客房有关的有11个，事实证明客房服务在客人对酒店的感知与评价中占据了重要的地位。客房服务内容有多和杂的特点，且服务过程中有很多需要注意的细节。成都世纪城天堂洲际大饭店于 2008 年正式开业，2017 年再次装修，设施设备的"陈旧"是酒店现阶段面临的一个重大问题，在酒店管理过程中，酒店更应注意设施设备与酒店的星级档次相匹配。与房间内的设施设备相关的词语多是"声音""隔音""空调"，这反映出酒店房间内空调噪声大、制冷效果差以及房间隔音效果不好等问题。

（3）卫生环境网络评价。

通过对卫生环境词条进行分析，本研究大致可将顾客对成都世纪城天堂洲际大饭店的卫生环境评价分为三类，一是酒店所处的地理位置，选址对酒店经营和发展具有重要意义。"环球""会展""机场""中心""世纪"等词语是对酒店所在位置的描述。成都世纪城天堂洲际大饭店位于世纪城，且与世纪城国际会议中心相通，紧邻天府软件园、环球中心与极地海洋馆公园，距离双流机场仅 16 千米，网评中"会议""出行""交通""购物"词语多次出现，印证酒店所处位置的优越性。二是对酒店外部环境的描述与评价，这部分词条占据了该指标的大部分，也表现出入住顾客对酒店有较高的认可度。成都世纪城天堂洲际大饭店作为一家全球连锁五星级酒店，对于外部环境的要求较高，网评中出现的高频词"优美""周边"和"安静"体现出酒店及周边的环境优美，配套设施完善，顾客的满意度比较高。三是对酒店内部卫生环境的描述与评价，成都世纪城天堂洲际大饭店不仅注重外部环境的质量，也注重酒店内部卫生环境，"干净""卫生""整洁"是顾客对酒店房间的高度赞赏，"优雅""漂亮""鸟语花香"则是对酒店餐厅和咖啡厅的评价。酒店注重顾客的切身感受与体验，在餐厅、大堂、咖啡厅等摆放了绿植，增强入住顾客的体验感。

（4）服务质量体验感知。

情感分析是对带有情感色彩的主观性文本进行分析、处理、归纳和推理的过程。针对网络文本中顾客"体验感知"高频词所归属的感情色彩，本研究运用情感分析法将情感分为积极、中性和消极情绪三种。其中，积极评价的词语占据主要地位，有 23 个，如"方便""丰富""满意""舒服""一流""好评"等，频次总计 681 次，约占总体评价的 82.5%；中性词语有 3 个，频次总计 103 次，占比 12.5%；消极评价的词语有 4 个，频次总计 41 次，占比为 5%。总的来看，入住顾客对于成都世纪城天堂洲际大饭店的总体评价以积极评价为主，洲际酒店的全球五星级连锁酒店的品牌效应深入人心，且服务贴心、周到，是出差入住酒店的首选。但同样也存在一部分带有负面情绪的词语，比如"美中不足""失望""郁闷"，其多数是酒店设施设备的陈旧以及酒店服务人员的服务态度欠佳造成的，该酒店在这些方面还有待提高。

（五）酒店服务质量管理提升建议

本研究运用内容分析法对成都世纪城天堂洲际大饭店的在线点评文本进行分析，发现成都世纪城天堂洲际大饭店的网络在线点评主要以正向积极为主，世界知名的洲际酒店品牌得到了大众的认可。"酒店服务""房间设施""早餐供应"和"卫生环境"是入住成都世纪城天堂洲际大饭店的顾客最关注的几个方面，在在线点评文本中的出现次数也较多。但是，点评文本中的词语也暴露出成都世纪城天堂洲际大饭店存在部分影响顾客住宿体验的问题，如房间设施陈旧、隔音效果差、前台服务员态度欠佳、空调制冷效果差及噪声大等问题。针对顾客关注的服务内容和网络在线点评文本中提出的酒店服务质量管理的问题，本研究提出以下管理建议。

1. 重视顾客的网络评价内容

网络在线点评不仅仅是顾客对酒店进行点评的主要方式，也是酒店管理层了解顾客反馈酒店存在的问题，进而解决问题以提升酒店形象的重要方式之一。通过整理分析酒店的网络在线点评文本，酒店可以有效地了解顾客的需求和酒店本身在服务管理中存在的问题，然后针对这些问题，及时做出有效的解决方案，从而避免带来更多的负面评价。酒店应安排专门的员工负责酒店的网络口碑运营，及时对客人的点评进行回复，与客人进行互动，维系好客户关系和做好品牌推广工作。

2. 系统化培训员工服务

员工的劳务服务是酒店产品的重要组成部分之一，是酒店产品的无形部分。在基础服务评价中，员工提供的"服务"一词出现的频次最高，服务人员的热情与细致给顾客留下了深刻印象，这将吸引顾客再次入住酒店。酒店前台人员办理入住手续工作存在机械化操作的问题，本研究建议进行系统培训，转化前台人员思维模式，使其学会变通，为顾客提供个性化服务，以提高顾客的满意度。同时，酒店应该对员工进行系统化的培训，以此来提高员工热情主动的服务意识和周到的服务能力。

3. 定期更新与维护设施设备

酒店的设施设备是生产酒店服务产品的重要依托，顾客的网络点评文本已经反映出成都世纪城天堂洲际大饭店存在设施设备老旧的问题。酒店客房部与工程部应该制定与酒店设施设备相关的定期保养更换制度，酒店相关部门应按照规定严格执行。例如，针对空调制冷效果不佳这一问题，工程部应定期检查，进行设施设备的定期保养维护工作；对于无法修护的设备，酒店应进行更换，保证酒店设施设备的正常运行，为顾客提供满意的服务。

4. 保持酒店卫生干净整洁

便利的交通与优美的外部环境是成都世纪城天堂洲际大饭店的竞争优势。因此，关于酒店的卫生环境，酒店不仅要对酒店内部区域进行打扫，也要对酒店周边的环境进行打扫，从而营造良好的卫生环境。酒店内部的环境问题主要是清洁人员打扫得不够仔细、不够彻底，房间内有灰尘。对于没有入住的客房，清洁人员也要每天进行简单的检查与打扫，适当通风，以保证酒店房间的干净整洁，时刻做好"入住前、入住中、退房后"三个阶段的清洁卫生。

注：本节内容受洲际酒店集团英才培养学院教学开发奖励项目"基于内容分析法的酒店服务质量在线评价研究"资助。

三、成都保利公园皇冠假日酒店服务质量网络评价研究

（一）酒店简介

成都保利公园皇冠假日酒店是国际高端品牌酒店，位于成都保利公园 198 生态社区中心，与保利拉斐国际体育运动公园以及音乐主题公园相邻，与成都大熊猫繁育研究基地相邻。酒店拥有三百余间宽敞舒适的客房及套房，拥有三间风格迥异、荟萃全球美食的餐厅，拥有大堂酒廊、贵宾酒廊、水疗中心、室内恒温泳池及独具特色的户外无边际阳光泳池和沙滩等高品质设施。

（二）基于市场细分的酒店服务质量在线评价

根据顾客的出游目的不同，成都保利公园皇冠假日酒店的市场可划分为 7 个类型，具体见表 2-9。由表 2-9 可知，成都保利公园皇冠假日酒店的客源类型中，家庭亲子的顾客的比例最高，达到了 63.74%；其次是商务出差的顾客类型，其比例为 15.94%；朋友出游和情侣出游的顾客的比例分别达到了 7.20% 和 6.80%；其他类型的顾客的比例为 2.82%；代人预订、独自旅行的顾客的比例较低，分别为 1.51% 和 1.99%。

表 2-9　成都保利公园皇冠假日酒店网络评分市场差异

出游目的	网络评分	样本数量/条	样本比例/%
代人预订	4.84	38	1.51

表2-9(续)

出游目的	网络评分	样本数量/条	样本比例/%
独自旅行	4.65	50	1.99
家庭亲子	4.76	1 603	63.74
朋友出游	4.84	181	7.20
情侣出游	4.75	171	6.80
商务出差	4.82	401	15.94
其他	4.79	71	2.82

从不同细分市场对酒店服务质量的网络评分来看，代人预订和朋友出游的顾客对酒店的评价最高，网络评分均为4.84分；其次是商务出差的顾客，其网络评分为4.82分；顾客样本中比例最高的是家庭亲子类型的顾客，其网络评分为4.76分；情侣出游和其他类型的顾客的网络评分分别为4.75分和4.79分。除独自旅行的顾客的网络评分为4.65分外，成都保利公园皇冠假日酒店所有细分市场的网络评分都在4.75分以上，这显示出较高的顾客满意度和较高的行业竞争力。

（三）基于房间类型的酒店服务质量在线评价

携程旅行网的有关信息显示，成都保利公园皇冠假日酒店网络在售9种类型的客房，其中售出最多的客房类型是高级房，其达到了选取样本的68.26%；其次是熊猫亲子房和豪华房，其比例分别达到了14.12%和11.53%，这三种类型的客房比例累计达到93.92%；行政大床房的比例为3.45%；高级大床房的比例为1.06%；其他类型的客房比例都在1%以下（见表2-10）。

表2-10　成都保利公园皇冠假日酒店不同类型的网络评分情况

房间类型	顾客评分	样本数量/条	样本比例/%
皇冠高级套房	5.00	1	0.04
俱乐部房	5.00	1	0.04
行政大床房	4.86	87	3.45
行政套房	4.83	21	0.82
高级房	4.80	1 717	68.26
熊猫亲子房	4.70	355	14.12
豪华房	4.70	290	11.53

表2-10(续)

房间类型	顾客评分	样本数量/条	样本比例/%
高级大床房	4.70	27	1.06
豪华套房	4.51	17	0.68

由表2-10可知，皇冠高级套房和俱乐部房的网络评分为5.0分，但是样本数量太低，都分别只有1个；行政大床房、行政套房和高级房的网络评分都在4.80分以上；熊猫亲子房、豪华房和高级大床房的网络评分都为4.70分；豪华套房的网络评分最低，仅有4.51分。总体来看，成都保利公园皇冠假日酒店不同房间类型的顾客满意度都保持了一个较高的水平，在后续的管理过程中可以适度关注一下豪华套房的服务质量。

（四）基于内容分析的酒店服务质量在线评价

1. 酒店在线点评文本高频词分析

本研究使用ROST软件的分词功能，将顾客在线点评文本进行分词处理，并对提取出来的词语进行出现频次统计，即统计出成都保利公园皇冠假日酒店顾客网络点评文本中出现的高频词，由于文本的限制，此处无法将高频词一一显示出来，表2-11是成都保利公园皇冠假日酒店在线点评文本中出现频次在前100位的词语统计，图2-5是成都保利公园皇冠假日酒店在线点评文本高频词云图，图中字体的大小与词语在顾客点评文本中出现的频次的高低直接相关。

表2-11 成都保利公园皇冠假日酒店在线点评文本出现频次在前100位的词语统计

词语	频次/次	词语	频次/次	词语	频次/次	词语	频次/次
酒店	1 798	小朋友	120	五星	68	皇冠	49
熊猫	1 129	成都	110	升级	68	问题	49
基地	827	下次	110	总体	66	客人	49
服务	721	卫生	109	舒适	66	建议	47
环境	661	热情	103	停车	65	出行	47
早餐	638	大熊猫	102	附近	65	朋友	46
房间	588	接送	97	小区	65	自助餐	46
方便	392	舒服	97	优美	64	味道	46
孩子	390	安静	97	草坪	64	帮忙	43
入住	298	停车场	96	品种	63	假日	43
设施	264	室外	95	值得	61	专车	42
适合	245	游泳池	93	齐全	61	往返	40

表2-11（续）

词语	频次/次	词语	频次/次	词语	频次/次	词语	频次/次
免费	190	体验	85	贴心	60	打车	40
班车	183	五星级	84	市区	59	预定	40
丰富	180	周围	82	周到	59	预约	40
位置	172	性价比	81	沙滩	59	到位	39
前台	168	餐厅	81	地方	57	吃饭	39
满意	159	大堂	81	开心	57	开车	38
态度	151	服务员	75	小孩	56	硬件	38
泳池	150	行李	74	宝宝	56	配套	38
亲子	150	时间	72	提前	56	礼宾	38
干净	145	距离	72	保利	54	自助	38
人员	134	儿童	71	交通	53	超级	38
周边	132	丰盛	71	公园	52	乐园	37
选择	121	晚上	71	花园	51	客房	36

图2-5　成都保利公园皇冠假日酒店在线点评文本高频词云图

由表2-11可知，出现频次最高的词语是"酒店"，其出现频次达到了1 798次；其次是"熊猫"和"基地"，其出现频次分别为1 129次和827次；其他出现频次在200次以上的词语分别是"服务""环境""早餐""房间""方便""孩子""入住""设施""适合"。根据词语的属性，本研究将顾客的在线点评文本内容分为酒店自身及周边环境简介、酒店服务及设施设备、对酒店服务及设施设备的评价、顾客出游目的四个类别。酒店自身及周边环境简介主要是对酒店品牌、位置、周边环境的介绍，如"熊猫""基地""环境""位置""成都""大熊猫""五星级""市区""花园""保利""皇冠"等。酒店服务及设施设备包括酒店提供的服务内容、服务项目以及酒店设施设备等，如"入住""态度""行李""接送""服务员""帮忙""预订""礼宾"等服务接待类的词语，"房间""早餐""前台""设施""泳池""餐厅""停车场""自助餐""配套""硬件"等酒店服务项目及设施设备类的词语。对酒店服务及设施设备的评价的词语有"丰富""满意""干净""热情""舒服""安静""优美""周到""值得"等。顾客出游目的类的词语有"孩子""亲子""小朋友""体验""打车""往返""出行""开车"等。

　　本研究运用分词处理的方法从收集到的网络评价文本中将出现频次高的词语提取出来，利用 ROST 软件的语义网络分析工具描绘整理出成都保利公园皇冠假日酒店在线点评语义网络图（见图 2-6）。根据图 2-6，"酒店""熊猫""基地""早餐""服务""房间"是顾客点评网络文本的核心词语，构成了顾客在线点评的核心内容，相互之间有关联的词语用线条相连，以此来表示两者之间的关系。可以看出，酒店所处的地理位置以及酒店提供的房间类型、早餐等基本服务构成了成都保利公园皇冠假日酒店顾客在线点评文本的核心语义网络，其他的词语围绕这几个指标展开，共同组成了成都保利公园皇冠假日酒店的在线点评语义网络图。

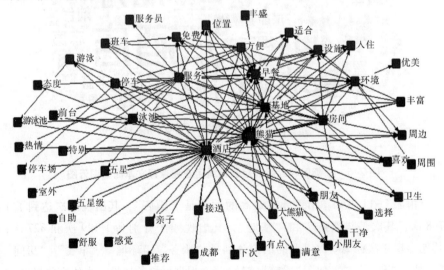

图 2-6　成都保利公园皇冠假日酒店在线点评语义网络图

2. 酒店服务质量在线评价分析

成都保利公园皇冠假日酒店是一家五星级酒店，其入住客人的消费水平较高，对酒店的环境、卫生、设施设备和服务等方面有更高的要求。同时从网络评价文本词频统计中可以看出，顾客十分关注酒店的服务、房间内部设施和房型、酒店卫生环境以及周边环境等，因此酒店有必要建立由"基础服务、设施设备、卫生环境、体验感知"构成的酒店服务质量评价指标体系。本研究再将出现频次高的词语按照不同的属性进行分类，归并语义相近的词语，将这些词语分门别类整理成表，从以上四个指标对成都保利公园皇冠假日酒店的服务质量进行评价分析。表 2-12 是每种类别下排序前 30 位的网络评价词语及词频统计。

表 2-12　每种类别下排序前 30 位的网络评价词语及词频统计

排序	基础服务		设施设备		卫生环境		体验感知	
	词语	词频/次	词语	词频/次	词语	词频/次	词语	词频/次
1	酒店	1 798	房间	588	熊猫基地	827	方便	392
2	服务	721	设施	246	环境	661	合适	245
3	早餐	638	泳池	150	大熊猫	404	丰富	180
4	入住	298	停车场	96	周边	214	满意	159
5	免费	190	游泳池	93	位置	172	干净	145
6	班车	183	餐厅	81	成都	110	选择	121
7	前台	168	大堂	81	距离	72	下次	110
8	态度	151	停车	65	小区	65	卫生	109
9	员工	152	草坪	64	市区	59	舒服	97
10	亲子	150	沙滩	59	交通	53	安静	97
11	热情	103	室内	54	教堂	34	体验	85
12	接送	97	公园	52	出游	34	五星级	84
13	服务员	75	花园	51	宽敞	30	性价比	81
14	行李	74	硬件	38	整洁	28	丰盛	71
15	升级	68	配套	38	市中心	28	舒适	66
16	自助餐	46	乐园	37	散步	27	优美	64
17	帮忙	43	客房	36	空气	27	值得	61

表2-12(续)

排序	基础服务		设施设备		卫生环境		体验感知	
	词语	词频/次	词语	词频/次	词语	词频/次	词语	词频/次
18	专车	42	拖鞋	35	视野	27	齐全	61
19	往返	40	空调	34	司机	26	贴心	60
20	预定	40	游泳	30	景观	25	周到	59
21	预约	40	套房	29	门口	24	开心	57
22	礼宾	38	浴缸	26	绿化	22	整洁	28
23	办理	28	卫生间	23	地铁站	22	大气	26
24	种类	24	隔音	23	户外	22	豪华	24
25	礼貌	22	布置	23	师傅	20	首选	24
26	管理	22	洲际	23	动物园	18	特色	23
27	住宿	21	用品	21	大巴	17	缺点	21
28	预订	21	淋浴	16	温度	16	遗憾	21
29	餐饮	18	菜单	15	打扫	16	合适	16
30	接待	18	健身房	15	景色	14	便利	16

（1）基础服务网络评价。

"服务""早餐""入住"在"核心服务"评价指标中出现次数最多，这也是所有入住顾客享受的最基本的服务。顾客在入住过程中普遍提到酒店前台服务热情，对有免费班车接送去熊猫基地的贴心服务非常认可，尤其是对21层的行政走廊和商务中心的服务人员态度予以称赞。但是也存在一些问题。例如，在客人退房离店的过程中，存在酒店工作人员接待散漫随意和服务不积极的情况，如不帮忙提行李、不指引去停车场等；个别餐饮部服务人员阻止顾客团购美食券，面对顾客的询问表现出不耐烦情绪；个别服务员服务不积极，慵懒随意；除了一线员工提供的劳务服务外，酒店管理者的管理能力也受到了顾客的质疑。这些由员工劳务服务造成的顾客消费体验差的情况，酒店应高度重视，及时采取改进措施，以避免酒店客人的流失。酒店早餐的问题主要表现为菜品比较单一，没有特色，味道也不好，极个别顾客反映用餐过后出现身体不适的情况。

（2）设施设备网络评价。

从顾客网络评价的文本分析来看，入住的顾客对酒店的设施设备较为满意。酒店所处地势较高，装潢精致大气、富丽堂皇，硬件配备齐全。酒店独具特色的熊猫亲子房给入住的顾客留下了深刻的印象；两个配备有桑拿房的泳池、三个餐厅、健身房、儿童乐园等，满足了顾客入住期间的基本功能需求和娱乐功能需求。成都保利公园皇冠假日酒店的家庭房内设置的漱洗间、衣帽间、卫生间、淋浴间都是分开的，设置有单独的梳妆台，室内宽敞的空间以及明确的功能分区为顾客提供了良好舒适的居住体验。但在评价中也存在部分顾客反映酒店房间装修陈旧、隔音效果差、设备设施老化、配套设施不足等问题。客房设施的问题具体表现为空调系统失灵、淋浴头堵塞、支撑杆不牢固或容易脱落等。对于设施设备，酒店一定要定期检查与维修，保证其处于正常运转状态；对于顾客提到的吹风机、一次性马桶圈等小型配套设施，酒店应当在房间内予以配备，为客人营造良好的住宿环境。

（3）卫生环境网络评价。

顾客对于酒店卫生环境的评价，包括酒店外部所处的环境以及酒店内部服务提供场所的环境。在卫生环境评价指标中的前30个词语中，与酒店外部环境相关的词语有20个，酒店优越的地理位置和周边优美的自然环境是吸引顾客前来入住的主要因素之一，评价提及的"小区""绿化""景观""教堂"等高频词对应的评论多为积极评价，但也有一些负面的评价，如"绿化环境好，但蚊子较多""儿童乐园有很大的草坪，但是太过于简陋"。成都保利公园皇冠假日酒店紧挨着成都大熊猫繁育研究基地，临近成都高新西区和新都工业园，是成都北部第一家五星级国际豪华品牌酒店，交通四通八达，顾客前往天府广场、火车站、双流国际机场都比较便捷。关于酒店内部环境，酒店绿化较好，儿童乐园、婚礼教堂、阳光花园营造了良好的居住氛围。但也有客人在居住期间反映客房清洁方面存在问题，如房间里面的台面、壁画、窗帘等地方存在灰尘，清洁力度不够。

（4）服务质量体验感知。

在服务的总体评价当中，整理的词语总体可以分为"积极""中立""消极"三个维度。关于成都保利公园皇冠假日酒店的总体评价的前30位高频词当中，按感情色彩来分类，有28个积极词语，有2个消极词语。顾客对于酒店的评价整体呈现良好的感情色彩，如在顾客点评文本中出现较多的"合适""丰富""满意""选择""贴心""周到"等词。在总体评价当中涉及"干净""卫生""舒服""优美"等对卫生环境的评价，也反映了客户对酒店的卫生环境的关注。在多方媒体披露一些酒店的卫生乱象的时候，面对挑剔的顾客，该酒店仍然能得到顾客如此多的积极评价，这是对酒店卫生环境的高度认可。同时，酒店要积极分析引起顾客"遗憾"及服务有"缺点"的环节，及时地加以改进。

为了进一步明确影响顾客满意度的主要因素，本研究选择顾客评分在 3.0 以下的评价文本进行重点分析。可以发现，顾客的负面评价内容仍然集中在员工服务、卫生环境、设施设备，尤其酒店员工的服务被提及的次数最多，其次是房间的设施设备。酒店员工存在的服务态度差、服务意识不强、服务效率低等方面的问题，极大地影响了客人在酒店的消费体验，出现了很多诸如"服务态度很差""毫无服务意识""服务不及时""区别对待、不耐烦"等类似的评价，涉及酒店前台、礼宾、安保等岗位；酒店也出现了一些工作失误，如"发票信息填写错误""房间遗失物品没办法找回""安保不到位，导致场面混乱"等。酒店设施设备的负面评价内容主要体现在"配备不齐全""配套落后""设备陈旧、老套""空调制冷效果差""房间基本不隔音"等方面，此外还存在"房间小冰箱中的食品过期"的问题。酒店卫生环境负面评价表现在"房间很闷、潮味""地上有灰尘""床品不干净""床下有脏东西""浴缸很脏，有体毛""垃圾桶太脏"等。酒店在员工服务、卫生环境、设施设备方面存在较多的问题，对酒店的网络口碑造成了极坏的影响，引起一些客人的不满，很多客人表示"这是住过最差的五星级酒店"。

（五）酒店服务质量管理提升建议

本研究通过对顾客在线点评文本进行分析发现，酒店优越的地理位置及优美的内外部环境为客人提供了较好的住宿体验，这也是顾客对酒店较为认可的地方。虽然酒店的整体服务水平较为不错，但在环境卫生方面及员工的对客服务方面仍存在不少的问题，为提升酒店服务质量，提高顾客在酒店的住宿体验，拟提出如下管理建议。

1. 加强对员工的督导管理及服务意识的培养

在酒店的很多负面评价中，员工自身服务意识、服务态度给顾客带来了一些不良体验。针对此类问题，基层管理者首先要加强对员工的巡视和督导管理，严格执行酒店的服务标准。其次，管理者在重视员工服务技巧和能力培训的同时，要增强对其服务意识及服务主动性的培养，建立合理的激励体系和有效的监督机制，运用相应的考核奖惩制度规范员工的行为，建设高素质的员工队伍。最后，酒店要加强对酒店管理层能力培养的力度，酒店的管理者应该对酒店工作的各个方面有敏锐的嗅觉，提前感知可能会影响顾客入住体验的因素，将消极因素扼制在产生不良影响前，促进积极因素带来良好效应。

2. 注重服务细节，提供个性化的服务

对于酒店服务来说，标准化的服务规范是酒店服务质量的保障，但酒店接待的顾客类型多样，顾客需求也千差万别，因此酒店应注重服务的细节，为顾客提供从入住到离店全过程的个性化服务。对于成都保利公园皇冠假日酒店的网络评价中出现的长篇、细致、多图佐证的负面评价，酒店要做好调整工作，虽然是个例，但对酒店的负面影响很大。例如，客人反映的"下雨没有服务人员帮忙提行李""小孩子入住没有送小礼物"等情况。如果酒店的员工能够意识到客人有标准化以外的服务需求，就可以及时为客人提供个性化的服务，提高客人的满意度。

3. 精准把握顾客需求，发挥酒店优势

成都保利花园皇冠假日酒店最具特色的地方就在于酒店离成都大熊猫繁育研究基地很近，适合家庭出游居住，并且酒店也设计了一定数量的熊猫主题客房。因此，酒店应当加强网络评价中对顾客家庭房、亲子房住宿体验反馈的重视程度，尤其注重评价中提到的"家庭房、熊猫主题房华而不实""小孩子入住的客房的空调温度高""熊猫房、家庭房的设计性价比不高""亲子房只有一个大床，其实很不亲子"等问题。酒店可以参考一下迪士尼和乐高酒店的亲子房设计，注重客房设计的每一个细节，突出亲子、儿童、趣味等特点。同时，酒店应根据自己接待顾客的客源结构，根据接待的不同客源类型的需求差异，在不同的客房内部设计上突出差异性，充分发挥酒店地理位置及周边环境的优势，做好服务产品创新。

4. 严守酒店卫生底线，保持干净整洁

成都保利公园皇冠假日酒店作为国际五星级酒店，仍存在客房打扫得不干净、房间内设施设备老化等情况。首先，酒店管理者要自查自纠，严格落实酒店的相关卫生清洁与检查标准，特别是注重房间中容易被忽视的卫生死角，如窗帘、墙壁、台面等；其次，要加强对客房清洁的督查管理，基层和中层管理者要通过对客房随机抽查、走动式的管理，对员工的清洁服务流程进行监督；最后，管理者要通过多渠道与客户进行有效沟通，除了重视住店顾客的在线点评信息外，可在酒店客房显眼位置处设置宾客反馈意见的二维码牌，客人可在第一时间方便地、真实地向酒店反映酒店存在的问题以及需要改进的地方，使顾客能有效地参与到酒店服务管理执行的监督过程中来。

注：本节内容受洲际酒店集团英才培养学院教学开发奖励项目"基于内容分析法的酒店服务质量在线评价研究"资助。本节部分内容已发表于《广西经济管理干部学院学报》2020年第1期。

四、成都温江皇冠假日酒店服务质量网络评价研究

（一）酒店简介

坐落于成都温江交通核心地段的成都温江皇冠假日酒店，如一颗明珠镶嵌于此，毗邻成都地铁 4 号线，可达宽窄巷子、太古里、锦里等成都标志性景点，同时酒店所处位置也位于通往大熊猫繁育研究基地及都江堰风景区的理想路线之上；紧邻酒店的天然蜀乐池温泉拥有 46 个泡池及 2 000 平方米儿童戏水乐园。漫步江安河边，宜居的环境及通达的交通让酒店更加舒适便利。酒店距离草莓音乐节举办地——成都非遗博览园约 5.2 千米，距离陆上乐园及水上乐园——国色天乡乐园约 8.5 千米，距离成都必访地——宽窄巷子约 15.7 千米。

（二）基于市场细分的酒店服务质量在线评价

根据顾客的出游目的的不同，成都温江皇冠假日酒店的市场可划分为 7 个类型，见表 2-13。从表 2-13 可以看出，成都温江皇冠假日酒店的客源类型中，商务出差的顾客的比例最高，达到了 42.02%；其次是家庭亲子的顾客，其比例达到了 31.91%；朋友出游的顾客的比例为 9.38%，情侣出游的顾客的比例为 7.31%，代人预订的顾客的比例为 2.31%，独自旅行的顾客的比例为 3.53%，其他类型的顾客的比例为 3.54%。

表 2-13　成都温江皇冠假日酒店网络评分市场差异

出游目的	网络评分	样本数量/条	样本比例/%
代人预订	4.61	19	2.31
独自旅行	4.74	29	3.53
家庭亲子	4.71	262	31.91
朋友出游	4.85	77	9.38
情侣出游	4.76	60	7.31
商务出差	4.8	345	42.02
其他	4.89	29	3.53

从不同细分市场对成都温江皇冠假日酒店服务质量的网络评分来看，其他类型的顾客对酒店的评价最高，其网络评分为 4.89 分；其次是朋友出游和商务出差的

顾客，他们的网络评分分别为 4.85 分和 4.8 分，顾客样本中商务出差的顾客的比例最高；独自旅行、家庭亲子类型的顾客的网络评分分别为 4.74 分和 4.71 分；代人预订的顾客的网络评分最低，为 4.61 分。除代人预订的顾客外，成都温江皇冠假日酒店所有细分市场的网络评分都在 4.7 分以上，顾客满意度较高。

（三）基于房间类型的酒店服务质量在线评价

携程旅行网的有关信息显示，成都温江皇冠假日酒店网络在售共有 7 种类型的客房，其中售出客房最多的类型是皇冠高级大床房，其达到了选取样本的 53.84%；其次是皇冠高级双床房和皇冠江景大床房，其比例分别达到了 27.41% 和 7.92%，这三种类型的客房比例累计达到 89.17%；皇冠高级套房比例为 1.95%。成都温江皇冠假日酒店不同房型的网络评分情况见表 2-14。

表 2-14　成都温江皇冠假日酒店不同房型的网络评分情况

房间类型	网络评分/分	样本数量/条	样本比例/%
皇冠高级大床房	4.77	442	53.84
皇冠高级双床房	4.79	225	27.41
皇冠高级套房	4.88	16	1.95
皇冠行政大床房	4.84	31	3.78
皇冠行政双床房	4.91	19	2.30
皇冠江景大床房	4.78	65	7.92
皇冠江景双床房	4.22	23	2.80

由表 2-14 可知，皇冠行政双床房的网络评分最高，达到了 4.91 分，也是顾客评价唯一在 4.9 分以上的客房类型；其次是皇冠高级套房和皇冠行政大床房，其网络评分分别达到了 4.88 分和 4.84 分；酒店客房售出比例中较高的皇冠高级大床房、皇冠高级双床房的网络评分分别为 4.77 分、4.79 分；顾客网络评价最低的客房类型是皇冠江景双床房，其评分仅有 4.22 分，也是唯一一个评分在 4.7 分以下的房间类型，其样本比例为 2.80%，需要管理者加强对该房型的日常服务管理。

（四）基于内容分析的酒店服务质量在线评价

1. 酒店在线点评文本高频词分析

本研究使用 ROST 软件的分词功能，对顾客在线点评文本进行分词处理，并对提取出来的词语进行出现频次统计，即统计成都温江皇冠假日酒店顾客网络点评文本中出现的高频词，由于文本的限制，没办法将高频词一一显示出来，表 2-15 是成都温江皇冠假日酒店在线点评文本中出现频次在前 100 位的词语统计，图 2-7 是成都温江皇冠假日酒店在线点评文本高频词云图，图中字体的大小与词语在顾客点评文本中出现的频次的高低直接相关。

表 2-15　成都温江皇冠假日酒店在线点评文本出现频次在前 100 位的词语统计

词语	频次/次	词语	频次/次	词语	频次/次	词语	频次/次
酒店	438	周边	33	卫生间	17	儿童	12
服务	284	五星	31	成都	17	房价	12
早餐	194	人员	30	皇冠	17	出行	11
房间	174	旁边	29	客房	17	空调	11
环境	159	浴缸	29	大厅	16	朋友	11
温泉	128	升级	27	舒适	16	地铁站	11
前台	94	加油	27	好评	16	小孩	11
方便	86	大堂	27	味道	16	电梯	11
设施	83	选择	26	问题	15	管理	11
入住	82	周到	26	假日	15	高大	11
干净	67	适合	24	交通	15	大气	11
态度	66	装修	24	总体	15	二次	11
满意	62	服务员	24	地方	14	附近	11
位置	55	停车	23	市区	14	品种	11
丰富	50	硬件	23	游泳池	14	时间	11
卫生	49	标准	22	完善	13	套房	10
下次	48	安静	21	没得说	13	吃饭	10
热情	47	五星级	21	丰盛	13	自助餐	10
性价比	43	停车场	21	好吃	13	好好	10
温江	38	整洁	20	客人	13	唯一	10
免费	37	预定	20	最好	13	洲际	10
舒服	37	优美	19	设计	13	提前	10
孩子	35	晚上	19	宽敞	12	再次	10
值得	34	整体	19	齐全	12	贴心	9
体验	33	出差	18	新开	12	餐厅	9

图 2-7　成都温江皇冠假日酒店在线点评文本高频词云图

由表 2-15 可知，出现频次最高的词语是"酒店"，其出现频次达到了 438 次；其次是"服务"，其出现频次为 284 次；其他出现频次在 100 次以上的词语分别是"早餐""房间""环境""温泉"。根据词语的属性可以发现，顾客的在线点评文本内容主要集中于酒店自身及周边环境简介、酒店服务及设施设备以及顾客对酒店服务及设施设备的评价三类。酒店自身的简介主要是对酒店品牌、位置、周边环境的介绍，如"成都""温江""皇冠""假日""五星级""位置""周边""洲际""卫生"等词语。描述酒店提供软性服务的词语主要有"温泉""入住""态度""免费""体验""停车""服务员""预订""自助餐"等；描述酒店硬件设施设备类的词语主要有"房间""浴缸""大堂""停车场""卫生间""客房""游泳池""电梯""空调""套房""餐厅"等。对酒店服务评价的词语有"方便""热情""值得""周到""好评""没的说""贴心"等；对酒店设施设备的评价词语有"干净""标准""安静""整洁""舒适""宽敞""高大""大气"等。

通过分词处理，本研究提取出成都温江皇冠假日酒店网络评价文本中出现的高频词，并根据高频次的共现频率，利用 ROST 软件的语义网络分析工具描绘整理出成都温江皇冠假日酒店在线点评形象语义网络图。从图 2-8 中可以看出，"酒店""服务""早餐""房间""环境"构成了成都温江皇冠假日酒店在线点评语义网络的核心词语，也是顾客点评文本中出现频次最高的词语，其他词语与核心词语之间通过线条的方式连接在一起，说明两者之间的关系，如词语"早餐"与"丰富"之间有联系，说明"丰富"是顾客对酒店早餐食物种类的评价；如"房间""升级""免费"三个词两两之间都有联系，说明酒店为顾客提供了客房的免费升级服务；其他的词语围绕"酒店""服务""早餐""房间""环境"这几个指标展开，共同组成了成都温江皇冠假日酒店的在线点评语义网络分析图。

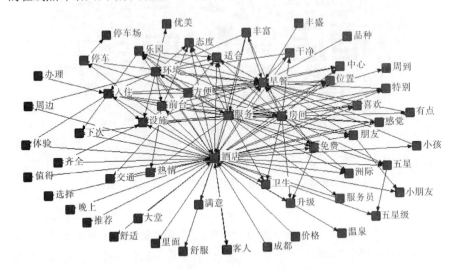

图 2-8　成都温江皇冠假日酒店在线点评语义网络图

2. 酒店服务质量在线评价分析

酒店产品是一种由无形的劳务服务和有形的设施设备、卫生环境等组成的综合性产品。酒店产品构成的综合性，导致顾客对酒店服务质量的评价也包括较多的方面。本研究通过对顾客在线点评文本高频词的词语属性进行分类，并对语义相近的词语进行合并统计，如"房间""客房"统一合并为"客房"，从"基础服务、设施设备、卫生环境、体验感知"四个方面对成都温江皇冠假日酒店的服务质量进行在线评价。表 2-16 是每种类别下排序前 30 位的网络评价词语及词频统计。

表 2-16　每种类别下排序前 30 位的网络评价词语及词频统计

排序	基础服务		设施设备		卫生环境		体验感知	
	词语	频次/次	词语	频次/次	词语	频次/次	词语	频次/次
1	酒店	438	客房	191	环境	159	方便	86
2	服务	284	设施	83	周边	68	再次	69
3	早餐	194	大堂	43	干净	67	满意	62

表2-16(续)

排序	基础服务		设施设备		卫生环境		体验感知	
	词语	频次/次	词语	频次/次	词语	频次/次	词语	频次/次
4	温泉	128	浴缸	29	位置	55	五星级	52
5	前台	94	装修	24	卫生	49	丰富	50
6	入住	82	硬件	23	温江	38	热情	47
7	态度	66	停车场	21	市中心	27	性价比	43
8	免费	37	游泳池	20	安静	21	舒服	37
9	升级	27	卫生间	17	整洁	20	值得	34
10	服务员	24	宽敞	12	优美	19	选择	26
11	停车	23	齐全	12	地铁站	19	周到	26
12	预定	20	健身房	12	成都	17	气派	19
13	用餐	16	空调	11	味道	16	贴心	17
14	及时	14	电梯	11	交通	15	舒适	16
15	好吃	13	套房	10	出行	11	好评	16
16	管理	11	餐厅	9	附近	11	豪华	16
17	品种	11	江景房	8	蜀乐池	10	问题	15
18	自助餐	10	乐园	8	地段	7	完善	13
19	付款	8	配套	8	景色	7	没得说	13
20	接待	8	行政	6	外观	6	丰盛	13
21	办理	8	床头	5	地理	6	最好	13
22	细心	8	用品	5	华丽	6	新开	12
23	员工	8	矿泉水	5	漂亮	6	高大	11
24	睡觉	7	菜品	4	便利	5	好好	10
25	赠送	7	隔音	4	地段	5	唯一	10
26	水果	7	被子	3	自然	5	到位	8
27	打扫	7	淋浴	3	偏僻	5	一流	7
28	保安	6	走廊	3	国色天香	4	开心	6
29	细节	6	电视	3	明亮	4	缺点	5
30	品质	6	落地窗	2	郊区	3	遗憾	5

（1）基础服务网络评价。

从表 2-16 整理出的基础服务网络评价的高频词可以看出，"服务""早餐""温泉"和"住宿"构成了成都温江皇冠假日酒店的核心服务。作为酒店行业的核心组成部分，"服务""前台"和"服务员"也被多次提及。前台作为顾客入住和离开酒店的必经之地，为顾客提供咨询、办理入住和退房手续、处理投诉等服务，是与顾客接触最为频繁的部门，服务员的服务态度、服务意识及服务技能都是客户评价酒店服务质量的重要指标。"态度"是一个中性词语，网络评价中大部分入住顾客认为酒店服务员的态度是很好的，但是同样存在个别顾客认为保安及个别前台服务员态度极差的问题。"热情""免费""停车"和"升级"体现出酒店为客人免费升级客房、停车场方便、免费停车；"早餐""自助餐""丰富""赠送""水果"说明客人对酒店的餐饮服务评价较高。"保安""管理""员工"出现的频次也较高，但更多的是一些负面的评价，这说明酒店部分从事安保工作的员工服务意识有待加强，前台也存在服务态度差的问题，需要加强管理。

（2）设施设备网络评价。

客房是酒店面向顾客的主要消费产品，对酒店经营者来说，入住顾客的满意度会直接影响酒店的经营收入。从表 2-16 顾客对设施设备网络评价的高频词中可以看出，与客房有关的词语达到一半以上，由此可见入住顾客对于酒店房间的设施设备关注度极高。客房内的设施设备出现频率高且分布较为广泛说明客房服务的内容比较复杂，有很多细节需要注意。"游泳池""健身房"出现频次较高体现酒店客房服务产品构成的多样性；其次是客房内的具体硬件设施设备，如"卫生间""浴缸""空调""淋浴""隔音"和"床头"等，即顾客反映卫生间存在有异味、有烟头、排水不畅等问题，房间内存在中央空调效果差、噪音大以及房间隔音效果不好、床头阅读灯设计不合理、灯光太晃眼等问题。这些问题需要引起酒店客房部管理者的重视，应积极与工程部协调解决客房硬件设施方面存在的问题，为住店客人提供良好的住宿体验。

（3）卫生环境网络评价。

酒店的卫生环境包括物品及设备卫生、食品卫生、客房卫生和酒店整体的卫生环境。顾客对成都温江皇冠假日酒店的"卫生环境"这一指标的评价大致可以分为两类，一是对酒店所处的地理位置的评价与描述，网络评价中"交通""地铁站""蜀乐池""成都"等高频词的出现凸显了酒店所处位置的优越性。二是对酒店内外部卫生环境的评价与描述，这部分占据了"卫生环境"指标的大部分，其中"环境"一词的频次高达 159 次。通过筛选排除重复网评，本研究得到酒店环境有效评价共计 121 条，其中环境好评高达 115 条，环境一般 6 条，无有关环境差的评论，入住顾客对酒店环境好评率高达 95%。同时，有关环境卫生网络评价的高频词还包括"干净""安静""整洁"和"优美"等，这说明酒店在整体环境卫生方面做得比较好，得到了入住顾客的好评。但是，同样有"卫生""味道"等高频词的出现，这反映出酒店客房的卫生还有待提高，灰尘较多、卫生间有味道以及客房装修味道重等问题，也应当引起酒店管理阶层的重视。

（4）服务质量体验感知。

本研究在整理网络评价指标体系的"体验感知"的词语时，将表述情感的词语分成三类，分别为积极评价、中立评价和消极评价，其中以积极评价占据主要地位。在 30 个表达顾客对服务质量评价的词语中，其累计频次共计 757 次，其中表达顾客对酒店评价呈积极情感属性的词语共计 22 个，频次达到 619 次，占整体出现词语频次的 81.77%；表达中立情感的词语有 5 个，出现频次达 113 次，占整体出现词语频次的 14.93%；消极评价词语有 3 个，频次为 25 次，占整体出现词语频次的 3.3%。总体评价指标中"满意""方便""再次""舒服""值得""性价比"等高频词的出现，说明入住顾客对成都温江皇冠假日酒店的总体评价较高，其服务质量得到了肯定，但酒店也要及时对服务过程中存在的"问题""遗憾"和"缺点"予以解决。

（五）酒店服务质量管理提升建议

本研究使用内容分析法对成都温江皇冠假日酒店的在线点评文本进行分析发现，成都温江皇冠假日酒店的网络评价以积极正面评价为主，员工服务、设施设备和卫生环境是顾客入住最关心的三个方面，在网络评价文本中被提及的次数也最多。但是，在网络评价文本中同样也暴露出一些影响顾客入住体验的问题，比如房间内卫生间有异味、淋浴排水不畅、中央空调效果差、床头灯亮度太强、前台与安保人员服务态度不佳等。针对顾客点评文本中反映的酒店在服务质量管理中存在的问题，本研究提出以下管理建议：

1. 加强对员工日常服务工作的现场管理

首先，酒店基层员工作为酒店服务产品的直接生产者与提供者，与住店顾客直接接触。员工所表现出来的服务态度、服务意识以及服务的可靠性，直接影响客人对酒店服务质量的判断。针对顾客所反映出来的前台及安保人员的服务态度、服务意识方面的问题，酒店应对其加强岗位中的在职培训，使其明白服务对酒店及顾客的重要性。其次，酒店的基层、中层管理者要多到工作一线走动，通过走动式的管理对基层员工的服务起到监督约束的作用。最后，管理者要合理利用考核奖惩制度，对员工的负面行为进行约束。

2. 加强对客房设施设备的检查与维护

客房设施设备是酒店客房服务产品的主要依托，也是影响顾客评价酒店客房服务质量的主要因素。成都温江皇冠假日酒店的开业时间不长，大部分的设施设备损耗并不严重，定期做好检查、维护与保养工作，不仅可以为顾客提供较好的服务体验，还可以节约酒店产品的生产成本。因此，酒店应严格执行设施设备的维修保养计划，保证设施设备的正常运行。此外，对淋浴排水管道堵塞要及时处理，对中央空调效果差、床头灯光线太差等问题要及时进行检查，对存在的影响客人睡眠的设计适当进行优化调整，为客人营造良好的睡眠居住环境。

3. 保持酒店内外部环境卫生的整洁

酒店所处的地理位置及周边优美的环境，增加了成都温江皇冠假日酒店对顾客的吸引力。对酒店的外立面、停车场、大堂入口外区域等容易被忽视的地方，酒店也应该做好日常与定期的清洁工作，为客人营造良好的外部环境。对酒店内部公共区域的清洁，保洁部要严格按照酒店的清洁计划执行。客房内部的卫生清洁更是重中之重，对于客人反映的房间有灰尘和卫生间有异味两个方面的问题，相关人员也要及时清洁处理，找出卫生间存在异味的根源，解决问题，注意空气的净化，以保证客房的空气清新，提高酒店入住客人的满意度，同时，对未出售客房的卫生检查也不应忽视。

4. 注重对酒店在线点评内容的管理

线上网络评价内容直接影响其他顾客的购买行为，尤其是负面评价的影响会更大。首先，酒店要合理利用在线点评平台，利用线上渠道与酒店住店客人进行积极有效的交流与沟通，了解不同顾客的个性化服务需求，完善酒店的服务产品，提高顾客对酒店的满意度；其次，顾客的真实点评内容可以帮助酒店认识到自身的优势和存在的不足，使酒店在保持优势的同时及时解决存在的问题；最后，针对顾客的负面评论内容，酒店要及时予以回应，在确定事实的情况下主动承担责任，并给予相应的解释和道歉，提出相应的解决方案弥补之前存在的服务失误，以获得顾客的谅解，减小负面评价所带来的消极影响。

注：本节内容受洲际酒店集团英才培养学院教学开发奖励项目"基于内容分析法的酒店服务质量网络评价研究"资助。

五、宜宾鲁能皇冠假日酒店服务质量网络评价研究

（一）酒店简介

宜宾鲁能皇冠假日酒店位于叙州区睦邻路，距高铁站——宜宾西站约 3 千米，仅需 8 分钟车程，距宜宾机场仅需 20 分钟车程，邻近宜宾市南岸西区唐人财富广场，可轻松抵达真武山、李庄古镇、大观楼等著名旅游风景区。该酒店由洲际酒店集团管理、宜宾鲁能开发（集团）有限公司投资兴建，拥有各种类型宽敞舒适的客房两百余间，且均依商旅客人所需精心设计，房内配设齐全。

（二）基于市场细分的酒店服务质量在线评价

根据顾客的出游目的的不同，宜宾鲁能皇冠假日酒店的市场可划分为以下7 个类型，见表 2-17。从表 2-17 可以看出，在宜宾鲁能皇冠假日酒店的客源类型中，商务出差的顾客的比例最高，达到了 48.13%；其次是家庭亲子的顾客，其比例达到了 26.17%；其他类型和代人预订的顾客的比例分别为 3.97%和 1.95%。由此可见，宜宾鲁能皇冠假日酒店的客源以商务出差和家庭亲子为主。

表 2-17　宜宾鲁能皇冠假日酒店网络评分市场差异

出游目的	网络评分	样本数量/条	比例/%
代人预订	4.84	25	1.95
独自旅行	4.83	53	4.13
家庭亲子	4.79	336	26.17
朋友出游	4.78	112	8.72
情侣出游	4.72	89	6.93
商务出差	4.79	618	48.13
其他	4.77	51	3.97

从不同细分市场对酒店服务质量的网络评分来看，宜宾鲁能皇冠假日酒店不同细分市场的顾客的网络评分差异不大，最低在 4.72 分，最高的是 4.84

分，说明酒店的服务质量整体较好。其中，网络评分最高的是代人预订，其评分达到4.84分；其次是独自旅行市场，为4.83分；情侣出游的网络评分最低，为4.72分。

（三）基于房间类型的酒店服务质量在线评价

携程旅行网的有关信息显示，宜宾鲁能皇冠假日酒店网络在售共有4种类型的客房，其中售出的客房类型最多的是皇冠高级房，其达到了选取样本的83.88%；其次是皇冠豪华房，其比例为13.47%；皇冠高级套房和皇冠行政房的比例较低，分别仅有1.72%和0.93%。宜宾鲁能皇冠假日酒店网络评分房型差异见表2-18。

表2-18　宜宾鲁能皇冠假日酒店不同房型的网络评分情况

房间类型	网络评分	样本数量/条	样本比例/%
皇冠高级房	4.78	1 077	83.88
皇冠高级套房	4.79	22	1.72
皇冠行政房	4.88	12	0.93
皇冠豪华房	4.8	173	13.47

由表2-18可知，皇冠行政房的网络评分最高，达到了4.88分，网络评分在4.8分以上的还有皇冠豪华房，两者累计比例为14.4%；酒店客房售出比例中最高的皇冠高级房网络评分为4.78分，皇冠高级套房的网络评分为4.79分。可以看出，宜宾鲁能皇冠假日酒店不同房型的网络评分都保持了较高的水平，在顾客群体中拥有较好的网络口碑。

（四）基于内容分析的酒店服务质量在线评价

1. 酒店在线点评文本高频词分析

本研究使用ROST软件的分词功能，对顾客在线点评文本进行分词处理，并对提取出来的词语进行出现频次统计，即统计宜宾鲁能皇冠假日酒店顾客网络点评文本中出现的高频词，表2-19是宜宾鲁能皇冠假日酒店在线点评文本出现频次在前100位的词语统计，图2-9是宜宾鲁能皇冠假日酒店在线点评文本高频词云图，图中字体的大小与词语在顾客点评文本中出现的频次的高低直接相关。

表2-19　宜宾鲁能皇冠假日酒店在线点评文本出现频次在前100位的词语统计

词语	频次/次	词语	频次/次	词语	频次/次	词语	频次/次
酒店	653	性价比	44	味道	24	旁边	16
服务	350	五星	43	小吃	23	首选	16
房间	308	选择	43	出行	22	便利	16
宜宾	204	好吃	37	出差	22	商务	16
设施	168	交通	36	浴缸	22	丰盛	16
早餐	160	齐全	35	体验	21	洲际	15
前台	151	假日	34	贴心	21	美食	15
方便	146	装修	34	唯一	20	档次	15
环境	141	皇冠	34	地理	19	名人	15
位置	131	硬件	33	卫生间	19	小朋友	15
入住	117	周到	33	餐厅	19	完美	14
最好	110	当地	32	免费	19	感谢	14
干净	93	五星级	31	合理	19	适合	14
态度	78	整洁	30	购物	19	大堂	14
好好好	71	值得	28	楼下	18	符合	14
周边	67	每次	28	客房	18	优雅	13
卫生	64	周围	27	服务员	18	健身房	13
下次	61	孩子	27	接待	18	特色	13
热情	60	地方	27	配套	17	淋浴	13
停车	57	吃饭	27	安静	17	儿童	13
丰富	48	空调	27	布局	17	好评	12
舒服	47	地下	26	拖鞋	17	问题	12
舒适	46	人员	25	设计	16	改进	12
满意	45	标准	24	宽敞	16	开心	12
停车场	45	游泳池	24	到位	16	水平	12

图 2-9 宜宾鲁能皇冠假日酒店在线点评文本高频词云图

由表 2-19 可知，出现频次最高的词语是"酒店"，其出现频次达到了 653 次；其次是"服务"和"房间"，其出现频次都在 300 次以上，分别为 350 次和 308 次；其他出现频次在 100 次以上的词语分别是"宜宾""设施""早餐""前台""方便""环境""位置""入住"和"最好"。根据词语的属性，本研究发现，顾客的在线点评文本内容主要集中于酒店自身及周边环境简介、酒店服务及设施设备以及顾客对酒店服务及设施设备的评价三类。酒店自身的简介主要是对酒店品牌、位置、周边环境的介绍，相关词语包括酒店、宜宾、位置、周边、五星、假日、皇冠、五星级、地理、洲际等。描述酒店提供软性服务的词语主要有态度、入住、停车、人员、免费、购物、服务员、接待等。描述酒店硬件设施设备类的词语主要有房间、设施、前台、停车场、硬件、空调、游泳池、浴缸、卫生间、客房、拖鞋、大堂、健身房、淋浴等。对酒店服务评价的词语有方便、热情、满意、周到、贴心、完美、感谢、开心等。对酒店设施设备的评价词语有干净、丰富、舒适、舒服、齐全、整洁、安静、宽敞、便利、丰盛等。

在提取高频词的基础上，本研究根据高频词的共现频次，利用 ROST 软件的语义网络分析工具描绘整理出宜宾鲁能皇冠假日酒店在线点评形象语义网络图。从图 2-10 可以看出，"酒店""服务""早餐""房间"构成了宜宾鲁能皇冠假日酒店在线点评语义网络的核心词语，也是顾客点评文本中出现频次最高的词语，酒店的顾客在线点评内容大多与这几个核心词语有关，且相互之间有关联的词语用线条相连，共同组成了宜宾鲁能皇冠假日酒店的在线点评语义网络分析图。

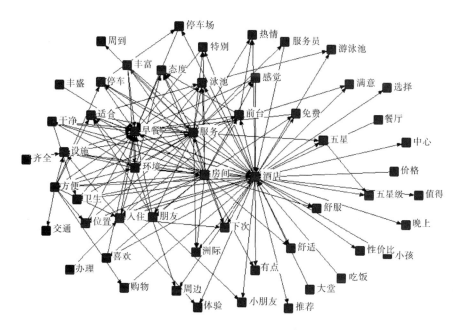

图 2-10 宜宾鲁能皇冠假日酒店在线点评语义网络图

2. 酒店服务质量在线评价分析

酒店产品具有综合性，既包括由酒店员工提供的劳务服务，又包括酒店的设施设备及服务环境。顾客购买产品的构成综合性使得其中的任何一个要素都会对客人的消费体验产生影响。本研究通过对顾客在线点评文本高频词的词语属性进行分类，从"基础服务、设施设备、卫生环境、体验感知"四个方面对宜宾鲁能皇冠假日酒店的服务质量进行在线评价。表 2-20 是每种类别下排序前 30 位的网络评价词语及词频统计。

表 2-20 每种类别下排序前 30 位的网络评价词语及词频统计

排序	基础服务		设施设备		卫生环境		总体评价	
	词语	词频/次	词语	词频/次	词语	词频/次	词语	词频/次
1	酒店	653	房间	308	宜宾	204	方便	146
2	服务	350	设施	168	环境	141	最好	110
3	早餐	160	停车	57	位置	131	好好好	71
4	前台	151	停车场	45	干净	93	下次	61
5	入住	117	硬件	33	周边	67	丰富	48

表2-20（续）

排序	基础服务		设施设备		卫生环境		总体评价	
	词语	词频/次	词语	词频/次	词语	词频/次	词语	词频/次
6	态度	78	游泳池	24	卫生	64	舒服	47
7	热情	60	浴缸	22	交通	36	舒适	46
8	齐全	35	卫生间	19	整洁	30	满意	45
9	装修	34	餐厅	19	周围	27	性价比	44
10	周到	33	客房	18	地方	27	五星	43
11	吃饭	27	配套	17	地下	26	好吃	37
12	人员	25	拖鞋	17	地理	19	皇冠	34
13	标准	24	宽敞	16	安静	17	假日	34
14	味道	24	停车位	16	优雅	13	五星级	31
15	小吃	23	大堂	14	超市	10	值得	28
16	出行	22	健身房	13	温度	9	这家	22
17	服务员	18	淋浴	13	隔音	9	体验	21
18	接待	18	车库	11	漂亮	9	贴心	21
19	布局	17	电梯	11	舒心	9	总体	21
20	设计	16	泳池	10	情调	9	合理	19
21	商务	16	用品	10	大气	9	到位	16
22	美食	15	楼层	9	广场	8	首选	16
23	档次	15	房型	8	机场	8	便利	16
24	水平	12	洗澡	8	新区	8	完美	14
25	烧烤	11	软硬件	8	新开	8	感谢	14
26	员工	11	自助	8	安全	6	适合	14
27	住宿	11	洗浴	6	南岸	6	特色	13
28	餐饮	10	窗户	5	地段	6	好评	13
29	水准	10	玻璃	5	面积	6	开心	12
30	办理	10	枕头	5	优美	6	舒心	9

（1）基础服务网络评价。

从基础服务网络评价的高频词中，本研究发现，"服务""早餐""前台"和"入住"出现的次数最多，这构成了宜宾鲁能皇冠假日酒店的核心服务。"态度""热情"和"服务员"这样的词条也被多次提及，并且顾客对酒店服务人员的评价总体是较高的。由此不难看出，作为酒店服务产品的重要构成部分之一，"服务员"的素质、态度以及服务过程中的及时性和主动性都是顾客评价酒店服务质量的重要指标。"前台"这个词条出现了151次，两位李姓前台服务人员因为服务热情、周到和主动而多次被顾客点赞。"齐全""装修""布局""设计"等体现了酒店环境的美观和舒适，顾客也多次表示很满意酒店的设计风格和装修，对酒店的环境给予了高度认可。酒店的早餐种类丰富，宜宾燃面受到众多顾客的青睐，三楼的法式烧烤也多次被顾客点赞，总体来讲，顾客对酒店的餐饮服务也是很满意的。不少顾客还提到酒店在中秋赠送给他们价格为198元的月饼，这让顾客非常感动，对酒店的印象非常好，表示下次到宜宾还会选择这家酒店。总体来说，宜宾鲁能皇冠假日酒店作为洲际旗下的酒店之一，餐饮、入住、服务等基础服务完全符合五星级酒店的标准，其五星级基础服务水准得到顾客的认可。

（2）设施设备网络评价。

酒店的硬件设施是酒店生存的基础，也是为客人提供服务的重要依托。客房是顾客入住酒店停留时间最长的地方，也是顾客评价酒店服务质量最重要的指标，它直接影响顾客的体验度、舒适度和满意度。在设施设备网络评价的高频词中，有16个与客房相关的高频词，这足以看出客人对客房的设施设备关注度之高，也可以看出酒店客房内设施用品齐全。大部分客人表示酒店设施完善、房间足够大、宽敞明亮，比较贴心的设计是客房内床边和卫生间都有声控开关，体验感很好。此外，酒店配有健身房和游泳池，能极大地满足客人强身健体的需要；酒店的车库也是向客人开放的，为客人解决了寻找停车位的烦恼。总体来看，客人对酒店的设施设备评价是积极的，但是酒店设施设备还是存在一些瑕疵。例如，游泳池只向18岁以上的成年人开放，孩子不能用；部分房间内空调存在问题，温度偏高或偏低；房间内通风透气不好，有点闷。"停车位"在设施设备网络评价中出现的频率也很高，客人表示很满意酒店有车库，但是车库空间并不大，因此在停车时会有一些不方便。

（3）卫生环境网络评价。

根据顾客卫生环境网络评价词条可以看出顾客对酒店环境的关注主要集中在三个方面，分别是地理位置、内部环境和外部环境。从卫生环境网络评价的前 30 个词条来看，有 12 个词语是关于酒店的地理位置，多数客人表示宜宾鲁能皇冠假日酒店位置优越，地处宜宾繁华地带，周围有几个商圈，酒店旁边就有一条美食街，且它与周边的高速路、汽车站、火车站、高铁站以及机场的距离也非常近，交通出行十分方便，酒店的地理位置在对客吸引力方面具有较强的优势。"干净""卫生"等词在环境卫生评价网络词条中出现频率较高，客人也多次表示这家酒店房间干净卫生、整齐舒适；"优雅""情调""安静""优美"等词可以体现出酒店的环境设计、布局格调都令客人感到舒心、愉快；"隔音""安静""安全""舒心"等词语反映出酒店为客人营造了一个安静、安全、舒心的睡眠环境。

（4）服务质量体验感知。

对高频词统计表中高频指标所表达的不同情绪进行分类发现，统计表中积极评价占大多数，中性评价不多，消极评价就更少了，几乎可以忽略。从宜宾鲁能皇冠假日酒店的在线点评内容来看，顾客对宜宾鲁能皇冠假日酒店的体验感知总体是满意的。在服务质量"体验感知"的前 30 个词条中，有 22 个词条是顾客直接表示对酒店的认可，如"方便""最好""舒服""舒适"以及"满意"等，其中"最好"出现了 110 次，在服务质量网络评价的前 30 个词条中排名第二，可见顾客对酒店的满意程度相当高。"五星级""这家""下次"虽然是中性词，但是通过点评内容可以发现客人对这家酒店的五星级给予了认可，并且表示下次到宜宾还会选择这家酒店，形成了一定的情感依赖，有利于酒店培养忠诚的顾客。在顾客体验感知评价的 30 个词语中，有 20 个词语的情感属性属于积极的，没有出现负面的评价词语，可见酒店为客人提供了满意的服务，"感谢"一词更能反映出酒店服务对客人及时性、随机性需求的满足。

（五）酒店服务质量管理提升建议

本研究使用内容分析法分析宜宾鲁能皇冠假日酒店的在线点评文本发现，宜宾鲁能皇冠假日酒店的网络在线点评主要以正向积极为主，其品牌形象、服务项目与服务质量得到了广大入住顾客的认可。员工服务、房间设施、早餐种类、环境位置是宜宾鲁能皇冠假日酒店的顾客最关注的几个方面，在在线点评文本中的出现次数也最多。但是，文本中也暴露出宜宾鲁能皇冠假日酒店存在的影响顾客住宿体验的问题，如房间闷热、停车场混乱等。在此，本研究针对客户关注的服务内容和网络在线点评文本中出现的酒店服务质量管理的问题，提出以下管理建议：

1. 重视酒店网络评价内容

通过对网络点评信息进行整理、分析和研究，管理人员可以有效地了解酒店服务运营中出现的问题和顾客的实际需要，进而针对性地解决酒店存在的问题，从而达到优化酒店管理、提高服务质量、让更多顾客满意的目的。鉴于此，酒店可以安排专门的员工进行网络口碑营销，耐心地回复客户的每一条点评，与客户进行友好的交流沟通，做好客户维系工作。对于客户的不满之处，酒店务必重视，要虚心听取建议，客人的有效建议能极大地帮助酒店提高服务质量。

2. 检查维护酒店设施设备

硬件设施是酒店赖以生存的基础，是酒店服务产品的依托和载体，硬件设施会在很大程度上影响酒店的服务质量。酒店应该制定相关的设备管理制度，配备相关人员定期检查设备情况，确立好员工与设备的对应管理关系，要让每一件设施都有它的专属管理员。宜宾鲁能皇冠假日酒店的开业时间不长，硬件设施都很新，定期检查维护一方面能避免设备问题给顾客带来不便，另一方面也能更好地维护设备，降低损耗，减少成本。这是一个科学技术高速发展的时代，酒店也要与时俱进，先进的设备通常更令顾客青睐，因此酒店也要在发展中对落后的设备进行替换。

3. 保持酒店环境卫生干净整洁

干净舒适的酒店环境更能让人身心愉快，宜宾鲁能皇冠假日酒店的整体环境非常干净，但存在房间比较闷热和停车场混乱两方面的问题。酒店应分析酒店房间闷热的原因，如果是空调原因，则要检查空调设备是否存在问题；如果是通风的原因，则要注意检查房间内通风系统和楼道通风系统是否完好。客人反映停车场是双层停车场，但空间太小，有时候停车不方便，对此，酒店可以多留意停车场问题，根据实际情况考虑重新规划车位大小和过道预留面积，要求相关人员严格管理停车场。

4. 丰富酒店餐饮特色种类

宜宾鲁能假日酒店的早餐因种类丰富、味道可口而受到广大客户的欢迎，其法式烧烤也因味道绝佳而得到多数顾客的好评，因此，"餐饮"也成了宜宾鲁能皇冠假日酒店的核心服务之一。宜宾燃面作为宜宾特色美食被大众知晓，酒店可以把更多的宜宾特色美食放上餐桌，如李庄白肉、红桥叶儿粑、南溪豆腐干、双河凉糕等。除此以外，酒店还可以适当增加其他菜系，在当地酒店停留的客户大部分来自其他省市，无论如何，美食佳肴永远是酒店的核心服务之一，它会对客户选择酒店产生极大的影响。

5. 保持员工热情主动的服务

"员工服务"是宜宾鲁能皇冠假日酒店网络在线点评中的重要指标之一，也是酒店产品的重要组成部分。酒店员工服务的"热情""贴心""周到"等让客人在酒店停留期间感到舒心愉悦，给客人留下了很多好印象，也提高了酒店的网络评分。因此，在为顾客提供服务的过程中，要时刻注意保持服务提供的热情与主动性，以较高的服务热情和熟练的服务技能为顾客提供周到贴心的服务，使顾客获得良好的消费体验，避免因员工个人情绪而出现对客人冷淡或不理睬的现象。

注：本节内容受洲际酒店集团英才培养学院教学开发奖励项目"基于内容分析法的酒店服务质量在线评价研究"资助。本节部分内容已发表于《管理工程师》2020 年第 2 期。

六、成都城市名人酒店服务质量网络评价研究

（一）酒店简介

成都城市名人酒店于 2008 年开业，位于盐市口商圈，地处商业腹地，中央商务区（CBD）中轴，中国工商银行、中国银行等金融总部汇集。酒店地理位置优越，交通方便，距离双流机场仅 12.9 千米，驱车前往仅 20 分钟，酒店门口即可乘坐机场大巴，步行 10 分钟便能到达成都著名的地标天府广场、春熙路；附近摩尔百货、远东百货、仁和春天等商业购物商城聚集，吃喝玩乐一应俱全；地处文化艺术中心，成都博物馆、四川大剧院、四川科技馆近在咫尺。酒店拥有 450 间装修典雅大气的住房，5 个大小不同风格各异的会议室，三个无柱多功能厅，且美食多元，融合了西餐、中餐、泰餐。会议中心超 2 400 平方米的会议宴会场地，460 平方米、逾 6 米高的无柱宴会大厅，周到专业的会议宴会服务团队，全程为您定制个性化筹划方案。

（二）基于市场细分的酒店服务质量在线评价

根据顾客的出游目的的不同，成都城市名人酒店的市场可划分为以下 7 个类型，见表 2-21。从表 2-21 可以看出，成都城市名人酒店的客源类型中，商务出差的顾客的比例最高，达到了 38.64%；其次是家庭亲子的顾客，其比例达到了 24.78%；朋友出游的顾客的比例为 16.77%，代人预订的顾客的比例为 1.80%，独自旅行的顾客的比例为 6.52%，情侣出游的顾客的比例为 7.97%，

其他类型的顾客的比例为 3.52%。酒店的客源类型以商务出差、家庭亲子和朋友出游为主，三种类型的客源占酒店总体客源的 80.19%，构成酒店的核心客源市场。

表 2-21　成都城市名人酒店网络评分市场差异

出游目的	网络评分	样本数量/条	样本比例/%
代人预订	4.79	166	1.80
独自旅行	4.81	602	6.52
家庭亲子	4.76	2 288	24.78
朋友出游	4.81	1 548	16.77
其他	4.83	325	3.52
情侣出游	4.77	736	7.97
商务出差	4.78	3 568	38.64

从不同细分市场对成都城市名人酒店服务质量的网络评分来看，其他类型的顾客对酒店的评价最高，其网络评分为 4.83 分；其次是朋友出游和独自旅行，其网络评分均为 4.81 分；顾客样本中比例最高的商务出差的网络评分为 4.78 分，代人预订、商务出差的网络评分分别为 4.79 分和 4.78 分；家庭亲子类型的网络评分最低，为 4.76 分。成都城市名人酒店所有细分市场的网络评分都在 4.6 分以上，顾客满意度较好。

（三）基于房间类型的酒店服务质量在线评价

携程旅行网的有关信息显示，成都城市名人酒店网络在售共有 19 种类型的客房，其中售出最多的客房类型是豪华房，其达到了选取样本的 38.67%；其次是精致房，其比例达到了 34.68%，这两种类型的客房比例累计达到 73.35%；行政房比例为 5.77%，精致大床房、豪华大床房、家庭亲子、精致双床房、豪华双床房、零压力豪华房比例分别为 4.45%、3.60%、3.13%、2.66%、1.95%、1.71%，行政大床房、行政智能房、零压力行政、豪华套房、行政双床房、商务房、行政套房、特色定制房、行政清晰大床房、智能豪华房比例分别为 0.82%、0.56%、0.54%、0.47%、0.40%、0.22%、0.18%、0.16%、0.02%、0.01%，这十种房型比例都不到 1%，在酒店的客房类型构成中占比较低。成都城市名人酒店网络评分房型差异见表 2-22。

表 2-22 成都城市名人酒店不同房型的网络评分情况

房间类型	网络评分	样本数量/条	样本比例/%
行政大床房	4.71	76	0.82
行政房	4.75	527	5.77
行政清新大床房	4.5	2	0.02
行政双床房	4.72	37	0.40
行政套房	4.78	17	0.18
行政智能房	4.89	52	0.56
豪华大床房	4.75	332	3.60
豪华房	4.75	3 553	38.67
豪华双床房	4.72	180	1.95
豪华套房	4.65	43	0.47
家庭亲子房	4.71	289	3.13
精致大床房	4.76	405	4.45
精致房	4.85	3 185	34.68
精致双床房	4.88	246	2.66
零压力行政房	4.61	50	0.54
零压力豪华房	4.66	158	1.71
商务房	4.53	20	0.22
特色定制房	4.59	15	0.16
智能豪华房	4	1	0.01

由表 2-22 可知,行政智能房的网络评分最高,达到了 4.89 分;其次是精致双床房,其网络评分达到了 4.88 分;酒店客房售出比例中较高的豪华房和精致房的网络评分分别为 4.75 分和 4.85 分,顾客评价也较高;其余房型网络评分相对较好,并且各房型评分相差不大,精致房、行政套房、精致大床房网络评分分别为 4.85 分、4.78 分、4.76 分;豪华大床房、豪华房、行政房三种房型网络评分一致为 4.75 分;豪华双床房和行政双床房网络评分均为 4.72 分;行政大床房、家庭亲子房网络评分均为 4.71 分;零压力豪华房、豪华套房、零压力行政房网络评分分别为 4.66 分、4.65 分、4.61 分;特色定制房、商务房、行政清新大床房的网络评分分别为 4.59 分和 4.53 分、4.5 分;顾客网络评价最低的客房类型是智能豪华房,评分仅有 4 分,但是样本数量只有一条。

（四）基于内容分析的酒店服务质量在线评价

1. 酒店在线点评文本高频词分析

本研究对收集到的酒店在线点评内容进行挖掘，通过 ROST 软件，首先对在线点评文本进行分词处理，提取成都城市名人酒店在线点评文本中出现的高频词，并根据在线点评文本中高频词的词频生成成都城市名人酒店的在线点评文本高频词云图（见图 2-11），图中字体的大小代表词语被提及的频次高低。可以看出，"服务"被游客在点评文本中提及的次数最高，"房间""位置""方便""前台""入住""设施"等构成酒店顾客在线点评文本的核心词语。

图 2-11　成都城市名人酒店在线点评文本高频词云图

根据词语出现的频率高低和词语之间的相关性，本研究采用共现分析法构建高频词的共现矩阵，使用 ROST 软件中的语义网络分析工具，绘制成都城市名人酒店在线点评形象语义网络图（见图 2-12）。图 2-12 中的点便是酒店在线点评中出现的高频词，同时点越大表明出现次数越多、与其他高频词联系越密切，图中的线表明两者之间存在联系。由图 2-12 可知，成都城市名人酒店的在线点评语义网络图以"酒店""位置""服务""房间""方便"为中心，其他高频词也与这些词语存在密切联系，共同构成了成都城市名人酒店的在线点评语义分析图。其中值得一提的是"位置""方便"这两个高频词，顾客提及的频率十分高，相关内容也比较多，如"成都""天府广场""交通"等。天府广场是成都的著名地标，也是成都的市中心，交通网络发达，出行方式多样，十分便利。由此可知，成都城市名人酒店在地理位置方面具有很大的优势，很大程度上提升了顾客的满意度。

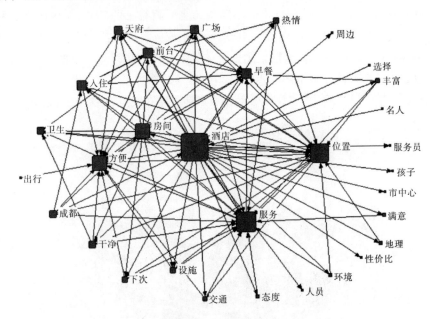

图 2-12　成都城市名人酒店在线点评语义网络图

2. 酒店服务质量在线评价分析

与一般商品相比较而言，酒店产品不仅包括有形的设施设备，如餐厅、健身房、电梯等，而且还包括无形的服务，如服务项目及内容、服务态度、服务效率等方面。为了更好地表达消费者的综合感受，本研究设置了"体验感知"这一指标。此外，在对酒店的在线点评进行分析时，关于位置环境的词语出现频次较高，也表明了消费者对此十分关心，于是增添"卫生环境"这一指标。本研究由 ROST 软件分词、提取得到的高频词，依据"基础服务""设施设备""卫生环境""体验感知"这四个指标进行分类、整理。每种类别下排序前35位的网络评价词语及词频统计见表 2-23。

表 2-23　每种类别下排序前 35 位的网络评价词语及词频统计

排序	基础服务		设施设备		位置环境		体验感知	
	词语	词频/次	词语	词频/次	词语	词频/次	词语	词频/次
1	服务	796	房间	571	位置	587	干净	213
2	早餐	387	设施	183	方便	455	卫生	178
3	前台	332	大堂	82	广场	253	下次	137
4	入住	292	机器人	77	天府	233	孩子	127
5	热情	174	停车场	58	环境	180	丰富	124
6	态度	156	电梯	53	成都	175	满意	114
7	服务员	81	客房	44	交通	154	性价比	94
8	人员	76	装修	39	地理	113	选择	83
9	水果	66	陈旧	33	市中心	113	舒适	68
10	周到	61	宽敞	27	周边	92	舒服	67
11	停车	68	自助	27	出行	91	值得	63
12	办理	47	门口	27	便利	72	免费	62
13	送餐	36	餐厅	27	附近	61	五星	57
14	接待	33	卫生间	23	停车	58	五星级	50
15	耐心	28	空调	21	春熙路	55	出差	46
16	好吃	28	浴缸	20	步行	55	丰盛	45
17	帮忙	27	硬件	17	地铁	54	问题	30
18	主动	24	布置	16	中心	46	可爱	26
19	安排	24	健身房	15	景点	45	好评	23
20	小朋友	23	隔音	15	宽窄	44	豪华	22
21	行政	21	超市	14	博物馆	42	首选	21
22	处理	19	大厅	13	科技馆	32	商务	20
23	及时	19	楼层	13	打车	31	亲子	18
24	员工	16	房型	12	地铁站	30	一流	16
25	预定	16	机器	12	地方	27	速度	15
26	礼貌	15	游泳池	11	机场	24	完美	15

表2-23(续)

排序	基础服务		设施设备		位置环境		体验感知	
	词语	词频/次	词语	词频/次	词语	词频/次	词语	词频/次
27	管家	15	窗户	10	成都市	16	合理	13
28	泊车	14	客房部	9	地段	16	不足	12
29	回答	13	总台	9	公园	14	快捷	10
30	询问	12	淋浴	8	靠近	13	差距	10
31	细节	12	床单	8	出游	12	档次	8
32	快捷	10	配套	7	公里	11	缺点	7
33	打招呼	10	泳池	7	风景	8	宾至如归	6
34	咨询	10	电视	7	工地	7	噪音	6
35	迎宾	9	车库	6	施工	7	美中不足	6

（1）基础服务网络评价。

为客人提供优质、卓越、周到的服务是酒店的核心，酒店的服务通常包括服务内容、服务态度、服务效率等方面。从服务内容来看，"早餐""前台""停车""送餐"这四个方面的高频词排名靠前，可见消费者十分关注这几个方面。其中"早餐"提及最多，大多数消费者反映该酒店早餐种类十分丰富、味道好但是入住酒店不含早餐且价格偏贵。前台服务方面，很多客人反映酒店前台提供服务时态度好、很热情体贴、办事效率高，为客人考虑得十分周到，但也有极少数消费者评论道"前台姑娘结账算半天算不清楚""礼宾不理人，前台态度一般"。由此可以看出，同一部门不同的服务人员的服务意识、服务态度是参差不齐的，给消费者带来的住店体验也完全不同。

对于酒店提供的"停车"服务，客人褒贬不一，酒店有停车场，停车方便，为消费者提供免费的停车服务，但是停车处保安态度十分冷淡。对于"送餐"服务，酒店采用了机器人送餐，机器人造型十分可爱，现代科技感极强，大受消费者的喜爱，尤其是小孩子，不少消费者评论道"最感兴趣的，还是他们的机器人送餐，外卖可以直接送到客房"。从服务态度来看，"热情""耐心""周到""主动""礼貌"等高频词皆为正向表扬词语，由此可见该酒店大部分工作人员服务态度好，备受好评。从服务效率来看，"及时""快捷"反映了酒店服务人员在为消费者服务与处理各种问题时十分迅速，体现了成都城市名人酒店服务的高效率。

（2）设施设备网络评价。

设施设备是酒店为消费者提供服务的重要依托。从统计结果结合点评信息来看，消费者对酒店的设施设备评价较为负面。设施设备高频词中与设施相关的词语有 23 个，其中排名靠前且负面的高频词有"陈旧""隔音"。成都城市名人酒店开业于 2008 年，已开业 13 年，与成都其他五星级酒店相比开业较早，不少的消费者反映酒店客房、大堂等设施陈旧、装修较老。装修材料较为落后、房间布置不合理等因素导致不少的消费者反映酒店隔音效果差，影响休息质量，与五星级酒店不相吻合。除此之外，"停车场"这一高频词也排在了设施类第四的位置，这表明消费者在消费酒店产品时十分关注酒店是否有停车场、停车场设施是否完善。从成都城市名人酒店的评价来看，有些消费者认为停车场设计十分现代化，但也有消费者反映酒店并未有专用停车场而是合用的。

与设备相关的高频词有 12 个，"机器人""电梯""空调"名列前三，是酒店顾客的核心关注点。"机器人"这一高频词拔得头筹，消费者对此关注度最高，满意度也最高，这表明酒店尝试运用机器人这一具有现代科技感的送餐设备，十分新颖，深受消费者的关注，大大地提升了顾客的满意度，美中不足的是仍然有零星的消费者反映机器人的取餐盒里不太干净卫生。除了饱受大多数好评的"机器人"之外，"电梯""空调"则受大多数的消费者吐槽，不少消费者反映电梯拥挤、等待时间长、电梯布置不合理导致电梯来了看不到、电梯出入人员复杂、设备较为老旧偶尔会出故障。空调效果不佳，且每个房间无法单独调节，导致顾客满意度大打折扣，有顾客评论道"房间空调不能调，只能定格在制热模式""酒店位置不错，只是空调不怎么样"。

（3）卫生环境网络评价。

地理位置对于酒店来说具有举足轻重的地位，直接影响酒店的客源定位、产品定位等方面。成都城市名人酒店位于成都市中心 CBD 繁华商业街区，有利于商务出行，地理位置得天独厚，在所有在线点评的高频词中，"位置"这一高频词出现了 587 次，仅次于"服务"这一关键词，而与之相关联的"方便"这一关键词出现了 455 次，名列第四。由此可见，顾客对地理位置的重视程度以及成都城市名人酒店所处的优越地理位置，确实方便了客人的各项活动，也在很大程度上提高了该酒店的顾客满意度。"广场""天府""春熙路""景点""宽窄"等高频词显现出了酒店在周边环境中的优势，紧邻成都各大地标及远近闻名的景点，对于旅游观光的游客是十分不错的选择。"交通""出行""步行""便利""地铁站"等这一类高频词，反映了酒店交通四通八达，有多种出行方式可提供给消费者选择，对于消费者主要出行目的地距离近，步行即可到达，十分便利。在酒店位置环境这一指标中成都城市名人酒店表现得十分出色，备受消费者的肯定，美中不足的是"工地""施工"这两个词语分别出现了 7 次，有为数不多的消费者表示酒店周边有施工工地，隔音效果不佳，感觉比较嘈杂，会影响休息质量。

（4）服务质量体验感知。

在消费者浏览在线点评的过程中，积极正面的词语有利于促进消费者订购酒店产品，而消极负面的评价也会造成潜在客户的流失。本研究将酒店"体验感知"这一指标中的高频词，根据消费者的情感态度划分为三类，分别为正面评价、中性评价、负面评价。在这三类评价中，正面评价有 20 条，中性评价有 9 条，负面评价有 6 条。总体来看，成都城市名人酒店的在线点评以正面评价为主，不少消费者反映酒店卫生干净、早餐丰富、入住舒适、十分满意。对于出现 187 次的"卫生"这一中性高频词，大部分的消费者反映酒店卫生干净，但仍有部分的消费者反映酒店卫生不佳，最主要是客房及卫生间，有客人评论道"客房卫生堪忧，卫生间马桶太脏，房间地毯头发很多，茶杯有污渍"并且也有附图，卫生情况使顾客满意度大大降低，同时也给浏览在线点评的潜在客户留下了负面的印象。

"孩子"这一高频词排名十分靠前，单从这一高频词来看，可将其划分为中性词，但结合在线点评的语境来看，不少消费者表示酒店的亲子房十分不错，还给小朋友送了礼物，机器人送餐孩子十分喜欢，很适合带小朋友入住，很明显情感表达都为正面，因此将其划分为正面评价。"免费"这个词语一般认为是个正面词语，在酒店在线点评中一部分消费者评论停车场免费，可将其视作为正面情绪，但是也有一部分消费者反映酒店早餐并不免费且价格较贵，因此，将"免费"视为中性词。6 条负面评价排名均不太靠前，其中有 5 条都未明确指出具体的问题所在，如"问题""不足""差距"此类高频词，仅有一条明确指出酒店的噪音问题。这一问题出现的频次为 6 次，由此可见在酒店的不同问题、缺点中，噪音问题十分突出，主要是由于宴会厅承接活动、旁边工地施工、房间隔音效果不好造成的。

（五）酒店服务质量管理提升建议

本研究借助 ROST 工具，使用内容分析法对成都城市名人酒店的在线点评文本进行分析，发现"服务""房间""位置"是顾客在酒店消费的主要关注点，并以此为中心点产生关联性散射。总体来看，大部分的消费者对于酒店基础服务、设施设备、地理环境持满意态度和正面评价情绪，酒店被消费者认可，尤其是地理环境这一指标。在分析的过程中也发现了酒店存在的一些问题，如基层服务人员服务意识有待提高，酒店设施装修陈旧、老气，房间隔音效果差、有噪音等。本研究根据顾客在线点评文本中反映的酒店存在的问题，拟提出以下建议，以进一步提高成都城市名人酒店顾客满意度。

1. 提高对在线点评差评的重视程度

成都城市名人酒店在携程旅行网上拥有 13 747 条在线点评，差评有 270 条。在 270 条差评中仅有一部分评论得到了酒店的回复，而且在这部分得到酒店回复的差评中，多数为客套的统一回复模板，未能实际解决消费者在线点评中的问题，同时酒店对于差评的处理速度也较慢。因此，基于这种现象，酒店需要加强对消费者在线点评内容的管理，尤其是其中对于反映消费者消极评价情绪的差评内容，酒店应该在消费者反映出问题时及时回复并表达歉意，提出具体可行的解决措施或赔偿方案，争取得到消费者的谅解，让消费者感受到自己的意见被尊重、自己的问题被解决，从而提高消费者的再消费概率，同时也向潜在消费者表现出酒店积极解决问题的态度，减少受消极评价的影响，从而避免潜在客户的流失。

2. 更新维护酒店的设施设备

酒店设施设备是顾客满意度最低的部分，也是酒店最需要提升的部分，针对顾客反映的酒店设施陈旧、装修风格老套这一问题，酒店可以适当地对酒店进行翻修，使其视觉上能够符合当今五星级酒店的水平，同时及时淘汰一些损耗严重的设备，配备国际知名品牌的产品。对于消费者反映的酒店空调制冷、制热效果不佳，无法单独调节的问题，酒店应对空调等设施进行定期的维护检查，同时在条件允许的情况下对空调电路进行改造，使得每个房间能够独立调节空调温度，满足不同人群的需求。针对电梯拥挤、等待时间过长、电梯偶尔出现问题这些现象，酒店可以在使用电梯的高峰期，设立专门的电梯引导服务人员，当发现消费者有电梯使用需求时提前为其按下电梯，减少等待时间，这在人流量较大时，有利于提高电梯使用效率，从而减少电梯的拥挤程度。同时酒店也需要请专业人士对酒店电梯进行定期的保养维修，设立相关安全责任人，切实保证电梯的安全使用。

3. 改善酒店的内外部环境

改善酒店环境主要包括两个方面，一个是酒店的卫生环境，一个是酒店的噪音环境。对于消费者提出的酒店卫生问题，如机器人送餐时取餐盒不干净，酒店卫生间马桶、漱口杯有污渍，入住时房间未及时打扫干净，酒店应设置严格的酒店卫生检查制度，细化卫生清扫标准，不遗漏任何卫生死角；确保不同部门的酒店人员能及时沟通，避免前台为消费者安排入住后清洁部门还未进行房间卫生打扫的情况。对于消费者反映的酒店隔音效果差、有噪音的问题，可以采取三种办法，其一为对酒店的墙壁、地板、门窗进行隔音设计，如墙壁可以使用多层纳米结构的隔音材料、酒店地板上可铺设隔音效果更好的地毯、窗户玻璃由普通玻璃改为定制的隔音玻璃。其二为在消费者办理入住时，前台服务人员可以优先为消费者安排远离施工工地、酒店宴会厅等噪音源的房间。其三是对于酒店设备运行时所产生的噪音，酒店可以及时地更换已损耗的、低性能的设备产品，配备更静音、性能更好的电器设备。

4. 注重酒店员工服务意识的培育

酒店需要多开展培训，提高不同岗位的工作人员的专业技能、服务意识与服务态度，尤其是比较容易疏忽却又与顾客紧密相连的服务人员，如清洁人员、泊车人员等。酒店要制定严格有效的奖惩规章制度，将在线点评纳入酒店员工考核机制，从绩效、福利等方面激励员工，调动员工的积极性，使得其为消费者提供更加周到的服务。此外，酒店还要明确不同岗位员工的工作范围，落实工作责任，做到权责清晰。同时酒店也要不断加强各部门、各岗位之间的联系，做到信息及时沟通、交流、反馈，多部门联合为顾客提供更优质、更符合五星级水准的服务，让顾客感到宾至如归，提升顾客的满意度，在竞争激烈的高星级酒店市场中，增强酒店的竞争力。

注：本节部分内容系乐山师范学院旅游学院 2016 级酒店管理专业李乙然毕业论文（设计）成果，其指导教师为冯晓兵。

七、成都香格里拉大酒店服务质量网络评价研究

（一）酒店简介

成都香格里拉大酒店是香格里拉集团西南地区旗舰店，位于成都市中心，坐落于滨江东路，俯瞰锦江如画美景，毗邻成都最新的时尚餐饮地标——兰桂坊商业街，离购物中心春熙路步行街只有 10 分钟车程。酒店拥有豪华的室内恒温游泳池及设施先进的健身房，供住店客人免费享用。成都香格里拉大酒店独具特色的水疗品牌——"气"水疗（SPA）位于酒店四楼，其疗法以亚洲传统养生古方为本，使顾客体验到身心完美和谐的境界。酒店 4 个特色餐厅及酒吧提供精彩纷呈的各色美食和娱乐。蓉咖啡西餐厅拥有 9 个风格迥异的开放

式厨房，为顾客提供不同凡响的国际美食自助和舒适的就餐环境。

（二）基于市场细分的酒店服务质量在线评价

根据顾客的出游目的的不同，成都香格里拉大酒店的市场可划分为以下 7 个类型，见表 2-23。从表 2-23 可以看出，成都香格里拉大酒店的客源类型中，商务出差的顾客的比例最高，达到了 42.23%，商务客户是酒店的核心客源；其次是家庭亲子的顾客，其样本比例为 21.08%；朋友出游的顾客的比例达到了 14.75%，情侣出游的顾客的比例为 7.65%，独自旅行的顾客的比例为 6.40%，代人预定的顾客的比例为 4.26%，其他类型的比例为 3.63%。

表 2-23　成都香格里拉大酒店网络评分市场差异

出游目的	网络评分	样本数量/条	样本比例/%
代人预定	4.94	123	4.26
独自旅行	4.7	185	6.40
家庭亲子	4.76	609	21.08
朋友出游	4.78	426	14.75
其他	4.8	105	3.63
情侣出游	4.72	221	7.65
商务出差	4.79	1 220	42.23

从不同细分市场对成都香格里拉大酒店服务质量的网络评分来看，代人预定的顾客的网络评价最高，其网络评分达到了 4.94 分；其次是其他类型的顾客，其网络评分为 4.8 分；酒店顾客样本比例最高的商务出差顾客，对酒店的网络评分为 4.79 分，顾客满意度也较好；独自旅行的顾客的网络评分最低，为 4.7 分；朋友出游的顾客的网络评分为 4.78 分，家庭亲子的顾客的网络评分为 4.76 分，情侣出游的顾客的网络评分为 4.72 分。

（三）基于房间类型的酒店服务质量在线评价

携程旅行网的有关信息显示，成都香格里拉大酒店网络在售的客房共有 16 种类型，能够满足顾客多元化的住宿需求。其中售出数量最多的类型是豪华城景房，其达到了选取样本的 43.18%；其次是豪华城景大床房，其售出比例为 14.09%；豪华江景房的售出比例为 9.56%，豪华阁江景大床房的售出比例为 8.00%，豪华城景双床房的售出比例为 6.06%，行政套房的售出比例为

3.77%，豪华阁江景双床房的售出比例为 3.84%，豪华江景大床房的售出比例为 6.51%，豪华江景双床房的售出比例为 2.04%，熊猫家庭乐园房的售出比例为 1.42%；其他类型的客房比例都在 1% 以下，房间数量较少。成都香格里拉大酒店网络评分房型差异见表 2-24。

表 2-24　成都香格里拉大酒店不同房型的网络评分情况

房间类型	网络评分	样本数量/条	样本比例/%
单卧高级公寓	4.5	2	0.07
行政套房	4.86	109	3.77
豪华城景大床房	4.84	407	14.09
豪华城景房	4.73	1 247	43.18
豪华城景双床房	4.84	175	6.06
豪华阁江景大床房	4.79	231	8.00
豪华阁江景双床房	4.81	111	3.84
豪华江景大床房	4.86	188	6.51
豪华江景房	4.78	276	9.56
豪华江景双床房	4.71	59	2.04
家庭嘉年华房	4.51	12	0.42
双卧高级公寓	4.78	21	0.73
双卧豪华公寓	5	6	0.21
熊猫家庭乐园房	4.82	41	1.42
熊猫亲子房	4.75	2	0.07
臻品大床房	4	1	0.03

由表 2-24 可知，双卧豪华公寓的网络评分最高，达到了 5 分；臻品大床房的网络评分最低，其网络评分仅为 4 分，但两者的样本比例均较低。酒店售出比例最高的豪华城景房，顾客网络评分为 4.73 分；豪华城景大床房的网络评分为 4.84 分，豪华江景房的网络评分为 4.78 分，豪华阁江景大床房的网络评分为 4.79 分。酒店售出比例在 1%~5% 的房间类型中，行政套房的网络评分为 4.86 分，豪华阁江景双床房的网络评分为 4.81 分，豪华江景双床房网络评分为 4.71 分，熊猫家庭乐园房的网络评分为 4.82 分。酒店售出比例在 1% 以下的房间类型中，除前文提到的臻品大床房和双卧豪华公寓外，单卧高级公

寓的网络评分为 4.5 分，家庭嘉年华房的网络评分为 4.51 分，双卧高级公寓的网络评分为 4.78 分，熊猫亲子房的网络评分为 4.75 分。

（四）基于内容分析的酒店服务质量在线评价

1. 酒店在线点评文本高频词分析

本研究以携程网上消费者对成都香格里拉大酒店的 2 110 条 72 373 个字符在线点评文本作为本节研究的基础数据。本研究通过使用 ROST 知识分析内容挖掘软件对 2 110 条成都香格里拉大酒店在线点评文本进行内容挖掘。本研究获取到成都香格里拉大酒店网络在线点评文本中出现的高频词，并根据在线点评文本中高频词的词频生成成都香格里拉大酒店的在线点评文本高频词云图（见图 2-13）。图 2-13 中是在线点评文本中出现频率较高的词语，字体的大小代表词语被提及的频次高低。可以看出，"酒店"被顾客在在线点评文本中提及的次数最多，"服务""环境""房间""早餐""位置""设施"等构成酒店顾客在线点评文本的核心词语。

图 2-13　成都香格里拉大酒店在线点评文本高频词云图

本研究通过对成都香格里拉大酒店网络在线点评文本进行分词处理，提取文本中出现的高频词，根据词语发生的频率和词语之间的相关联系，采用共现分析构建成都香格里拉大酒店的高频词共现矩阵，利用 ROST 软件中的语义网络分析工具，描绘制成成都香格里拉大酒店网络在线评论形象语义图。图 2-

14 中是在线网络点评文本中出现频率较多的词语，而这些词语之间的线段表示两者间存在的相关联系。从图 2-14 中可以看出，"酒店""服务""早餐""位置""设施""酒吧"和"环境"这几个词语是成都香格里拉大酒店在线点评语义网络图的中心词语，是消费者在线点评的核心和主要内容，并且也是入住该酒店的顾客感知最深的几个指标，其他的词语基本上围绕着这几个中心词共同构成了成都香格里拉大酒店在线点评语义网络分析图。

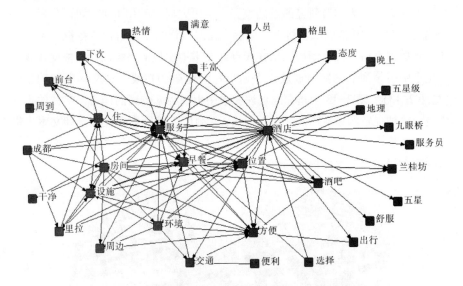

图 2-14　成都香格里拉大酒店在线点评语义网络图

2. 酒店服务质量在线评价分析

国外对服务质量评价的研究主要在顾客、企业组织自身和中介等第三方评价这三个方面，而目前我国对于酒店服务质量评价主体的界定也是包括三个方面即顾客、酒店以及第三方。顾客评价主要是指站在消费者的角度去测量酒店服务质量的过程和方法，这是最具说服力也是最直接且有效的方法。酒店和第三方的评价主要集中于对酒店内设施设备、基础服务等方面的评价，这些方面是住店客人感受、印象最为深刻的地方，也是对酒店的服务质量评价最具影响力的地方。

成都香格里拉大酒店是属于休闲度假、商务出行类的高星级酒店，因此对于地理环境的要求是比较高的。本研究以"基础服务、设施设备、卫生环境、体验感知"为成都香格里拉大酒店服务质量网络文本分析指标体系，对在线点评文本高频词按照其属性进行归类，整理出每种类别下排序前 36 位的网络评价词语及词频统计表（见表 2-25），并根据词语的词义属性将其分类到成都香格里拉大酒店服务质量网络评价指标体系表中，依据在线评论文本中出现的情感态度，分析顾客对成都香格里拉大酒店的情感评价，了解影响顾客消费体验的环节，针对顾客点评文本中所反映的酒店服务质量问题，提出相对应的改进措施及建议。

表 2-25　每种类别下排序前 36 位的网络评价词语及词频统计

排序	基础服务		设施设备		地理环境		体验感知	
	词语	词频/次	词语	词频/次	词语	词频/次	词语	词频/次
1	服务	729	房间	485	位置	399	酒店	1 144
2	早餐	363	设施	298	环境	358	方便	289
3	入住	249	陈旧	55	成都	185	里拉	196
4	前台	157	餐厅	50	酒吧	164	下次	131
5	态度	118	江景房	50	周边	128	丰富	107
6	人员	70	楼下	48	地理	107	满意	105
7	服务员	65	装修	42	兰桂坊	106	干净	90
8	大堂	53	齐全	40	交通	103	格里	87
9	升级	50	硬件	40	九眼桥	88	选择	77
10	品种	38	问题	38	晚上	77	五星级	76
11	客人	38	客房	29	出行	65	舒服	73
12	预定	36	套房	28	夜景	58	五星	70
13	免费	36	楼层	27	旁边	53	热情	67
14	丰盛	33	吃饭	25	景色	51	朋友	66
15	味道	32	用品	21	对面	47	值得	65
16	安排	31	电视	20	周围	43	总体	61
17	分钟	30	电梯	19	附近	35	舒适	61
18	打扫	29	配套	18	地方	33	卫生	61
19	时间	29	自助	15	地段	32	整体	60
20	标准	29	布置	15	优越	30	每次	55
21	管理	24	自助餐	14	春熙路	19	出差	55
22	办理	21	隔音	14	市中心	19	体验	53

表2-25(续)

排序	基础服务		设施设备		地理环境		体验感知	
	词语	词频/次	词语	词频/次	词语	词频/次	词语	词频/次
23	贴心	18	卫生间	13	停车场	19	适合	47
24	接待	14	住宿	12	景观	13	便利	46
25	帮忙	12	宽敞	12	锦江	13	一流	45
26	小吃	11	软件	11	江边	11	性价比	45
27	及时	10	面积	11	地点	11	周到	44
28	帮助	10	健身房	11	府南河	10	一如既往	43
29	打电话	10	窗户	11	地处	9	到位	43
30	速度	10	房型	10	打车	9	老牌	40
31	礼宾	10	不大	10	机场	9	商务	37
32	香味	9	洗漱	10	江景	9	热闹	26
33	礼貌	9	落地窗	9	步行	8	失望	25
34	细致	9	空调	8	窗外	8	不足	23
35	处理	9	酒馆	7	河边	8	不值	14
36	细节	9	牌子	7	商业街	8	差不多	11

（1）基础服务网络评价。

酒店所提供的服务不仅要满足客人物质上的需求，还要满足顾客心理上的需要，即精神上的需求。从基础服务网络评价的高频词中可以看出，"服务""早餐""入住"构成成都香格里拉大酒店的核心服务。而与酒店基础服务联系最为紧密的当然就是人了，"人员""服务员"也出现较高的频次，服务人员的态度、礼貌、细致以及服务中的速度、处理方式等都是顾客对酒店服务质量进行评价的重要指标。再者，"前台"和"大堂"是每位住店客人都必定要接触的地方，在酒店各业务部门中，前厅部具有非常重要的地位和作用，办理入住、咨询、投诉、退房的顾客与前厅部服务人员面对面的交流接触最为频繁。前厅部作为酒店的门面，是住店客人对酒店的第一印象，它在一定程度上决定着客人的服务满意程度，前厅部人员的服务质量对酒店的在线网络评价十分重要。"品种""丰盛""味道""小吃"这些词语多是形容酒店早餐的，正所谓众口难调，酒店早餐的满意度评论两极分化。顾客对此评价较多，说明早餐是影响顾客满意度的一个很重要的因素。"升级""免费"这两个词条也出现较高的频次，这说明住店客人对此项服务比较在意，酒店对住店客人适当提供优惠可以增加顾客的好感度。"安排""分钟""时间""办理"等这些词语说明提高酒店入住的办理效率，顾客的满意度也会上升，从而提高酒店的在线网络口碑。

（2）设施设备网络评价。

酒店最主要的收入来源就是客房收入，而客人一般在房间里待的时间比较长，"房间"也是设施设备的核心高频词。在36个设施设备词语统计表中，围绕"房间"这个中心词，共有22个词语与房间有关，可见客人对客房内设施设备的关注度是相当高的。酒店客房的设施设备不但经常出现，而且分布也是很广泛的，这表明酒店的客房服务内容复杂，需要十分注重细节。近年来，网上曝光了多起酒店打扫不彻底、不干净的事件，其中涉事的酒店也包括高星级的酒店，这使得顾客对酒店客房内设施设备的信任度不断降低，如何提高顾客对此的信任满意度，值得全体酒店行业从业人员深思。

成都香格里拉大酒店隶属于香格里拉酒店集团，在2007年建成并投入使用，距今已有14年的历史了。根据设施设备词语统计表，提到"设施"的词频有298次，而提到"陈旧"的词频有55次，可见成都香格里拉大酒店设施与设备老化是酒店目前面临的一个主要问题。成都香格里拉大酒店作为一家高星级豪华老牌酒店，其硬件设施设备应与其品牌相匹配。"餐厅""江景房"在设施设备词语统计表中也属于高频词，这说明住店客人对餐厅、江景房有一定的要求。此外，关于顾客所反映的客房隔音效果较差、房间面积偏小等问题也比较突出，"隔音""面积"这两个词条的出现频次也较高。

（3）卫生环境网络评价。

地理位置作为酒店选址的一个重要指标，不仅对酒店影响很大，对顾客来说，酒店的地理位置同样对其选择有很大的影响。成都香格里拉大酒店地理环境词语统计表，围绕"位置""环境"这两个中心词进一步展开具体描述。"成都""酒吧""兰桂坊""交通""九眼桥""出行"……这些词条都在说明酒店的地理环境，也从侧面反映出入住酒店的客人受其地理位置影响较大。成都香格里拉大酒店与古老的廊桥和宁静的锦江构成了成都地标式的美景，和兰桂坊商业街、水锦界相邻，与酒吧一条街仅一桥之隔，而且驱车前往成都最繁华的购物中心春熙路步行街、成都国金中心和成都太古里大约只需要5分钟的车程。成都香格里拉大酒店地理位置得天独厚，交通便利，作为一个商务出行类的酒店，在位置选择上优势鲜明。除此之外，成都香格里拉大酒店窗外夜景也成为一个吸引游客的亮点。"晚上""夜景"这些比较高的词频词条足以说明江景对住店顾客的吸引力,越能满足顾客对江景的需求,顾客对酒店的满意度也会越高。

(4) 服务质量体验感知。

根据服务质量网络评价体系的词语统计表"体验感知"指标中高频词所表达的情感态度,本研究将其分为三类,即正面评价、中性评价和负面评价。在成都香格里拉大酒店服务质量网络评价体系的词语统计表总体评价的 36 个词条中,正面评价的词语有 22 个,中性评价的词语有 10 个,负面评价的词语有 4 个。总体来看,顾客对成都香格里拉大酒店的评价以正面积极评价为主,这说明作为一家豪华的五星级的老品牌酒店,顾客对成都香格里拉大酒店有很强的认同感。值得注意的是,在总体评价词语统计表中,"朋友"这一词条出现的频率有 66 次,本研究也可以从侧面看出顾客对成都香格里拉大酒店有较高的归属认同感。"性价比"在网络点评中一直都是一个热词,五星级豪华酒店其价格肯定不菲,顾客对其性价比的认同度是影响顾客对该酒店评价的一个非常重要的指标。"值得"在总体评价统计表中出现了 65 次,而"不值"出现了 14 次,由此得出,成都香格里拉大酒店其性价比基本符合其品牌档次。

(五) 酒店服务质量管理提升建议

本研究通过内容分析法对成都香格里拉大酒店的在线点评文本进行分析发现,成都香格里拉大酒店的总体评价以正向积极为主,其五星级豪华酒店品牌形象、服务水平及质量、酒店地理位置交通条件和酒店夜景被顾客所认可。而在基础服务方面,酒店服务、早餐、入住效率都存在着一些问题;设施设备中设备陈旧、房间隔音效果差和客房偏小有较为普遍的顾客反映过。本研究搜索了成都香格里拉大酒店相关资料发现,"气"SPA 是香格里拉独具特色的水疗品牌,但本研究从搜集到的 2 110 条顾客有效网络评价内容来看,并没有看到多少客人提及此项目,可见其酒店的特色并不突出。针对在线点评文本中顾客反映的内容和酒店服务质量管理中存在的一些问题,本研究提出以下的管理建议。

1. 注重酒店员工岗位服务技能培训

酒店员工流动率较大,素质各一,岗前岗后培训都至关重要。服务作为酒店的核心产品,对酒店的发展有着举足轻重的影响。在成都香格里拉大酒店网络评价指标"基础服务"中,酒店服务人员的"服务"占据高频次,服务人员的服务态度以及服务水平对顾客的评价有很大的影响。因此酒店管理人员应注重对员工服务技能的培训，特别是要加强对前台服务人员的服务技能培训，提高前台服务人员工作的效率与专业性，让入住酒店的客人能较快入住酒店和快速办理退房等业务。

2. 优化早餐结构，适当提供优惠

早餐对每个人来说都很重要，成都香格里拉大酒店词语统计表中"早餐"作为高频词出现，可以说明入住成都香格里拉大酒店的顾客有很大一部分人都会选择在酒店内用早餐。虽然众口难调，每个人的喜好、口味都不尽相同，但是酒店管理人员还应尽可能提供多种多样的早餐供客人选择，优化早餐结构，满足各位客人的需求。适当为顾客提供一些小优惠，在一定程度上也会提升顾客的满意度。

3. 做好酒店的设备管理，定期更新和维护

中国酒店行业的设施设备更新周期一般在四年左右，而国外可以延续至八年左右，由此可以看出，与国外相比，中国酒店设备管理理念不够先进，设备更新过于频繁。我国的大多数酒店对设备购置前期的预测管理很是缺乏，还处于设备购置后日常设备运行保养、事后补救、能耗管理等"重技术、重眼前"的低层次水平。因此，酒店在购置设施设备前应先做到产品定位、价格定位、分销渠道定位和促销定位这四点，以节约酒店设备采购成本，提升中后期管理效率和顾客享受酒店设备服务的满意度。在酒店设施设备的使用过程中，酒店相关人员要注意定期检查，及时更换或维修破损和过于陈旧的设备，日常做好设施设备保养的工作。

4. 酒店客房装修注意隔音及设备组装

酒店的客房是入住酒店的客人使用最多、最久的一个地方，客房对顾客的入住体验影响巨大，直接关系着客人对酒店的满意度评价。针对顾客所反映的客房隔音效果差、面积小的问题，酒店可以采用隔音窗、隔音门等一系列隔音措施，来达到酒店房间隔音的效果。同时，优化房间内设施设备的组装和采用节省空间的设备都能达到使房间看起来面积增大的效果，在酒店客房使用磨砂玻璃，就是一个特别好的例子，既美观又在视觉感官上扩大了酒店客房的空间。

5. 提升个性化服务，打造酒店特色

SPA 在国外的度假酒店已成为必不可少的一个内容，而近年来更是发展迅速，几乎所有度假酒店都设有专门的 SPA 中心。成都香格里拉大酒店的"气"水疗中心是中国的第四家"气"水疗中心，每个护理室套间都配有宽敞的蒸汽沐浴室、休闲廊厅和私人更衣区，营造出"SPA"中的"SPA"。"气"SPA

是成都香格里拉大酒店独具特色的水疗品牌，但从成都香格里拉大酒店在线点评语义网络图和成都香格里拉大酒店服务质量网络评价体系的词语统计表中，很难看到关于此项目的评价，这说明酒店"气"SPA这个特色并不突出，客人体验感一般，酒店应加强打造其特色品牌，加大对酒店特色的宣传力度，提高酒店的品牌影响力和竞争力。

6. 重视酒店网络在线点评，做好宣传推广工作

酒店及时对网络平台在线点评信息的浏览、整理和回复，有助于其了解入住客人的需求和酒店在服务管理中存在的问题，及时回复客人并与客人取得有效的沟通交流，可以在一定程度上缓和酒店与顾客因交流不畅而产生的矛盾。酒店安排专门的工作人员负责网络口碑运营，维护酒店网络口碑，有利于提高顾客的满意度。成都香格里拉大酒店是一家老品牌的五星级酒店，其入住酒店的客人对其有一定的品牌信任度，此外酒店地理位置优越，交通便利，江景、夜景在一定程度上也吸引着大量的顾客。所以作为酒店的管理人员，要加大对其优势的开发和宣传力度，尽可能最大限度地利用其酒店优势来招徕顾客，增加酒店收益。

注：本节部分内容系乐山师范学院旅游学院2015级酒店管理专业郝银利毕业论文（设计）成果，其指导教师为冯晓兵。

第三章 度假型酒店的实践案例

一、简阳三岔湖长岛天堂洲际酒店服务质量网络评价研究

（一）酒店简介

简阳三岔湖长岛天堂洲际酒店位于烟波浩渺、湖光山色的三岔湖风景区，附近有湖湾、半岛、白鹭，酒店宛若自然仙境中的一座圣殿。酒店拥有四百余间豪华客房以及能够俯瞰三岔湖的全景套房，精致奢华的细节雕琢与当地原生态景观的巧妙融合，使得酒店处处洋溢着清新而温馨的气息。酒店融现代生活风尚和生态人居于一体，带给家庭、情侣及商务出行人士群山翠湖、枕水而居的休闲度假和商务新体验。酒店每间客房均提供数字化娱乐系统、舒适的沐浴设施、宽敞的工作空间、高速无线网络以及个性化的设施与服务，为顾客量身打造轻松愉悦的入住氛围。

（二）基于市场细分的酒店服务质量在线评价

根据顾客出游目的的不同，简阳三岔湖长岛天堂洲际酒店的市场可划分为7个类型，见表3-1。从表3-1可以看出，简阳三岔湖长岛天堂洲际酒店的客源类型中，家庭亲子的顾客的比例最高，达到了73.89%；其次是朋友出游的顾客，其比例达到了7.60%；情侣出游和商务出差的顾客的比例相近，分别为6.13%和6.24%，代人预订的顾客的比例为1.25%，独自旅行的顾客的比例为1.48%，其他类型的顾客的比例为3.41%。

表3-1 简阳三岔湖长岛天堂洲际酒店网络评分市场差异

出游目的	网络评分	样本数量/条	样本比例/%
代人预订	4.86	11	1.25

表3-1(续)

出游目的	网络评分	样本数量/条	样本比例/%
独自旅行	4.60	13	1.48
家庭亲子	4.53	651	73.89
朋友出游	4.53	67	7.60
情侣出游	4.59	54	6.13
商务出差	4.46	55	6.24
其他	4.75	30	3.41

从不同细分市场对酒店服务质量的网络评分来看，代人预订的顾客对酒店的评价最高，其网络评分为4.86分；其次是其他类型的顾客，其网络评分为4.75分；独自旅行的顾客的网络评分为4.60分，其余所有类型的顾客的评分都在4.6分以下，相比其他酒店来说，简阳三岔湖长岛天堂洲际酒店的网络总体评分较低；顾客样本中比例最高的家庭亲子顾客的网络评分为4.53分，朋友出游顾客的网络评分也是4.53分，情侣出游顾客的网络评分为4.59分，商务出差顾客的网络评分最低，仅为4.46分。

（三）基于房间类型的酒店服务质量在线评价

携程旅行网的有关信息显示，简阳三岔湖长岛天堂洲际酒店网络在售的客房共有11种类型，其中售出数量最多的类型是高级山景双床房，其达到了选取样本的23.04%；其次是高级山景大床房、高级双床房和豪华湖景大床房，其比例分别达到了18.16%、15.89%和13.28%；豪华湖景双床房和高级大床房的售出比例为9.76%和9.42%，相比其他酒店，简阳三岔湖长岛天堂洲际酒店的房间售出类型较为平衡；豪华大床房的售出比例为5.45%，豪华双床房的比例为2.16%，家庭房的比例为1.82%，湖景套房和山景套房的比例在1%以下（如表3-2所示）。

表3-2 简阳三岔湖长岛天堂洲际酒店不同房型的网络评分情况

房间类型	网络评分	样本数量/条	样本比例/%
高级大床房	4.52	83	9.42
高级山景大床房	4.65	160	18.16
高级山景双床房	4.6	203	23.04

表3-2(续)

房间类型	网络评分	样本数量/条	样本比例/%
高级双床房	4.29	140	15.89
豪华大床房	4.63	48	5.45
豪华湖景大床房	4.54	117	13.28
豪华湖景双床房	4.78	86	9.76
豪华双床房	4	19	2.16
湖景套房	4.6	5	0.57
家庭房	4.51	16	1.82
山景套房	4.63	7	0.45

由表3-2可知，豪华湖景双床房的网络评分最高，达到了4.78分，也是顾客评价在4.7分以上的唯一客房类型；其次是高级山景大床房、豪华大床房和山景套房，其网络评分分别达到了4.65分、4.63分和4.63分；酒店客房售出数量较多的高级山景双床房、高级双床房、豪华湖景大床房的网络评分分别为4.6、4.29分、4.54分；顾客网络评价最低的客房类型是豪华双床房，其评分仅有4分，样本比例为2.16%，酒店需要对高级双床房和豪华双床房的服务管理予以重视。

（四）基于内容分析的酒店服务质量在线评价

1. 酒店在线点评文本高频词分析

本研究使用ROST软件的分词功能，将顾客在线点评文本进行分词处理，过滤掉无效词组，再次对提取出来的词语进行出现频次统计，即统计简阳三岔湖长岛天堂洲际酒店顾客网络点评文本中出现的高频词。由于文本的限制，这里没办法将高频词一一显示出来，表3-3是简阳三岔湖长岛天堂洲际酒店在线点评文本出现频次在前100位的词语统计，图3-1是简阳三岔湖长岛天堂洲际酒店在线点评文本高频词云图，图中字体的大小与词语在顾客点评文本中出现的频次的高低直接相关。

表3-3 简阳三岔湖长岛天堂洲际酒店在线点评文本出现频次在前100位的词语统计

词语	频次/次	词语	频次/次	词语	频次/次	词语	频次/次
酒店	512	小孩	45	下次	26	餐饮	17

表3-3（续）

词语	频次/次	词语	频次/次	词语	频次/次	词语	频次/次
房间	250	亲子	44	选择	26	家庭	17
服务	227	三岔湖	44	周围	25	成都	17
环境	188	人员	42	停车	24	齐全	17
早餐	185	体验	41	五星级	24	室内	17
洲际	132	游泳	41	无边	24	五星	16
适合	125	周末	39	性价比	23	超级	16
入住	115	黑龙滩	54	晚餐	22	优美	16
泳池	97	西楼	36	玩的	21	建议	16
孩子	94	自助	35	品种	21	休闲	16
设施	89	自助餐	35	唯一	21	空气	16
前台	80	吃饭	34	硬件	21	游乐	15
游泳池	77	地方	33	朋友	20	周到	15
周边	73	大堂	32	热情	20	安排	15
态度	67	配套	32	菜品	20	质量	12
小朋友	63	度假	31	管理	20	预定	14
乐园	62	打扫	31	天鹅	20	不够	14
干净	57	卫生	30	问题	20	主楼	14
方便	52	水上	29	不多	19	风景	14
餐厅	51	装修	29	升级	19	客房	14
味道	50	开心	29	室外	18	项目	14
东楼	48	办理	28	出游	18	恒温	14
服务员	47	舒服	26	值得	18	舒适	14
儿童	47	位置	26	开车	17	阳台	13
丰富	46	满意	26	客人	17	到位	13

图 3-1 简阳三岔湖长岛天堂洲际酒店在线点评文本高频词云图

由表 3-3 可知，出现频次最高的词语是"酒店"，其出现频次达到了 512 次；其次是"房间"和"服务"，其出现频次分别为 250 次和 227 次；其他出现频次在 100 次以上的词语分别是"环境""早餐""洲际""适合""入住"。根据词语的属性将顾客的在线点评文本内容分为酒店自身及周边环境简介、酒店服务及设施设备、对酒店服务及设施设备的评价、顾客出游目的四个类别。酒店自身及周边环境简介主要是对酒店品牌、位置、周边环境的介绍，如酒店、洲际、周边、三岔湖、黑龙滩、位置、五星级、成都等，很多入住过黑龙滩天堂洲际酒店的顾客会将其与三岔湖天堂洲际酒店进行比较；酒店的服务及设施设备包括酒店提供的服务内容、服务项目以及酒店硬件设施设备等，如"入住""态度""服务员""自助""办理""停车""预订等服务接待类的词语，"房间"泳池"早餐""前台""设施""餐厅""东楼""西楼""停车场""自助餐""菜品""大堂""硬件"等酒店服务项目及设施设备类的词语；对酒店服务及设施设备评价的词语有"适合""干净""方便""丰富""舒服""满意""热情""值得""优美""周到""舒适"等；顾客出游目的类的词语有"孩子""亲子""小朋友""体验""玩的""出游""开车""游玩"等。

笔者对简阳三岔湖长岛天堂洲际酒店的在线点评进行了分词处理，提取文本中出现的高频词，并根据词语出现的频率高低以及词语之间的相关性，使用 ROST 软件中的语义网络分析工具，用网状形式展现出它们之间的关系，绘制出简阳三岔湖长岛天堂洲际酒店的在线点评语义网络图（见图 3-2）。图 3-2 中是在线点评文本中出现频率较高的词语，词语之间的线条代表着二者之间存在着一定的联系。可以看出，简阳三岔湖长岛天堂洲际酒店在线点评语义网络图以"酒店""服务""房间""早餐"为中心，构成顾客在线点评的核心词语，这些也是影响顾客体验最主要的内容。其他词语基本围绕这几个指标，共同组成了简阳三岔湖长岛天堂洲际酒店的在线点评语义网络分析图。

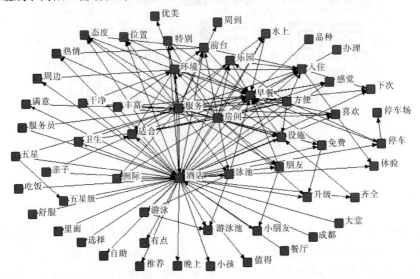

图 3-2　简阳三岔湖长岛天堂洲际酒店在线点评语义网络图

2. 酒店服务质量在线评价分析

在线点评的涉及面广、真实性高、针对性强，弥补了酒店服务质量传统调查方式的不足，有利于酒店管理者及时了解酒店对客服务方面存在的不足，从而进行调整和改善。简阳三岔湖长岛天堂洲际酒店的员工服务达到了一流的标准，所处的地理位置及外部环境较为优越，设施设备也较为完善，顾客主要从"基础服务、设施设备、卫生环境、体验感知"四个方面对简阳三岔湖长岛天堂洲际酒店的服务质量进行在线评价。本研究将网络文本中出现的词语按出现频率高低进行汇总排序，将出现频率高的词语按照其不同的属性进行分类汇总，删掉无指代意义的高频词，并对语义相近的词语进行合并，每种类别下排序前 31 位的网络评价词语及词频统计具体见表 3-4。

表 3-4　每种类别下排序前 31 位的网络评价词语及词频统计

排序	基础服务		设施设备		卫生环境		体验感知	
	词语	词频/次	词语	词频/次	词语	词频/次	词语	词频/次
1	酒店	512	房间	250	环境	188	适合	125

表3-4(续)

排序	基础服务		设施设备		卫生环境		体验感知	
	词语	词频/次	词语	词频/次	词语	词频/次	词语	词频/次
2	服务	227	游泳池	174	周边	107	方便	52
3	早餐	185	设施	89	干净	57	丰富	54
4	入住	115	前台	80	味道	50	开心	29
5	态度	67	游乐园	62	三岔湖	44	舒服	26
6	服务员	100	餐厅	51	黑龙滩	39	满意	26
7	体验	41	东楼	48	打扫	31	下次	26
8	亲子	213	西楼	36	卫生	30	选择	26
9	游泳	41	大堂	32	装修	29	五星级	40
10	自助	35	配套	32	水上	29	性价比	23
11	自助餐	35	硬件	21	天鹅	20	唯一	21
12	吃饭	34	主楼	14	室外	32	热情	20
13	度假	31	客房	14	游乐	54	问题	20
14	办理	28	阳台	13	室内	17	值得	18
15	停车	24	自行车	13	休闲	16	齐全	17
16	晚餐	22	空调	11	空气	16	优美	16
17	品种	30	停车场	11	风景	14	建议	16
18	菜品	20	拖鞋	10	温度	21	周到	15
19	管理	20	西餐厅	8	宽敞	12	舒适	14
20	升级	19	行李	8	漂亮	12	不足	13
21	餐饮	28	卫生间	8	安静	11	到位	13
22	安排	15	楼层	6	清新	9	标准	11
23	预定	14	马桶	6	距离	8	好玩	11
24	项目	14	电梯	6	简阳	7	提高	9
25	免费	13	更衣室	6	市区	7	改进	9
26	中餐	12	杯子	6	池水	7	难吃	9
27	咖啡	11	盘子	5	景观	7	失望	8

表3-4(续)

排序	基础服务		设施设备		卫生环境		体验感知	
	词语	词频/次	词语	词频/次	词语	词频/次	词语	词频/次
28	告知	11	浴巾	4	细节	7	大气	8
29	接待	11	温泉	4	湖边	6	愉快	8
30	火锅	10	地毯	3	布局	5	豪华	7

（1）基础服务网络评价。

从基础服务网络评价的高频词中可以看出，"餐饮"和"住宿"构成了简阳三岔湖长岛天堂洲际酒店基础服务的主要内容。"住宿"相关的服务内容更多体现在前台"办理""入住"与"免费"的服务"升级"以及相关的服务接待工作；作为酒店的重要组成部分，与"餐饮"相关的词条较多，包括"早餐""晚餐""自助餐""菜品"等，这说明餐饮产品对顾客的重要性。酒店产品是员工劳务和实物产品的有机结合，酒店前厅部提供的产品则主要是由员工直接对客提供，员工的服务主动性、服务意识、服务技能都会对客人的评价产生直接的影响。有点评称：酒店前厅服务人员存在办事"拖沓"、效率不高以及表现"慌乱"的现象，对客人的入住体验产生了影响。

（2）设施设备网络评价。

入住顾客对于简阳三岔湖长岛天堂洲际酒店的设施设备的网络评价文本大致可以分为4类，一是客房房间内设施设备配置，如"阳台""空调""卫生间""马桶"等，作为一家国际五星级的豪华酒店，其客房设施配置的规格高、种类齐全、特色突出，能充分满足客人享受的需要；二是特色服务，这是酒店的吸引力，受到了广泛的好评，如"游乐园"；三是酒店客房内日常用品的管理，其涉及酒店选购、配置、使用、控制等多个方面，涉及范围更广、更细节化，如"拖鞋""杯子""地毯"等；四是酒店建筑设施的总体布局，如"主楼""东楼""西楼"等，顾客反映酒店的建设设施总体布局不够合理，"东楼"和"西楼"的间隔太大，给顾客就餐、住宿、停车等带来了一些不便，也对基础服务水平的提高带来了挑战。

（3）卫生环境网络评价。

简阳三岔湖长岛天堂洲际酒店地理位置得天独厚，从成都出发仅1小时车程，紧靠山水相依的"成都小马代"——三岔湖风景区，其在"位置""三岔湖""风景""景观"以及"简阳"等高频词中得到了体现。这里空气清新、环境优美、深受顾客的好评，也是酒店获得大量客源市场的关键所在，所以顾客对酒店周边卫生环境的要求较高。酒店存在的问题主要是清洁卫生管理不到位，客人给出了"脏兮兮""异味"等差评。清洁卫生问题不仅表现在酒店内外部环境，也表现在客房、餐饮等诸多方面，成为酒店目前亟待解决的主要问题。"黑龙滩"主要是指眉山黑龙滩长岛天堂洲际酒店，两者所处的环境及地理位置较为相似，很多客人会互相比较，有部分客人反映简阳三岔湖长岛天堂洲际酒店的服务产品较眉山黑龙滩长岛天堂洲际酒店有差距。

（4）服务质量体验感知。

本研究对酒店在线点评文本的情感属性进行分析发现，积极情绪的点评文本占总体数量的76.95%，中性情绪占14.10%，消极情绪占7.33%，积极情绪和中性情绪文本的合计比例约为91.05%。根据"总体评价"指标中高频词所表达的情感态度，本研究将其分为正面评价、中性评价和负面评价三类，其中正面评价有21个，中性评价有4个，负面评价有4个。简阳三岔湖长岛天堂洲际酒店在服务质量总体评价上大部分为积极正面评价，这说明酒店高端大气、环境优美、服务周到，受到了大部分顾客的称赞。但其仍存在较多的"问题""不足"，有待"改进""提高"，尤其是餐饮菜品被顾客直接以"难吃"来评价，表达出了其较强的不满意。"性价比"是其中存在争议最大的词语，其中表达酒店性价比高的词语出现了305个，消极的性价比词语出现了50个，甚至出现了强烈不满的词语，如"糟糕""三星"等，这无疑冲击了酒店的网络口碑。

（五）酒店服务质量管理提升建议

本研究使用内容分析法对简阳三岔湖长岛天堂洲际酒店的在线点评文本进行了分析，发现简阳三岔湖长岛天堂洲际酒店的总体评价以正向积极为主，五星级酒店的品牌形象、服务质量和设施设备被顾客所认可，其中清洁卫生、员工服务以及周边环境是客人最关注的三个方面，在文本中被提到的次数也最多。但是，在点评文本中也暴露出一些影响其五星级酒店形象的问题，如服务管理存在漏洞、清洁卫生不到位、结构布局及周边配套设施不合理等问题给客人带来困扰。针对在线点评文本中顾客关注及反映的问题，本研究提出以下管理建议。

1. 构建专业的员工管理体系

酒店应通过专业技能培训有针对性地去提高员工个人的知识水平、能力和工作绩效，转变员工的工作态度，提高其工作的积极性和主动性；建立考核奖惩制度，对员工的服务进行监督，提高员工对于细节服务的重视。同时，酒店还应该重视酒店员工个人的发展，建立良好的薪酬福利制度，激励员工努力工作，这样才能更好地为客人提供优质的服务，弥补酒店服务细节的不足。

2. 注重酒店网络口碑的管理

口碑的打造要经历一个艰难的过程，好的口碑可以提升客人对酒店的信赖，但口碑也是脆弱的，良好的口碑需要酒店予以维系。酒店一方面可通过在线平台与客人建立信任，了解客人需求，提供私人定制化的服务，与其建立良好的关系，培养客户的忠诚度；另一方面，酒店应当重视对网络评价的管理，设置专门的岗位，及时回复和处理客人的点评，重视客人的感受和体验，对客人的评论进行跟踪处理，进而正视酒店的不足和短板，对其进行调整和改善。

3. 提升酒店客房产品质量

酒店客房产品是有形设施和无形服务的总和，这就要求酒店通过组织好接待服务、认真管理好设备用品、精心设计好客房布置、严格整理好客房卫生、抓好安全保卫工作等诸多方面，去保证酒店的客房服务质量。针对东、西楼间隔远的问题，酒店可以通过增设停车场以及免费的接送服务来解决，竭力为客人提供安全、便利的住宿环境。

4. 保持酒店环境卫生清洁

干净整洁的酒店外部环境能够为住宿客人提供良好的消费体验。酒店存在的卫生问题除了客房内部的卫生，还有公共区域的清洁卫生，酒店员工及管理者要有卫生管理的质量意识，员工应严格执行清洁打扫的操作规范。对于公共区域的清洁，酒店可以采用划片定岗的模式，实行岗位责任制，使员工明确自己的职责范围和要求，同时酒店管理者也要加强巡视检查，进行现场监督管理。

二、眉山黑龙滩长岛天堂洲际酒店服务质量网络评价研究

（一）酒店简介

眉山黑龙滩长岛天堂洲际酒店位于成都天府新区眉山黑龙滩风景区，步行可至依山傍水而建的原住民渔村，体验川西民居小镇的独特魅力；驱车即可到达四川省省会成都市，交通便利。酒店拥有四百余间富有特色的客房及套房，所有房间均配备国际一线的设施设备；三个风格迥异的餐厅和一个大堂吧，满足客人不同的味蕾需求；7 700平方米无边际游泳池，是休闲度假的绝佳之地；2 000平方米无柱式宴会厅及四个多功能会议室，无论是商务宴会、社会宴席

还是私人派对均能一一满足。

（二）基于市场细分的酒店服务质量在线评价

根据顾客出游目的的不同，眉山黑龙滩长岛天堂洲际酒店的市场可划分为7个类型，见表3-5。从表3-5可以看出，在眉山黑龙滩长岛天堂洲际酒店的客源类型中，家庭亲子的顾客的比例最高，达到了76.13%，在酒店客房售出比例的3/4以上；其次是朋友出游的顾客，其比例为8.60%；情侣出游的顾客的比例为7.48%，商务出差的顾客的比例为4.02%，独自旅行的比例为1.30%，其他类型的顾客的比例为1.78%，代人预订的顾客的比例仅为0.69%。

表3-5　眉山黑龙滩长岛天堂洲际酒店网络评分市场差异

出游目的	网络评分	样本数量/条	样本比例/%
代人预订	4.64	16	0.69
独自旅行	4.71	30	1.30
家庭亲子	4.68	1 761	76.13
朋友出游	4.69	199	8.60
情侣出游	4.67	173	7.48
商务出差	4.71	93	4.02
其他	4.73	41	1.78

从不同细分市场对眉山黑龙滩长岛天堂洲际酒店服务质量的网络评分来看，不同类型的客源对酒店的评分差别不是很大，其中其他类型的顾客评分最高，为4.73分；其次是商务出差和独自旅行的顾客的网络评分，均为4.71分；顾客样本中比例较高的家庭亲子、朋友出游和情侣出游的顾客的网络评分分别为4.68分、4.69分和4.67分；代人预订的顾客的网络评分最低，为4.64分。眉山黑龙滩长岛天堂洲际酒店所有细分市场的顾客的网络评分都在4.6分以上，不同类型客房的网络评分差别不大，顾客满意度整体较好。

（三）基于房间类型的酒店服务质量在线评价

携程旅行网的有关信息显示，眉山黑龙滩长岛天堂洲际酒店网络在售共有8种类型的客房，其中售出客房最多的类型是洲际高级房，其达到了选取样本的36.03%；其次是洲际景观房，其比例达到了21.80%；洲际高级景观房和洲际豪华房的售出比例较为接近，分别为 15.37% 和 15.50%；洲际湖景房的售出比例为 9.92%，其他三种类型的客房比例都在 1% 以下，这说明酒店的客房售出主要集中在以上五种房型。眉山黑龙滩长岛天堂洲际酒店网络评分房型差异见表 3-6。

表 3-6 眉山黑龙滩长岛天堂洲际酒店不同房型的网络评分情况

房间类型	网络评分	样本数量/条	样本比例/%
洲际高级房	4.68	832	36.03
洲际高级景观房	4.74	355	15.37
洲际高级套房	4.3	18	0.78
洲际豪华房	4.67	358	15.50
洲际豪华湖景房	4.96	10	0.43
洲际豪华套房	5	4	0.17
洲际湖景房	4.65	229	9.92
洲际景观房	4.68	503	21.80

由表 3-6 可知，售出比例较低的洲际豪华套房和洲际豪华湖景房的网络评分最高，分别达到了 5.0 分和 4.96 分；售出比例第三低的洲际高级套房的网络评分最低，仅为 4.3 分，远低于酒店整体网络评分值；售出比例前两位的洲际高级房和洲际景观房，网络评分都为 4.68 分；洲际豪华房和洲际高级景观房的网络评分分别为 4.67 分和 4.74 分；洲际湖景房的网络评分为 4.65 分。除洲际高级套房外，顾客对眉山黑龙滩长岛天堂洲际酒店的其他客房的满意度都较高。

（四）基于内容分析的酒店服务质量在线评价

1. 酒店在线点评文本高频词分析

本研究使用 ROST 软件的分词功能，将顾客在线点评文本进行分词处理，并对提取出来的词语进行出现频次统计，即统计眉山黑龙滩长岛天堂洲际酒店顾客网络点评文本中出现的高频词。由于文本的限制，这里没办法将高频词一一显示出来，表 3-7 是眉山黑龙滩长岛天堂洲际酒店在线点评文本中出现频次在前 100 位的词语统计，图 3-3 是眉山黑龙滩长岛天堂洲际酒店在线点评文本高频词云图，图中字体的大小与词语在顾客点评文本中出现的频次的高低直接相关。

表 3-7　眉山黑龙滩长岛天堂洲际酒店在线点评文本出现频次在前 100 位的词语统计

词语	频次/次	词语	频次/次	词语	频次/次	词语	频次/次
酒店	1 123	度假	86	五星	58	配套	41
早餐	535	服务员	79	娃娃	56	夏天	41
房间	527	水上	77	舒服	56	问题	40
环境	512	卫生	77	值得	55	休闲	39
服务	484	开心	77	一家人	54	第一次	39
适合	395	餐厅	76	出游	53	装修	39
泳池	306	人员	75	优美	53	丰盛	38
孩子	279	室内	74	客人	52	摆渡	38
游泳池	268	体验	73	品种	52	成都	37
入住	238	玩的	72	位置	52	建议	37
小朋友	189	满意	71	吃饭	52	唯一	36
设施	179	南楼	71	自行车	49	开车	36
洲际	172	下次	69	五星级	49	质量	34
丰富	154	味道	69	打扫	48	空气	34
小孩	149	大堂	68	漂亮	47	出行	34
亲子	138	自助餐	67	升级	47	阳台	33
方便	128	办理	66	晚餐	47	菜品	33
前台	127	停车场	66	黑龙滩	46	恒温	33
游泳	125	自助	65	硬件	46	提高	33
周边	120	室外	65	玩耍	45	朋友	32
干净	102	态度	65	免费	45	宝宝	32
儿童	102	温泉	64	人多	44	火锅	31
地方	102	第二次	64	空调	44	主楼	31
乐园	92	热情	63	停车	43	齐全	31
周末	88	选择	61	周围	42	客房	31

图 3-3　眉山黑龙滩长岛天堂洲际酒店在线点评文本高频词云图

　　由表 3-7 可知，出现频次最高的词语是"酒店"，其出现频次达到了 1 123 次；其次是"早餐""环境"和"房间"，其出现频次分别为 535 次、527 次和 512 次；其他出现频次在 200 次以上的词语分别是"服务""适合""泳池""孩子""游泳池""入住"。根据词语的属性可以发现，在顾客在线点评文本内容中出现的高频词大致可以分为三类：一是对酒店服务提供场所的名词，二是对酒店提供服务内容的描述，三是对酒店服务及场所的评价。涉及酒店服务场所的词语，如"房间""泳池""前台""乐园""餐厅""南楼""大堂""停车场""主楼""客房"等；有关酒店服务内容的词语主要有"早餐""游泳""玩耍""温泉""吃饭""打扫""晚餐""摆渡""菜品""火锅"等；对酒店服务及场所的评价词语主要有"适合""丰富""方便""干净""满意""热情""舒服""优美""漂亮""丰盛""齐全"等。

　　本研究首先对顾客在线点评的文本进行分词处理，然后提取网络文本中出现的高频词，并根据词语出现的频率高低和词语之间的关联性，使用 ROST 软件分析工具，绘制了眉山黑龙滩长岛天堂洲际酒店在线点评语义网络图（见图 3-4）。图 3-4 是该酒店在线点评文本中出现的高频词，直观地展示了词语与词语之间存在的联系。由图 3-4 可知，眉山黑龙滩长岛天堂洲际酒店在线点评网络图以"酒店""房间""早餐""服务""泳池"等为中心词语，是消费者对酒店印象感知的关键要素，其他要素则围绕中心词语分布，共同构成了在线点评语义网络图。

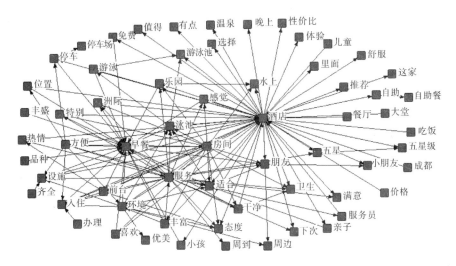

图 3-4　眉山黑龙滩长岛天堂洲际酒店在线点评语义网络图

2. 酒店服务质量在线评价分析

眉山黑龙滩长岛天堂洲际酒店位于眉山黑龙滩风景区内，地理位置独特、优越，属于度假型酒店，既吸引了来此观光游览的普通游客，又适合想来此放松身心的老人和孩子。分析黑龙滩长岛天堂洲际酒店的在线网络评价可知，顾客对于酒店本身的认可度较高，不论是酒店所处的地理位置、周围的环境抑或是酒店所提供的软硬件服务等，客人都给予了较高的评价。根据在线点评文本中高频词的属性分类，剔除其中无指代意义的词语，并对相近的词语进行合并，可以将其分为"基础服务""设施设备""卫生环境""体验感知"四类。本研究分别统计了每种类别下排序前 30 位的网络评价词语及词频，具体见表 3-8。

表 3-8　每种类别下排序前 30 位的网络评价词语及词频统计

排序	基础服务		设施设备		卫生环境		体验感知	
	词语	词频/次	词语	词频/次	词语	词频/次	词语	词频/次
1	酒店	1 123	游泳池	574	环境	512	适合	417
2	早餐	535	客房	568	室外	84	五星级	107
3	服务	484	餐厅	76	水上	77	开心	77
4	服务员	154	南楼	71	卫生	77	满意	71
5	玩耍	139	大堂	68	室内	74	下次	69
6	餐饮	124	停车场	66	味道	69	第二次	64

表3-8(续)

排序	基础服务		设施设备		卫生环境		体验感知	
	词语	词频/次	词语	词频/次	词语	词频/次	词语	词频/次
7	度假	86	硬件	46	黑龙滩	62	热情	63
8	体验	73	空调	44	出游	53	选择	61
9	自助餐	67	配套	41	位置	52	舒服	56
10	办理	66	休闲	39	打扫	48	值得	55
11	态度	65	阳台	33	周围	42	优美	53
12	温泉	64	菜品	33	装修	39	漂亮	47
13	恒温	54	主楼	31	成都	37	问题	40
14	品种	52	卫生间	17	质量	34	丰盛	38
15	升级	47	隔音	16	空气	34	唯一	36
16	免费	45	房型	15	安静	28	提高	33
17	停车	43	新楼	14	舒适	28	齐全	31
18	摆渡	38	沙发	14	风景	28	好吃	31
19	火锅	31	楼层	12	景观	23	主动	27
20	中餐	30	电视	12	宽敞	21	不足	27
21	娱乐	30	大厅	11	景区	20	到位	27
22	管理	25	套房	11	整洁	18	性价比	27
23	烧烤	23	冰箱	11	蚊子	18	周到	26
24	告知	23	拖鞋	11	水质	16	改进	26
25	行李	20	用品	11	混乱	15	好玩	25
26	排队	20	桌子	11	温度	14	遗憾	23
27	礼宾	18	浴缸	10	清洁	14	一如既往	20
28	细节	17	电瓶车	9	热水	13	失望	18
29	接待	17	马桶	9	新鲜	13	一流	15
30	预定	17	西餐厅	8	绿化	13	不值	14

（1）基础服务网络评价。

客人是酒店的消费主体，酒店的服务必须以满足客人体验为切入点，深入挖掘客人的消费动机和倾向。从酒店基础服务网络评价体系中可以看出，黑龙滩长岛天堂洲际酒店从客人入住开始就为其提供了全方位管家式的贴心服务。通过在线评价高频词分析可知，来此度假的客人大多数为家庭出游，酒店以此为着重点，积极打造家庭式的住宿体验，不仅提供无边际的恒温游泳池，而且还有室内儿童娱乐中心，并专注于推出适合家庭的亲子活动。除此之外，大堂是顾客最初接触酒店和离开酒店的地方，主要为顾客办理入住、退房，提供咨询等，也是与顾客接触最直接、最频繁的部门。酒店的"前台""办理""礼宾""接待""预订""服务员"得到了客人的一致好评；"自助餐""餐饮""中餐""火锅""烧烤"多样化的餐饮服务满足了不同客人的需求。对于行李较多的客人，酒店会主动安排摆渡车，帮忙把行李送到房间，此项服务获得了客人的好评。

（2）设施设备网络评价。

关于设施设备的网络评价的 30 个高频词中，"游泳池"和"客房"被提及的次数最多，酒店提供的包括游泳的一些水上的娱乐项目成了酒店的核心吸引力之一；而与客房相关的词语最多，这也说明了酒店客房服务的重要性，黑龙滩长岛天堂洲际酒店针对不同消费群体提供了不同的房间类型，宽敞、豪华是顾客对客房的评价，满足了消费者需求，提高了顾客对酒店的满意度。与客房相关的词语更多的是房间内所配备的基础设施，如"房间""阳台""装修""空调""电视""浴缸""卫生间"等，在客房设施设备这方面存在一些负面评价，如"设施设备老旧""房间隔音效果差""空调和热水器需要维修""房间内不出热水"等问题，对客人的入住体验造成了较大的影响，这些负面的内容都被客人真实地反映在了网络点评网站上。停车场是酒店必备的区域，酒店提供了足够的停车位，为自驾游的顾客带来了方便，顾客对此也感到非常满意。

（3）卫生环境网络评价。

眉山黑龙滩长岛天堂洲际酒店距离眉山火车南站有 1.5 个小时的车程，距离成都市中心有 50 分钟车程，距离成都双流国际机场约有 1 小时车程，处于川西旅游热线中部的最佳位置，交通较为便利；同时酒店又位于黑龙滩风景区内，步行可至依山傍水而建的原住民渔村，体验川西居民小镇的独特魅力。对于来此观光或是休闲度假的游客，酒店拥有较好的交通可进入性。此外，度假型酒店对空气质量、卫生环境等方面要求较高，而黑龙滩长岛天堂洲际酒店毗邻多处景点和国家森林公园，空气中负氧离子丰富，非常适合来此放松身心的游客，故酒店优美的环境、自然的景观以及清新的空气等也成了顾客选择此地的重要因素。卫生环境这块的负面评价主要是"蚊子",由于酒店的绿化环境较好,存在较多的蚊子,给客人造成了一定的困扰。

(4)服务质量体验感知。

情感分析是对带有情感色彩的主观性文本进行分析、处理、归纳和推理的过程。针对总体评价网络文本中的 30 个高频词所归属的感情色彩,运用情感分析法可将情感分为积极、中性和消极情绪三种。其中,表示积极的高频词有 17 个,累计出现频次总计数达 731 次,如"开心""满意""热情""舒服"等,约占总体评价的 45%;表示中性的高频词有 5 个,频次总计数达 685 次,如"五星级""选择"等,约占总体评价的 42%;表示消极的高频词有 8 个,频次总计数达 208 次,如"不足""失望""遗憾"等,约占总体评价的 13%。总体来看,顾客对黑龙滩长岛天堂洲际酒店的整体评价和满意度较高,消费情感以正面的、积极的倾向为主,中性次之,消极的情绪比例最小。"洲际"作为国际五星级酒店的品牌形象已经深入人心,顾客对于酒店产品的期望值较高,如果酒店没办法提供符合顾客预期的产品,顾客难免会感到失望;另外,较多顾客觉得酒店的性价比不高,觉得消费不值,这需要酒店引起重视。

(五)酒店服务质量管理提升建议

本研究以眉山黑龙滩长岛天堂洲际酒店为研究对象,使用 ROST 软件分析顾客住宿的网络评价文本,使用内容分析法从"基础服务""设施设备""卫生环境"等方面研究顾客对黑龙滩长岛天堂洲际酒店服务质量的体验感知态度。针对点评文本中顾客关注较多的内容以及反映出来的酒店在服务管理方面存在的问题,本研究建议酒店从以下几个方面加强建设与管理。

1. 更新维护设施设备

酒店的设施设备是有形服务产品形式的体现,也是酒店服务质量构成的重要元素,设施设备方面的体验不佳必然会引起顾客的消极情绪。黑龙滩长岛天堂洲际酒店作为国际水准的五星级酒店,更应该保证设施设备的完善与正常运行。首先,管理人员要定期安排检修人员对房间内部的空调、热水器、烧水壶等基础设备进行维护;其次,酒店要及时淘汰过时、老旧的设施产品,更换新设备,房间内外基础设施的配备,也是衡量五星级酒店的基本标准;最后,对于客人抱怨的房间隔音效果不好、影响休息的问题,酒店可通过安装隔音装置等方式,尽可能地为客人营造安静的睡眠环境;酒店在对客房的设计、装修时,应深挖当地的自然和人文文化,将外部生态景观、本地风土文化与酒店内部现代智能技术相融合,打造出不一样的住宿体验,提高客人对于酒店客房产品的满意度。

2. 保持卫生环境干净

黑龙滩长岛天堂洲际酒店作为度假型酒店，卫生环境是顾客选择酒店的主要参考因素。酒店的卫生环境主要包括客房、泳池和室外三个方面。客房内部主要是客房清洁服务不到位，包括浴池有头发、茶几上有湿毛巾、墙壁有蜘蛛网等情况，这很明显是酒店员工没有按照清洁打扫的程序来做而造成的，酒店应该加强对客房清洁人员的管理，经常对客房的清洁卫生情况进行抽查。酒店的消费群体大多以家庭为主、儿童居多，针对酒店的无边际游泳池，儿童的易敏感体质对水质的要求更高，所以酒店要极其重视，要安排相关清洁人员定期排换水，净化水质，时刻保持泳池内的干净卫生，为客人提供干净舒适的游泳环境。酒店毗邻森林公园，生态环境优质，自然蚊虫较多，酒店可在酒店周围、客房内部喷洒对人类无毒无害的驱虫剂或驱蚊水，为客人营造出舒适的住宿体验。

3. 提高入住服务的办理效率

住店客人对酒店的基础服务较为满意，评价也较高。客人对于酒店提供的无形劳务服务的负面评价主要集中在入住高峰期间的办理效率。在酒店的在线点评文本中，客人多次对酒店的入住办理流程表达了不满，特别是在入住高峰期间，办理入住速度缓慢，顾客排队等待的时间较长。酒店可适当优化入住流程的设计，适时简化办理相关手续的流程，提高入住服务的办理效率；同时要照顾到每一位到店客人等待的焦虑情绪，安排客人到休息区等候，在等候休息的期间酒店可提供简单的欢迎水果和饮品。此外，对于因员工操作不熟练导致的服务效率低，管理人员应该加强对相关人员的管理，指导他们完成好自己的服务工作，同时强化员工服务意识，端正其服务态度，合理应对高峰期工作繁忙与顾客不满情绪的发泄。

4. 加强对网络点评内容的管理

在做出购买决策之前参考酒店的真实点评内容，已经成为大多数顾客的消费行为方式，因此酒店要对在线点评的内容进行实时关注与管理，尤其是负面的评价内容。对于顾客发表的每一条负面评价内容，酒店都要认真阅读，并及时对客人进行回复，对酒店为客人造成的不良体验表示抱歉，并提出针对客人反映问题的解决方案，取得良好的解决结果，并对客人为酒店服务管理提出的问题表示感谢，真诚地欢迎客人下次继续光临本酒店。对于客人反映的正面评价内容，酒店应予以保持，继续完善，为客人提供更加周到的服务。合理利用在线点评平台，与酒店客人进行有效沟通，可以增加顾客与酒店的粘性，有利于培养忠诚顾客。

注：本节内容受洲际酒店集团英才培养学院教学开发奖励项目"基于内容分析法的酒店服务质量在线评价研究"资助。

三、三亚文华东方酒店服务质量网络评价研究

（一）酒店简介

作为倍受欢迎的海滨度假之选，三亚文华东方酒店静谧安逸，是隐于都市中的世外桃源。酒店依偎着 1.2 千米的珊瑚湾，别墅式建筑群掩映于 12 万平方米的热带园林之中。植被覆盖率高达 80%，负氧离子含量高，有益健康。酒店距离三亚市中心步行约 15 分钟，驱车前往三亚凤凰国际机场只需 40 分钟。酒店于 2009 年开业，2018 年重新装修，共有客房 278 间，餐厅和酒吧均可欣赏迷人的南中国海，屡获殊荣的水疗谷占地 3 200 平方米，多种专业理疗服务可帮助顾客快速消除疲劳，各类水上活动包含浮潜、海底邮局、电动摩托艇、皮划艇、Hobie 帆船等，乐趣无穷。

（二）基于市场细分的酒店服务质量在线评价

根据顾客的出游目的的不同，三亚文华东方酒店的市场可划分为 7 个类型，见表 3-9。从表 3-9 可以看出，三亚文华东方酒店的客源类型中，家庭亲子的顾客的比例最高，达到了 59.88%；其次是情侣出游的顾客，其比例达到了 16.29%；朋友出游的顾客的比例为 11.67%，代人预订的顾客的比例为 0.42%，独自旅行的顾客的比例为 3.77%，商务出差的顾客的比例为 5.11%，其他类型的顾客的比例为 2.86%。作为度假型的酒店，三亚文华东方酒店的客源类型中家庭亲子游的占比最高，家庭亲子、情侣出游、朋友出游的顾客的比例占到了 87.84%。

表 3-9　三亚文华东方酒店网络评分市场差异

出游目的	网络评分	样本数量/条	样本比例/%
代人预订	4.86	7	0.42
独自旅行	4.75	62	3.77
家庭亲子	4.71	985	59.88
朋友出游	4.74	192	11.67
其他	4.55	47	2.86
情侣出游	4.76	268	16.29
商务出差	4.81	84	5.11

从不同细分市场对三亚文华东方酒店服务质量的网络评分来看，代人预订的顾客对酒店的评价最高，其网络评分为 4.86 分；其次是商务出差和情侣出游的顾客，他们的网络评分分别为 4.81 分和 4.76 分；顾客样本中比例最高的家庭亲子的顾客的网络评分为 4.71 分；独自旅行和朋友出游的顾客的网络评分分别为 4.75 分和 4.74 分；其他类型的顾客的网络评分最低，为 4.55 分。除其他类型外，三亚文华东方酒店所有细分市场的顾客的网络评分都在 4.6 分以上，顾客满意度较高。

（三）基于房间类型的酒店服务质量在线评价

携程旅行网的有关信息显示，三亚文华东方酒店网络在售共有 24 种类型的客房，其中售出客房最多的类型是翠园轩高级园景大床房，其达到了选取样本的 44.90%；其次是观海轩尊贵海景房，其比例达到了 15.88%，这两种类型的客房比例累计达到 60.78%；碧园轩私家庭院房的售出比例为 6.05%，翠园轩高级园景大床房的售出比例为 5.74%，翠苑养心阁的售出比例为 4.89%，翠园轩高级园景双床房的售出比例为 2.44%，观海轩尊贵海景大床房的售出比例为 2.08%，海风阁的售出比例为 4.40%，亲子主题房、嬉水闻涛阁和泳池观海阁的售出比例分别为 2.38%、3.05% 和 3.24%，观海轩尊贵海景双床房的售出比例为 1.04%，其他类型的客房比例都在 1% 以下，房型数量较少。三亚文华东方酒店网络评分房型差异见表 3-10。

表 3-10　三亚文华东方酒店不同房型的网络评分情况

房间类型	顾客评分	样本数量/条	比例/%
碧园轩私家庭院房	4.74	99	6.05
翠园轩高级园景大床房	4.8	94	5.74
翠园轩高级园景房	4.71	735	44.90
翠园轩高级园景双床房	4.8	40	2.44
翠苑养心阁	4.83	80	4.89
翠苑养心阁大床房	4.9	9	0.55
翠苑养心阁双床房	4.62	5	0.30
高级海景房	4.66	8	0.49
观海别墅双卧室	4.78	15	0.92
观海家庭套房	4.3	1	0.06
观海亲子家庭连通房	4.5	6	0.38

表3-10(续)

房间类型	顾客评分	样本数量/条	比例/%
观海轩尊贵海景大床房	4.8	34	2.08
观海轩尊贵海景房	4.72	260	15.88
观海轩尊贵海景双床房	4.75	17	1.04
海风阁	4.77	72	4.40
豪华泳池两居别墅	3.5	4	0.24
揽海居至尊海景套房	4.69	7	0.43
绿豆蛙主题房	4.77	3	0.18
南海别墅双卧室	4.2	4	0.24
亲子家庭套房	5	1	0.06
亲子主题房	4.62	39	2.38
珊瑚湾别墅双卧室	4.8	1	0.06
嬉水闻涛阁	4.78	50	3.05
泳池观海阁	4.61	53	3.24

由表3-10可知,亲子家庭套房的网络评分最高,达到了5.0分,也是顾客评价唯一的满分客房类型,但这与样本数量较低有关系,其售出比例仅占0.06%,数量仅为1间;其次是翠苑养心阁大床房,其网络评分达到了4.9分;酒店客房售出比例中较高的翠园轩高级园景房和观海轩尊贵海景房的网络评分分别为4.71分和4.72分,顾客评价也较高;顾客网络评价最低的客房类型是豪华泳池两居别墅,其评分仅有3.5分,酒店需要对该房型予以重视。在酒店售出比例在1%以上的房型中,碧园轩私家庭院房的网络评分为4.74分,翠园轩高级园景大床房的网络评分为4.8分,翠园轩高级园景双床房的网络评分为4.8分,翠苑养心阁的网络评分为4.83分,观海轩尊贵海景大床房的网络评分为4.8分,观海轩尊贵海景双床房的网络评分为4.75分,海风阁的网络评分为4.77分,亲子主题房、嬉水闻涛阁和泳池观海阁的网络评分分别是4.62分、4.78分和4.61分。

(四) 基于内容分析的酒店服务质量在线评价

1. 酒店在线点评文本高频词分析

本研究使用ROST软件,对三亚文华东方酒店的网络在线点评文本进行分词处理,提取出三亚文华东方酒店在网络点评文本中出现频次较高的词语,并根据在线点评文本中高频词的词频生成三亚文华东方酒店在线点评文本高频词云图（见图3-5）。图3-5中是在线点评文本中出现频率较高的词语，字体的大小代表词语被提及的频次高低。可以看出，"房间"被游客在点评文本中提及的次数最高，"环境""早餐""泳池""沙滩""入住""度假"等构成酒店顾客在线点评文本的核心词语，突出了三亚文华东方酒店的度假型特征。

图3-5 三亚文华东方酒店在线点评文本高频词云图

根据词语出现的频率高低和词语之间的相关性，本研究采用共现分析法构建高频词的共现矩阵，使用 ROST 软件中的网络语义分析工具，根据词语发生的频率及词语之间的关系，在线绘制三亚文华东方酒店的网络在线点评语义网络图（见图3-6）。图3-6为三亚文华东方酒店网络点评文本中出现频率较高的词语，词语之间的线条代表二者之间存在联系。从图中可以看出，"酒店""房间""服务"和"电瓶车"是三亚文华东方酒店在线点评语义网络图的中心，它们构成了游客在线点评的核心内容，也是游客在酒店感知程度最深、最能影响顾客消费体验的重要因素，其他词语基本围绕着这些指标，共同构成三亚文华东方酒店的在线点评语义网络分析图。

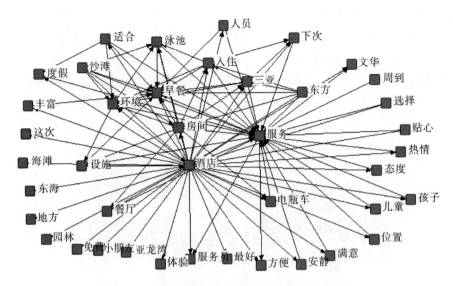

图 3-6　三亚文华东方酒店在线点评语义网络图

2. 酒店服务质量在线评价分析

三亚文华东方酒店属于度假型酒店，酒店本身面积很大，所以容纳量足够，节假日能够接待很多客人；作为一个全球知名的五星级品牌酒店，其从客人进入酒店便开始提供温馨的服务；酒店的设施设备都很齐全，不论是商务型顾客还是小孩或老年人的不同需求，酒店基本上都能满足；酒店有很多类型的房间或别墅，能够满足不同类型的出游者。顾客对酒店进行评价主要涉及酒店的软件、硬件、环境、管理等方面。因此，本研究以"基础服务""设施设备""卫生环境"和"体验感知"为基础，构建服务质量网络在线点评文本分析指标体系，并根据词语属性的不同对高频词进行分类，并对相似的词语进行频次的统计和汇总，每种类别下排序前 28 位的网络评价词语及词频统计见表 3—11。

表 3-11　每种类别下排序前 28 位的网络评价词语及词频统计

排序	基础服务		设施设备		卫生环境		体验感知	
	词语	词频/次	词语	词频/次	词语	词频/次	词语	词频/次
1	入住	709	房间	977	环境	977	再次入住	353
2	服务	206	早餐	735	安静	283	适合孩子	410
3	热情	183	泳池	558	海边	178	度假	387

表3-11（续）

排序	基础服务		设施设备		卫生环境		体验感知	
	词语	词频/次	词语	词频/次	词语	词频/次	词语	词频/次
4	舒服	177	沙滩	492	干净	153	方便	281
5	贴心	179	设施	414	园林	140	满意	234
6	周到	133	电瓶车	320	海景	122	儿童礼物	259
7	一流	118	餐厅	298	珊瑚	117	小朋友	211
8	到位	105	水果	164	舒适	112	丰富	177
9	办理快	95	海滩	208	私密性	112	最好	150
10	花环	85	味道	142	景色漂亮	108	美中不足	131
11	主动	77	游泳	107	优美	101	完美	102
12	接送	74	客房	106	卫生	80	亲子	100
13	一如既往	58	别墅	95	装修	72	值得	98
14	礼貌	55	好吃	94	幽静	62	五星级	83
15	亲切	53	陈旧	83	阳台	61	失望	70
16	帮忙	43	恒温泳池	80	打扫	59	享受	68
17	接待	43	Wifi收费	66	绿化	57	精致	65
18	似家人	42	丰盛	51	特色	56	首选	64
19	真心	41	乐园	49	大海	51	休闲	52
20	迎宾	40	俱乐部	46	闹中取静	48	感谢	53
21	打招呼	40	齐全	46	美丽	36	性价比	52
22	微笑	40	毛巾	44	散步	35	质量	48
23	随叫随到	39	海鲜	44	奢华	34	遗憾	46
24	礼物	35	矿泉水	37	蚊子	32	家庭	44
25	用心	33	打车	38	蚊虫	63	放松	42
26	赠送	33	蛋糕	33	海风	30	适合老人	40
27	素质	32	美食	31	惬意	30	愉快	36
28	及时	30	躺椅	29	花园	29	改进	30

（1）基础服务网络评价。

酒店作为服务行业，"服务"是最重要的元素之一，也是酒店本身及客户最在意的部分。"服务"就是酒店的软件，总体而言酒店的服务质量是指服务实际是否符合顾客的期望，狭义上是指酒店服务员服务劳动的使用价值，广义上是指酒店综合自身所有的资源和要素。伴随着经济的快速发展，人民的生活水平逐渐提高，酒店服务业也随之发展，朝着更好、更高的服务标准迈进。从"软件服务"网络评价的高频词中可以看出，"入住办理""接送服务"及酒店服务员的贴心服务是三亚文华东方酒店软件服务的核心。"服务"在三亚文华东方酒店的网络在线点评中也被多次提及，尤其是在前厅部门，服务员的服务素质、服务态度、服务意识以及服务技能都是客户评价酒店服务质量的重要指标，除此之外，员工服务是否主动和及时也是客户评价酒店服务质量好坏的重要参考指标。大堂是顾客进入酒店和离开酒店必经的地方，主要为顾客办理入住、退房，提供咨询服务，与顾客的接触是最直接、最频繁的。在携程网的三千多条评论中，"前台""服务""态度好""礼貌"等词语出现的频率较高。网络在线点评文本中的"热情""贴心""周到""主动""礼貌"及"亲切"等词语说明三亚文华东方酒店的软件服务基本到位，符合大部分顾客的期望。

（2）设施设备网络评价。

酒店的硬件设施部分包括酒店服务用品、食品和其他酒店设施。餐厅食物对顾客来讲很重要，"早餐"这一指标在众多点评中出现的频次较高，点评中对这一指标的说法不一，种类时多时少，经常不能满足大部分人的要求和饮食习惯，"美食""蛋糕"很多，并且好看、美味，但是偏西式化，而三亚的游客以国内游客为主，因此"食物"是否符合他们的口味成了顾客在线点评服务质量好坏的评价指标之一。酒店的客房是顾客在酒店里待得最久的地方，客房的收入也是酒店收入的主要来源之一。因此，客房中的设施对客户选择酒店产生了极大的影响。"客房"也是影响网络在线点评的重要指标之一。在硬件设施的 28 个高频词中，与客房相关的词语占 10 个，客房的设施设备在网络在线点评中出现的频率高，分布也很广，"有异味"和"毛巾旧"等客房基础问题的存在，给顾客的入住体验带来了负面感受。

三亚文华东方酒店有良好的地理优势，地处三亚大东海地区珊瑚湾，交通也很便捷，不管是到三亚国际机场还是到三亚市中心的步行街，出行都非常方便。由于酒店的占地面积较大，除了外出，酒店区域内还有电瓶车接送，这样的方式很受年轻人和小孩的欢迎。三亚是个海滨城市，"沙滩""海滩"以及"泳池"成了游客们选择酒店的重要指标之一。三亚文华东方酒店在这方面做得很好，不仅有私人海域、沙滩、公共泳池，还有部分高档客房内有配套的私人泳池和恒温泳池，而且还有室内儿童娱乐中心，给小孩提供更安全的娱乐场所，儿童娱乐中心的工作人员还可以帮忙照看儿童，深得儿童和家长的喜爱。除此之外，三亚文华东方酒店拥有免费的停车场，顾客无须担心停车场费用的问题。然而，"WiFi 收费""客房异味"这些词语在携程网的在线点评中出现的频次也比较高，而且这些是影响客户消费的重要因素。三亚文华东方酒店是以度假区的形式存在，"海滩""园林式建筑""儿童娱乐中心"等词语成了在线点评的有利指标。而三亚文华东方酒店的 WiFi 却要收取额外的费用，并且费用还很贵，这成了顾客在线点评时吐槽得最多的评价内容。

（3）卫生环境网络评价。

酒店的卫生环境包括物品及设备卫生、食品卫生、客房卫生和酒店整体的卫生环境，客房的干净程度，房间内的卫生用品、床上用品和酒店卫生设施是顾客关注比较多的方面。顾客对于三亚文华东方酒店的"卫生环境"这一指标的评价大致可以分为两类。第一是酒店所处的地理位置，酒店的地理位置对于酒店经营发展至关重要，三亚文华东方酒店地处三亚大东海珊瑚湾地区，这边的酒店没有亚龙湾多，跟市区有一段距离，闹中取静，购物也比较方便；另外，三亚文华东方酒店拥有自己的私人海域，在沙滩休息、娱乐都比较安静，不会有太多人打扰；如果不想和其他人共用泳池，酒店有的房间配套私人泳池，客户能拥有自己的私人空间。第二就是酒店的内部环境，酒店拥有自己的私家海滩，"沙滩""泳池""安静"等是顾客对酒店内部环境的评价，并且都是正向积极的。除了这些，酒店客房还存在"潮湿""发霉""有异味""毛巾旧"等问题。酒店的"沙滩""泳池"等提升了客户的住宿体验，但客房仍然存在以上问题，是影响网络在线点评的几个重要因素。

（4）服务质量体验感知。

根据三亚文华东方酒店在携程网网络在线点评的内容，顾客对三亚文华东方酒店的体验感知总体评价还是满意的。本研究对"高频词统计表"中高频指标所表达的不同情绪进行分类发现，统计表中积极评价占大多数，中性评价和消极评价都不多。总体来看，顾客对于三亚文华东方酒店的评价是积极的，三亚文华东方酒店作为一个全球知名的酒店品牌，以其酒店品牌吸引了众多顾客前往，服务项目丰富，装饰豪华大气，餐食类型比较多，但是大多偏南方口味，适合老人和小孩的餐厅很少，这方面不能很好地满足各种类型的游客；服务方面的评价众口不一，大部分顾客认为三亚文华东方酒店的服务贴心入微，但是同时有部分顾客认为三亚文华东方酒店的前厅部门怠慢顾客，不能及时办理入住，并且没有安排其在休息区休息等候而是站在前台等候。对于"性价比"的评价，顾客的意见还是不统一，"满意""开心""值得"及"五星"等词语在三亚文华东方酒店的在线点评中共出现538次，"失望""缺点""美中不足"出现了174次。"失望""美中不足"这样的评价无疑是对酒店的负面点评，虽然这些词语在在线点评中出现的频次不高，但是也会影响三亚文华东方酒店在顾客心中的形象。

（五）酒店服务质量管理提升建议

本研究通过内容分析法分析了三亚文华东方酒店的网络在线点评文本发现，三亚文华东方酒店的网络在线点评主要以正向积极为主，世界知名的酒店品牌得到了大众的认可。"酒店服务""房间设施""早餐供应"和"WiFi收费"是三亚文华东方酒店的顾客最关注的几个方面，在在线点评文本中的出现次数也最多。但是，文本中也暴露出三亚文华东方酒店存在的影响顾客住宿体验的问题，如房间有异味、不隔音、潮湿发霉、毛巾旧等。针对客户关注的服务内容和网络在线点评文本中反映的酒店服务质量管理的问题，本研究提出以下管理建议。

1. 对员工进行全面系统的培训

"员工服务"是三亚文华东方酒店网络在线点评中的重要指标之一，从三亚文华东方酒店的"基础服务"这一评价指标中可以看出，酒店员工的服务被客人多次提及，不管是前厅部还是客房部，或者其他部门，服务人员"热情""舒服""贴心""周到"的服务有利于客人对酒店做出正面评价，给客人留下了很多好感；同时，在高峰期，酒店也应该做到照顾好每一位客人，不手忙脚乱，以免出现让部分客人拿着很多行李还等候很久而没办理入住的问题，工作人员应当在客流量很高的时候带部分顾客到休息区休息等候，并提供酒店应该有的基本服务。酒店应该对员工进行全面系统的培训，以此来增强员工热情主动的服务意识和周到的服务能力。

2. 重视顾客网络评价

网络在线点评不仅仅是顾客对酒店进行点评的主要方式，也是酒店管理层了解顾客反馈和酒店存在的问题，进而解决问题提升酒店形象的重要方式之一。通过整理分析酒店的网络在线点评文本，酒店可以有效地了解顾客的需求和酒店本身在服务管理中存在的问题，然后针对这些问题，及时提出有效的解决方案。酒店应安排专门员工负责酒店的网络口碑运营，及时对客人的点评进行回复，与客人进行互动，维系好客户关系和做好品牌推广工作。

3. 定期更新设备，做好客房通风防潮工作

酒店的硬件设施是酒店赖以生存的基础。酒店的相关部门应该制定酒店设施设备相关的定期保养更换规定，并且按照规定严格执行；同时酒店相关部门应该查出酒店客房潮湿霉变的原因，然后对症下药解决好客房存在的问题，定期对设施设备进行维护保养，适时运用新技术、新设备对设施设备进行升级换代。

4. 提供免费 WiFi

当今 WiFi 几乎是所有酒店所必备的服务，为了吸引顾客，酒店的 WiFi 基本都是免费提供的，没有免费 WiFi 的酒店在市场上会失去一定的竞争力。三亚文华东方酒店不为住店顾客提供免费的 WiFi，故"WiFi 收费"也成为三亚文华东方酒店的网络在线点评文本中顾客负面评价集中的指标之一。三亚文华东方酒店作为一个全球知名酒店品牌的五星级酒店，应该提供免费 WiFi 给客人使用，这样能给客人带来很大的便利，并且吸引更多的顾客和防止回头客流失。

5. 改善酒店环境

酒店的环境是顾客选择酒店时参考的重要指标之一，私人海滩是三亚文华东方酒店的优势之一，但是酒店的内部环境还是存在一些问题，如客房的毛巾发黄发旧、内部潮湿有异味、不隔音。酒店应该分析造成酒店客房潮湿、有异味的原因，酒店位于海边，海风比较潮湿，空客房早晚应关好门窗，白天可打开通风，房间内放置除湿剂。针对泳池的卫生问题，酒店对不常使用的泳池也应定期打扫，游泳的海域也要定期清理，公共泳池更应该定期清洁、换水，为顾客提供一个干净、舒适的游泳环境。

6. 早餐多样化多元化

餐饮方面三亚文华东方酒店设有中餐厅、西餐厅、烧烤、酒吧、大堂吧和全天送餐服务，提供得比较全面，但是在网络在线点评的文本中有顾客表示餐厅的饮食不合口味。对此，为了最大限度地满足客人，酒店可以在中餐厅和西餐厅都提供菜单外的现场点餐服务，提高客人对酒店服务的满意度。

注：本节部分内容系乐山师范学院旅游学院 2015 级酒店管理专业王雅楠毕业论文（设计）成果，其指导教师为冯晓兵。

四、蒲江花样年福朋喜来登度假酒店服务质量网络评价研究

（一）酒店简介

蒲江花样年福朋喜来登度假酒店位于蒲江县大溪谷，除了便捷的交通之外，客人还可享受酒店周围丰富的生态旅游资源，如朝阳湖、樱桃山、飞仙阁、茶马古道、西来古镇、平乐古镇、石象湖等，一年四季几乎每个月都有特色旅游活动：1—2月金黄橘采摘，沿线农家乐草莓采摘；3月樱桃花遍野，明前采茶到成佳；4月樱桃红透山，4—10月朝阳湖观鹭鸶飞舞；5月枇杷香满园，满山野花兀自开；6—8月乘凉避暑到蒲江；9月维C之王猕猴桃飘香；3—10月石象湖赏花好去处。酒店拥有两百余间客房与套房，尊享"福朋舒适之床"，豪华观景阳台将户外园林景观尽收眼底。走出房间，顾客可在室内恒温泳池尽情畅游，健身房里挥洒汗水。两个各具特色的餐厅提供各具特色的美食满足食客的多样选择，大堂吧提供品牌醇饮（国内外精选啤酒）、福朋特色咖啡与精美小食。这里还拥有850平方米无柱大宴会厅，超过4 000平方米的会议宴会场地可分成14间多变的多功能厅，满足不同的会议、婚宴、寿宴及重大活动的需求。

（二）基于市场细分的酒店服务质量在线评价

根据顾客的出游目的的不同，蒲江花样年福朋喜来登度假酒店的市场可划分为7个类型，见表3-12。从表3-12可以看出，在蒲江花样年福朋喜来登度假酒店的客源类型中，家庭亲子的顾客的比例最高，达到了58.56%；其次是商务出差和朋友出游的顾客，他们的比例分别达到了12.31%和11.21%；情侣出游的顾客的比例为8.57%，代人预订的顾客的比例为2.18%，独自旅行的顾客的比例为4.12%，其他类型的顾客的比例为2.96%。

表3-12　蒲江花样年福朋喜来登度假酒店网络评分市场差异

出游目的	网络评分	样本数量/条	样本比例/%
代人预订	4.96	14	2.18
独自旅行	4.82	27	4.21
家庭亲子	4.57	376	58.56

表3-12（续）

出游目的	网络评分	样本数量/条	样本比例/%
朋友出游	4.74	72	11.21
其他	4.45	19	2.96
情侣出游	4.67	55	8.57
商务出差	4.53	79	12.31

从不同细分市场对蒲江花样年福朋喜来登度假酒店服务质量的顾客的网络评分来看，代人预订的顾客对酒店的评价最高，其网络评分为4.96分；其次是朋友出游和独自旅行的顾客，他们的网络评分分别为4.74分和4.82分；顾客样本中比例最高的家庭亲子的顾客的网络评分为4.57分；情侣出游、商务出差的顾客的网络评分分别为4.67分和4.53分；其他类型的顾客的网络评分最低，为4.45分。

（三）基于房间类型的酒店服务质量在线评价

携程旅行网的有关信息显示，蒲江花样年福朋喜来登度假酒店网络在售共有9种类型的客房，其中售出的客房类型最多的是豪华大床房，其达到了选取样本的28.23%；其次是豪华双床房和豪华房，其比例分别达到了27.43%和17.38%，这三种类型的客房比例累计达到73.04%；酷芽猪猪侠亲子房比例为16.43%，尊贵豪华房、尊贵豪华大床房、精致套房、单间套房、豪华套房占比分别为4.47%、3.35%、1.59%、0.64%、0.48%；单间套房和豪华套房占比均不到1%，酒店应对这两种房型予以重视。蒲江花样年福朋喜来登度假酒店网络评分房型差异见表3-13。

表3-13　蒲江花样年福朋喜来登度假酒店不同房型的网络评分情况

房间类型	网络评分	样本数量/条	样本比例/%
单间套房	4.88	4	0.64
豪华大床房	4.67	177	28.23
豪华房	4.6	109	17.38
豪华双床房	4.65	172	27.43
豪华套房	4.83	3	0.48
精致套房	4.45	10	1.59

表-2(续)

房间类型	网络评分	样本数量/条	样本比例/%
酷芽猪猪侠亲子房	4.52	103	16.43
尊贵豪华大床房	4.33	21	3.35
尊贵豪华房	4.62	28	4.47

由表 3-13 可知,单间套房的网络评分最高,达到了 4.88 分;其次是豪华套房,其网络评分达到了 4.83 分;酒店客房售出比例中较高的豪华大床房、豪华双床房、豪华房的网络评分分别为 4.67 分、4.65 分、4.6 分,顾客评价也较高;尊贵豪华房、酷芽猪猪侠亲子房、精致套房、尊贵豪华大床房评分分别是 4.62 分、4.52 分、4.45 分、4.33 分;顾客网络评价最低的客房类型是尊贵豪华大床房,评分仅有 4.33 分,酒店需要对该房型予以重视。

(四) 基于内容分析的酒店服务质量在线评价

1. 酒店在线点评文本高频词分析

本研究以携程网上对蒲江花样年福朋喜来登度假酒店的 500 余条评论、24 273 个字符在线点评文本作为研究的基础数据,通过 ROST 软件对收集的在线点评文本进行分词处理,提取在线点评文本中出现频次高的词语,并根据在线点评文本中高频词的词频生成蒲江花样年福朋喜来登度假酒店在线点评文本高频词云图 (见图 3-7)。图 3-7 是在线点评文本中出现频率较高的词语,字体的大小代表词语被提及的频次高低。可以看出,"酒店" 被游客在点评文本中提及的次数最高,"环境""服务""早餐""房间""设施""入住""适合" 等构成酒店顾客在线点评文本的核心词语。

根据词语出现的频率高低和词语之间的相关性,本研究使用 ROST 软件中的语义网络分析工具,绘制蒲江花样年福朋喜来登度假酒店在线点评语义网络分析图 (见图 3-8)。图 3-8 中是在线点评文本中出现频率较高的词语,指向词语的线条数越多,即该词语出现的频率越高。从图 3-8 可以看出,蒲江花样年福朋喜来登度假酒店在线点评语义网络图以 "酒店""服务""房间""早餐""环境" 和 "卫生" 为中心,构成顾客在线点评的核心内容,这也是顾客感知最深的几个指标,其他相关词语涉及领域多,主要包括 "设施""孩子""方便""态度""前台" 等中频词,还有被低频提及的 "服务员""停车场" 等词语。这些核心词和其他词语构成了顾客对该酒店的网络口碑评价的主要内容,共同组成了蒲江花样年福朋喜来登度假酒店的在线点评语义网络分析图。

图 3-7　蒲江花样年福朋喜来登度假酒店在线点评文本高频词云图

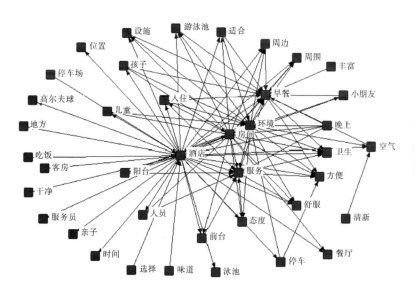

图 3-8　蒲江花样年福朋喜来登度假酒店在线点评语义网络分析图

2. 酒店服务质量在线评价分析

　　蒲江花样年福朋喜来登度假酒店位于有"天然氧吧"之称的蒲江县城，坐落于度假区内，它的定位是高端型酒店，对服务、设备和卫生等方面的要求较高，同时顾客在网络上对酒店的基础服务、设施设备等点评的内容也较多。根据顾客点评高频词的属性，本研究将其分别归属于"基础服务""设施设备""卫生环境"和"体验感知"四个指标中，对该酒店的服务质量在线评价进行分析，每种类别下排序前30位的网络评价词语及词频统计见表3-14。

表3-14　每种类别下排序前30位的网络评价词语及词频统计

排序	基础服务		设施设备		卫生环境		体验感知	
	词语	词频/次	词语	词频/次	词语	词频/次	词语	词频/次
1	酒店	326	房间	154	环境	184	适合	61
2	早餐	130	设施	60	周边	54	方便	42
3	服务	125	游泳池	37	空气	47	舒服	32
4	入住	47	餐厅	30	卫生	38	丰富	25
5	停车	35	地方	30	周围	33	性价比	21
6	前台	34	空调	27	位置	25	满意	17
7	态度	33	阳台	27	安静	24	不足	15
8	服务员	27	泳池	26	清新	20	舒适	15
9	晚餐	22	停车场	19	干净	22	齐全	12
10	自助	17	大堂	17	樱桃山	15	优美	11
11	管理	17	高尔夫球	17	溪谷	13	周到	8
12	自助餐	14	室内	14	恒温	13	休闲	7
13	接待	13	健身房	13	风景	13	五星	7
14	办理	8	硬件	12	门口	11	便宜	7
15	能力	8	客房	12	整洁	8	五星级	6
16	中餐	7	游泳	11	附近	8	合适	6
17	打扫	7	菜品	10	游乐	8	值得	6
18	安排	7	卫生间	10	散步	7	不值	6
19	出行	6	被子	9	绿色	6	失望	5
20	睡觉	6	浴缸	8	景色	6	好评	4
21	排队	5	拖鞋	7	清净	6	开心	4
22	改进	5	球场	7	幽静	5	混乱	4
23	风格	5	水温	7	休息	5	合理	4
24	住店	4	设计	6	度假区	5	好感	4

表3-14(续)

排序	基础服务		设施设备		卫生环境		体验感知	
	词语	词频/次	词语	词频/次	词语	词频/次	词语	词频/次
25	打电话	4	电影	6	清静	5	便利	4
26	行李	4	客厅	6	视野	4	惬意	3
27	品质	4	车位	5	窗外	4	漂亮	3
28	软件	3	高速	5	别墅区	4	鸡肋	3
29	洗漱	3	更衣室	5	绿化	4	美中不足	3
30	洗澡	3	电视	5	大溪	4	垃圾	2

（1）基础服务网络评价。

酒店人员的工作素养和精神素养成为顾客的主要关注点，也成为衡量酒店服务质量的关键点。从基础服务网络评价的高频词中可以看出，"酒店""早餐"和"服务"这三个词语总共出现了581次，在基础服务网络评价词频率中占比高达62.5%，由此得出其不仅是酒店网络评价的核心词，也是基础服务网络评价的重要组成部分，但该类词语以差评为主，如"早餐"主要是指早餐种类少、开放时间短。其次，"入住""停车""前台""态度"等属于酒店人员工作范畴的词语，对其的点评次数属于中频，有被提及的主要是"入住等待时间长""停车麻烦""服务人员态度差"等问题。再次，"打扫""排队""行李"等多个词语也被低频提及，主要也是酒店工作人员的工作范畴。该酒店人员的素质受到广泛差评，多是指他们的工作态度和技能不够成熟，甚至在最基础的入住接待方面也表现得不够专业和拖沓。作为一家高端型品牌酒店，顾客对它的期望值自然很高，而期望与现实的落差就导致了对酒店的差评。目前国内很多品牌酒店为了减少人力成本，会引进大量的实习生，而蒲江花样年福朋喜来登酒店正是如此。实习生大多流动性大、责任心不高、缺乏专业培训，大量使用实习生会造成在基层岗位中专业性人才的缺失，这也是造成酒店服务质量差的重要原因。

（2）设施设备网络评价。

客房收入在酒店收入中占较大比重，由此得出设施设备的评价往往一定程度上决定了酒店服务质量的评价。从表3-14可以看出，提及最多的词语是"房间"，高达154次，占比26.1%；其次较多的是"设施""游泳池""餐厅"和"阳台"等酒店的相关产业链评价。从词语频率来看，顾客点评对各项设施设备的提及频率并无太大差异；从词语类型来看，涉及的设施设备主体类型丰富，从显眼的"餐厅""阳台"到细节的"电视""更衣室"均有提及。近些年来，顾客对于酒店服务质量的满意度不止着眼于酒店的住宿功能，其关注点变得愈发广泛，如高端型酒店的"美学细节"是它不同于其他类型酒店的亮点之一，由此顾客也更关注酒店内部其他相关设施设备是否周全到位。由评论得知，被提及的"高尔夫球"是指未开放高尔夫球场，被提及的"健身房"是指未按时开放，即对所提及的设施设备多以差评为主，完备的设施设备却未能得到充分的利用。蒲江花样年福朋喜来登度假酒店属高端型酒店，设施设备较完整先进，如"游泳池""健身房""球场"等硬件设备应有尽有，但对设施设备的管理仍然欠妥。由评价得知，顾客关注得更加细致，除开酒店本身附属的、外在可见的设施设备外，顾客对房间里的设施设备的点评也非常到位，大多用了负面的形容词，如对"电视"是指坏了没有进行检修，这仍然属于设施设备的管理问题。

（3）卫生环境网络评价。

蒲江花样年福朋喜来登度假酒店的环境一直是它对外宣传的标志性优势，很多顾客选择它也是因为它的卫生环境好，而且它作为一家高端型酒店，也应更加注重酒店的卫生环境。从评价体系中看出，其卫生环境网络评价大致可分为两类，即地理位置的描述和对环境的评价。一方面是关于地理位置的描述，"环境""周边""樱桃山""溪谷"和"大溪"等词语总共出现 266 次，占比高达44.3%；另一方面是关于环境的评价，"安静""整洁""清新"等好评词语也高频率地出现，而且大多数顾客在评论时都会附上对卫生环境的点评，这表明顾客对该酒店的卫生环境颇为满意。综合看来，在卫生环境网络评价中顾客满意度甚高，特别是对周边的绿化与空气，甚至基本零差评，这表现出顾客对酒店卫生环境的充分肯定。这样的好评离不开酒店优越的选址，酒店建在大溪谷别墅区内，空气清新自然；毗邻樱桃山旅游景区和甘溪明月村，加深了酒店自身的附属价值。而且从酒店自身来看，作为一家连锁型高端酒店，集团对于酒店卫生环境的把控管理相当成熟。

（4）服务质量体验感知。

根据"体验感知"中高频词的情感态度，本节将其分为负面评价和正面评价，其中负面评价的词语有 7 个，正面评价的词语有 23 个。蒲江花样年福朋喜来登度假酒店以其优越的地理位置和生态自然环境获得了好评，"适合""方便""舒服"等词语被高频提及是对它自身的最大肯定。虽然对于蒲江花样年福朋喜来登度假酒店的评价以正面为主，但负面评价的比例也不容忽视，占到了 23%。"鸡肋""差评""不值"等含有极度负面影响的词语的出现，无疑是其服务质量在网络评价中极大的败笔。顾客在进行选择时，一家酒店的口碑是选择的重要影响因素，此类含有极度负面影响的词语一旦被看到，此酒店在顾客心目中的印象将会大打折扣。在接受此类负面评价时，第一，酒店的应急措施做得不够到位，从携程上的评论看，酒店会回复顾客的评论，但大多是敷衍话语，当顾客强烈地指出问题并给予差评时，酒店也以事先准备好的说辞一笔带过，并没有客观地、详尽地、具有针对性地回复顾客的质疑，这样容易让其他顾客产生偏见；第二，纵观数条评论，其时间跨度长，但并没有改变它时常受到关注的现状，这表明酒店缺少管理升级和内部总结。但总的来说，评价以正面为主是酒店综合形象的整体优化结果，如环境的"舒适"和交通的"方便"大大弥补了其他不足，使顾客能优先选择入住该酒店。

（五）酒店服务质量管理提升建议

本研究使用内容分析法对蒲江花样年福朋喜来登度假酒店的在线点评文本进行系统分析发现，酒店的网络服务质量评价以正面为主，酒店凭借其较为完备的设施设备和优越的卫生环境被大部分顾客认可，但在同类星级酒店中该酒店的基础服务稍显落后，设施设备的管理和应用能力欠缺。针对存在的问题，本研究提出以下建议。

1. 注重形象提升，强化从业人员能力

酒店属于典型的劳动密集型行业，管理由大量细节组成，细节构成了服务质量的基础。在基础服务网络评价体系中，服务人员的态度和专业度多次被提及，所以要加强员工的准入制度、职前培训和在职培训，在服务过程中要体现出其专业性，尤其在用词和表情上要加强管理；加强员工的企业文化认同感，通过文化渗透，把酒店的形象交给员工在无形间去塑造。

2. 明确服务对象，提供个性化定制服务

根据酒店的定位和评价，本研究发现，酒店的服务对象是以休闲度假的年轻人和公事出差的商务人士为主。针对休闲度假的年轻人来说，酒店服务要体现年轻化和现代化，不能过于传统和死板，要传递人性和亲近的服务理念，注重细节，把握服务的最佳舒适度；其次针对商务人士来说，在服务过程中要体现"谨慎"和"精准"，酒店 24 小时的无线网络、准点的叫醒服务和安静的环境等多方面的把控，把高质量的服务落实在细节中。

3. 充分定位，丰富旅游服务产品种类

在对酒店的卫生环境评价体系中，对环境和地理位置的描述多以正面词语为主，这表明酒店的定位较清晰，但仍有进步空间。酒店位于度假区内，空气清新，环境安逸，这是自身优势。酒店应在自身优势的基础之上，对自身定位进行升华，结合周边的旅游资源，开发周边产品。酒店可以在前台设置旅游咨询点，为顾客提供周边旅游的信息介绍以及和当地旅行社合作，以一日游的形式向顾客提供旅游服务。这样不仅能促进旅游业与酒店业的紧密合作，也能丰富酒店的服务定位。

4. 顺应形势，借力宣传和营销

酒店本身有优越的品牌支撑，且发展背景和市场口碑都较好，加上酒店自身条件和形象工程也很优秀，所以酒店管理者应该抓住时机宣传。虽然酒店在携程上的评分高达 4.5 分，但和其他同类酒店相比其销售量仍相对偏低，所以酒店管理者要审视当今酒店行业的新形势，不仅仅专注于价格的比拼，更要顺应形势，转变传统的着力点，立足于"互联网+"，借助 B2B、B2C 等电商平台来实现网络营销渠道的拓展，增强线上推广与宣传的营销力度，逐步尝试网络营销带来的便利，这样酒店才能得到长远的发展。

5. 定期更新设施设备，提升硬件服务质量

顾客的线上评价中，提及蒲江花样年福朋喜来登度假酒店的设施设备的词语种类多、频率高，表明顾客对设施设备的关注度高。本研究建议酒店成立相关小组部门负责设施设备的维护工作，形成制度化，切勿以个人喜好来决定设施设备的维护。对设施设备的更新完善要做到定期、主动，对老旧设备要及时检查和维修，以防出现不必要的安全隐患，要把危险扼杀于摇篮中；并且要主动跟上设施设备的换代步伐，加大筹备资本的投入，给顾客一种现代化、科技化的居住感。在顾客居住期间，如果设施设备出现问题，要联系维修部门及时进行维修，如果不能短期性修理的，应为客人更换房间。

6. 制订负面评价应对方案

网络信息可在短时间内进行大范围的传播，酒店应提早建立负面评价的应对方案，以避免网络差评对酒店经营造成较大的负面影响。从酒店在携程上的评价来看，酒店方对网络上的差评多采用回避的方式，回答敷衍而笼统，没有正面回复。对于消费者所反映的酒店在服务和设施设备等方面存在的问题，酒店应该明确制订有关产品和服务问题的赔偿和解决方案，并在产品销售和提供服务的过程中提早告知顾客。处理某些极具争议的问题的时候，酒店方更要耐心细致地与顾客当面沟通，把事情的影响度降到最低，防止不实消息和不良影响的扩散，最大限度地降低对酒店的名誉损害。

注：本节部分内容系乐山师范学院旅游学院 2016 级酒店管理专业陈若兰毕业论文（设计）成果，其指导教师为冯晓兵。

五、西安华清御汤酒店服务质量网络评价研究

（一）酒店简介

西安华清御汤酒店坐落于国家 5A 级景区华清宫旁，酒店建筑风格是仿唐建筑，拥有天然御用温泉，环境悠然寂静，酒店是一个集旅游观光、住宿、会展、商务、餐饮等为一体的绝佳度假胜地，可以让顾客在这六千年来不曾停歇的泉水间、在轻雾缭绕的气度中感受帝王的视野、享受尊贵的温泉体验服务。新唐宫设计在这"皇家别苑"中，酒店按照"一区九苑"的空间结构，打造九个不同主题的苑区，更拥有陕西地道菜色、唐宫历史菜系为主的御膳苑。让顾客不论身在何处，在一山一树之间，一片又一片蓝灰砖瓦、一层又一层宫殿景致都映入眼帘。极简大方的新唐宫房屋设计，源源不断的御汤温泉水，流进了每一个独特雅致的宫苑房型，顾客泡在清澈畅暖的泉水中，仰望可观骊山山景，俯首可闻香茶淡淡气息，将唐宫养生风范，留于一身。

（二）基于市场细分的酒店服务质量在线评价

根据顾客的出游目的的不同，西安华清御汤酒店的市场可划分为 7 个类型，见表 3-15。从表 3-15 可以看出，西安华清御汤酒店的顾客的类型中，家庭亲子的顾客的比例最高，达到 61.07%，是酒店的核心客源市场；其次是情侣出游的顾客，其比例达到了 18.40%；朋友出游的顾客的比例为 11.66%，代人预订的顾客的比例为 0.53%，独自旅行的顾客的比例为 2.35%，商务出差的顾客的比例为 3.48%，其他类型的顾客的比例为 2.51%。

表 3-15 西安华清御汤酒店网络评分市场差异

出游目的	网络评分	样本数量/条	样本比例/%
代人预订	4.6	10	0.53
独自旅行	4.92	44	2.35
家庭亲子	4.92	1 142	61.07
朋友出游	4.89	218	11.66

表3-15(续)

出游目的	网络评分	样本数量/条	样本比例/%
其他	4.85	47	2.51
情侣出游	4.87	344	18.40
商务出差	4.82	65	3.48

从不同细分市场对西安华清御汤酒店服务质量的网络评分来看,独自旅行和家庭亲子的顾客对酒店的评价最高,其网络评分为4.92分;其次是朋友出游的顾客,其网络评分为4.89分;顾客样本中比例最高的家庭亲子的顾客的网络评分为4.92分,其他类型、情侣出游、商务出差的顾客的网络评分分别为4.85分、4.87分、4.82分;代人预订的顾客的网络评分最低,为4.6分。西安华清御汤酒店所有细分市场的顾客网络评分都在4.6分以上,顾客满意度较高。

(三)基于房间类型的酒店服务质量在线评价

携程旅行网的有关信息显示,西安华清御汤酒店网络在售共有13种类型的客房,其中售出的客房最多的类型是尊尚汤屋,其达到了选取样本的36.15%;其次是尊享汤屋,其比例达到了28.22%,这两种类型的客房比例累计达到64.37%;精品客房和尊荣汤屋所占比例为11.90%和11.32%,尊容汤屋跃层套房、尊荣汤苑、尊享汤屋双床房、尊享汤屋大床房占比分别为3.51%、2.93%、1.38%、1.15%;豪华大床房、尊尚汤屋大床房、尊尚汤屋双床房、尊尚汤苑大床房、尊尚汤苑双床房所占比例分别为0.52%、0.86%、0.57%、0.80%、0.69%,这五种房型占比均不到1%。西安华清御汤酒店网络评分房型差异见表3-16。

表3-16　西安华清御汤酒店不同房型的网络评分情况

房间类型	网络评分	样本数量/条	样本比例/%
豪华大床房	5	9	0.52
精品客房	4.94	207	11.90
尊荣汤屋	4.92	197	11.32
尊荣汤屋跃层套房	4.9	61	3.51
尊荣汤苑	4.74	51	2.93

表3-16(续)

房间类型	网络评分	样本数量/条	样本比例/%
尊尚汤屋	4.9	629	36.15
尊尚汤屋大床房	4.67	15	0.86
尊尚汤屋双床房	4.65	10	0.57
尊尚汤苑大床房	4.83	14	0.80
尊尚汤苑双床房	4.81	12	0.69
尊享汤屋	4.92	491	28.22
尊享汤屋大床房	4.97	20	1.15
尊享汤屋双床房	4.93	24	1.38

由表3-16可知，豪华大床房的网络评分最高，达到了5.0分，也是顾客唯一评价满分的客房类型，但这与样本数量较低有关系；其次是尊享汤屋大床房，其网络评分达到了4.97分；酒店客房售出比例中较高的尊尚汤屋、尊享汤屋和精品客房的网络评分分别为4.9分、4.92分和4.94分，顾客评价也较高；尊荣汤屋双床房、尊荣汤屋、尊荣汤屋跃层套房评分分别为4.93分、4.92分、4.9；尊尚汤苑大床房、尊尚汤苑双床房、尊荣汤苑、尊尚汤屋大床房评分分别为4.83分、4.81分、4.74分、4.67分；顾客网络评价最低的客房类型是尊尚汤屋双床房，其评分仅有4.65分，但是样本数量较少。

（四）基于内容分析的酒店服务质量在线评价

1. 酒店在线点评文本高频词分析

本研究使用ROST软件的分词功能，将顾客在线点评文本进行分词处理，并对提取出来的词语进行出现频次统计。根据在线点评文本中高频词的词频生成西安华清御汤酒店的在线点评文本高频词云图（见图3-9），图3-9中是在线点评文本中出现频率较高的词语，字体的大小代表词语被提及的频次高低。可以看出，"服务""温泉"被顾客在点评文本中提及的次数较高，构成酒店的核心产品；"房间""骊山""早餐""免费""入住""人员"等词语被提及的次数也较多，这些高频词共同构成酒店顾客在线点评文本的核心词。

图 3-9 西安华清御汤酒店在线点评文本高频词云图

根据词语出现的频率高低和词语之间的相关性，本研究采用共现分析法构建高频词的共现矩阵，使用 ROST 软件中的语义网络分析工具，绘制西安华清御汤酒店在线点评形象语义网络图（见图 3-10）。图 3-10 中所出现的词语是顾客点评文本中的高频词，词语之间的连线代表两者之间的关系。从图 3-12 可以看出，西安华清御汤酒店在线点评形象语义网络图以"酒店、房间、服务、温泉、长恨歌、环境、景区、早餐"为中心，构成顾客在线点评的核心内容。其他词语围绕中心词共同构成西安华清御汤酒店在线点评形象语义网络图。如与"房间"相连接的"方便""水果""免费""设施"等词语表现出酒店房间的设施状况及所提供的免费水果等；与"服务"相连接的"长恨歌""早餐""入住""贴心"等词语表现出酒店良好的服务及服务类型；围绕"酒店"的相关词语有"房间""人员""温泉""位置""景区"等，体现了酒店所处位置及酒店类型等。

2. 酒店服务质量在线评价分析

酒店产品是有形设施设备和无形劳务服务的结合，本研究从"基础服务、设施设备、卫生环境、体验感知"四个方面对西安华清御汤酒店的服务质量进行在线评价，将西安华清御汤酒店网络文本中的高频词，按照上述四个方面进行相应的分类，并且统计其频次，最后得出西安华清御汤酒店服务质量网络评价体系的词语统计表。每种类别下排序前 24 位的网络评价词语及词频统计见表 3-17。

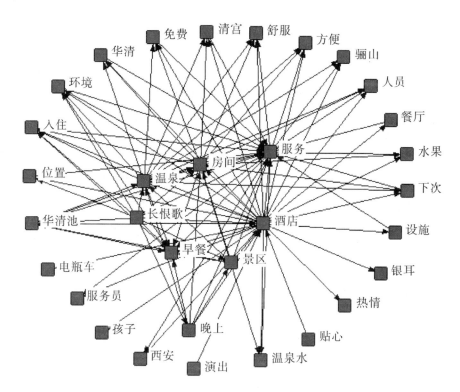

图 3-10　西安华清御汤酒店在线点评语义网络图

表 3-17　每种类别下排序前 24 位的网络评价词语及词频统计

排序	基础服务		设施设备		卫生环境		体验感知	
	词语	词频/次	词语	词频/次	词语	词频/次	词语	词频/次
1	服务	936	房间	712	骊山	184	贴心	127
2	温泉	727	餐厅	164	华清宫	251	热情	111
3	早餐	384	温泉水	155	位置	195	满意	110
4	人员	222	设施	136	兵马俑	54	周到	95
5	免费	203	电瓶车	106	景点	51	值得	91
6	服务员	166	汤池	61	安静	43	丰富	84
7	演出	127	客房	58	卫生	42	好吃	79
8	贴心	127	停车场	47	风景	40	到位	77
9	银耳	122	池子	38	装修	40	干净	76

表3-17（续）

排序	基础服务		设施设备		卫生环境		体验感知	
	词语	词频/次	词语	词频/次	词语	词频/次	词语	词频/次
10	水果	122	硬件	37	园林	29	享受	55
11	热情	111	泉池	35	惬意	28	优美	53
12	门票	105	冰箱	28	地理	24	完美	50
13	前台	96	空调	25	临潼	22	舒适	42
14	接送	91	建筑	25	古色古香	22	五星级	37
15	饮料	68	房型	24	得天独厚	18	精致	36
16	晚餐	61	大堂	22	清幽	16	感谢	35
17	停车场	47	水质	21	照明	15	物有所值	27
18	员工	28	园区	20	放松	14	值得	27
19	咖啡	23	面积	18	温馨	14	亲切	24
20	预定	17	演出票	15	小院	14	榜样	24
21	蛋糕	17	淋浴	14	无可挑剔	14	感动	20
22	小吃	15	隔音	14	放松	14	愉快	14
23	入住	282	索道	47	空气	14	性价比低	3
24	管家	68	细节	31	茶渍	6	房型差	2

（1）基础服务网络评价。

在基础服务网络评价的高频词中，"服务""温泉"和"早餐"出现的次数最多，构成西安华清御汤酒店的核心服务。在"基础服务"指标中"服务员"出现了166次，这说明顾客对服务员的评价总体来说是偏正向的，多条住客评论对服务员的服务态度表示满意，如有顾客评论到"服务很贴心，有需要的地方，服务员在3分钟之内送达"。在评价酒店服务质量中，酒店服务人员的素质、态度、技能、情商等成为其重要的构成要素。在顾客点评中多次提到酒店提供了宾至如归的服务，"微笑服务"理念无疑为酒店服务质量加分。

"演出""预定""门票"这三个词语出现的频率较高，可以看作积极因素来提升住客的入住体验感。西安华清御汤酒店处于华清宫景区内，酒店客房套餐包括长恨歌演出票，并且酒店提前为住客预定演出座位以提供更好的观感，凭借酒店的手环可以免费自由出入华清宫，点评中多次出现住客对于酒店帮助预定演出表达感激。酒店免费提供的"银耳""水果"和"饮料"受到多数顾客的推崇，"前台"出现的频率也较高，顾客对于前台的服务多数是偏向正向的评价。前台是顾客在办理入住时接触最多的，前台服务人员为顾客提供了热情周到的服务，给顾客带来良好的第一印象；但也有客人因不小心打碎杯子在与前台协商的过程中，遭受到刁难，这应该引起酒店管理人员的重视。

（2）设施设备网络评价。

西安华清御汤酒店是一个建成时间不久的新型酒店，因此酒店客房内部设施设备都较新。酒店的整体布局及酒店客房内部的细节设计都体现"唐文化"的主题，充分将唐代的建筑设计及屋内布局还原到酒店的每一个细节中。从西安华清御汤酒店的网络文本分析来看，顾客对其设施设备的评价总体上是积极正向的。客房、餐饮、综合服务设施的收入情况决定了酒店的总体收益，对于顾客而言，酒店最核心的功能是提供住宿。顾客在住店期间，逗留时间最长的是客房，客房设施设备的服务质量成为影响顾客满意度的关键因素。在"设施设备"这一指标中，有关客房的词语就有 11 个，可见客房的设施设备质量对于顾客感知的影响较大。"房间""汤池""水质"出现的频率较高，大多都是正向评价，住客对于酒店所提供的温泉水质及温度较满意，但是也有一些顾客对于酒店温泉供应的时间表示不满，认为早上温泉开始供应的时间太晚，这方面酒店需要做出相应的调整。与客房相关的词语还有"冰箱""空间""面积""淋浴""隔音"等，部分顾客反映酒店客房的浴室空间过小，使用时给人局促之感，影响顾客的入住体验；还有部分顾客反映在夜晚时，温泉水流声音较大，房间的隔音效果差，晚上休息时受到影响以及酒店对于特殊人群的需求考虑不够周到，如残疾人设施的缺乏等。

（3）卫生环境网络评价。

在分析西安华清御汤酒店"卫生环境"指标时，本研究发现，顾客对酒店的卫生环境总体上表现出积极正向的态度。首先是对酒店所处的地理环境的评价，"骊山""兵马俑""临潼""华清宫"等词语表现出酒店所处的地理位置，顾客对于酒店选址是比较认同的；西安华清御汤酒店位于国家"5A"级景区华清宫旁，酒店拥有着御用温泉及骊山的天然氧吧，占据了得天独厚的地理位置。其次，是对酒店所处外部环境的评价，西安华清御汤酒店以"师法自然"的理念，突出"唐、禅、清、养"主题，山、水、林、石、自然融合，亭、轩、廊、阁相映成趣。"园林""空气""小院"等词语是对酒店所处外部环境资源所进行的描述，而"安静""惬意""放松""清幽"等词语是对酒店的外部环境资源的评价，显然评价都是积极正向的，顾客对酒店所处的外部环境较满意。最后,"卫生""装修""温馨""古色古香"等词语是对于酒店内部环境的描述与评价,顾客对于酒店内部环境的赞誉较高。作为温泉型酒店,保持酒店内部环境卫生是极其重要的。但是也有一些顾客反映酒店的照明系统不够好,到了晚上照明设备较少、光线暗,造成顾客极大的不方便;汤池旁边的客房卫生方面,有顾客反映沙发垫上有很多污渍,看上去很老旧;健身房空间较小、位置较偏,不方便顾客的使用,并且霉味较重,酒店需要在以后的工作中进一步解决这些问题。

(4) 服务质量体验感知。

本研究对网络文本中高频词进行分类后,其中所属"体验感知"指标的高频词表达的情感态度,可以分为三类,即正向评价、中性评价、负面评价。在西安华清御汤酒店的在线网络文本中的高频词有 20 个是正向评价,有 2 个是中性评价,负面评价有 2 个。总体来看,对于西安华清御汤酒店的评价以正面评价为主,顾客对于酒店所提供的服务较满意。西安华清御汤酒店借鉴古行宫文化与盛唐文化,拥有新型且带有唐代文化气息的设施设备及亲和、无微不至的服务,是一个集温泉、度假、会议、住宿、餐饮等功能于一体的温泉度假型酒店。对于酒店网络评价中的"性价比"这一指标,不同的顾客有不同的想法,有的顾客认为性价比较高,如"值得""物有所值"等词语出现 27 次;而有的顾客认为性价比较低,酒店服务与价格不对等,认为酒店的价格偏高,如"性价比低"这一词语出现 3 次。"房型差"等词语是属于负面评价这一类,这部分顾客对酒店为自己升级或更换的房型不太满意。

本研究进一步采用情感倾向分析工具发现:在酒店网络评价文本中积极情绪占总体的 92.48%,中性情绪占 0.17%,而消极情绪占 7.36%。与此同时,进一步对酒店网络评价文本中的积极情绪和消极情绪的偏向程度进行统计,以一般、中度、强度的分段进行统计(见图 3-11),可以看出,其中积极情绪按照上述分段比例依次是 10.66%、15.54%、66.28%,消极情绪的分段中一般和中度比例是 0.74% 和 0.74%。在网络评价文本中积极情绪和中性情绪的合计比例约为 92.65%。根据这组数据的对比分析,本研究发现西安华清御汤酒店虽然开业时间不久,但是口碑较好,得到了多数顾客的积极评价与宣传。尤其是其优质的服务质量和干净的温泉水质让顾客给出了满意的评价,较少的消极评价"性价比低"等词语是对酒店价格略高所提出的问题,酒店应做出相应的调整。

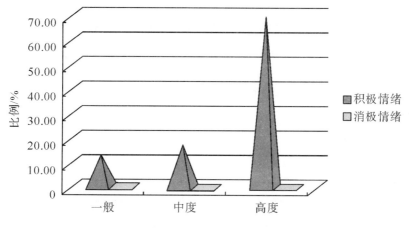

图 3-11　西安华清御汤酒店点评文本情感倾向统计

（五）酒店服务质量管理提升建议

通过对西安华清御汤酒店的在线评价文本进行分析，本研究发现顾客对该酒店整体持有积极正向的评价态度。作为一个温泉度假型酒店，其优质的服务和幽静的环境得到顾客的认可，但顾客的在线点评文本暴露出了一些在基础服务、设施设备和卫生环境方面存在有影响顾客体验感的问题。在此，本文提出以下管理建议，解决酒店存在的服务质量问题。

1. 重视在线点评，及时给予顾客反馈

酒店应对在线点评内容给予重视，成立专门的小组或派专门的人员关注酒店的点评内容。针对对酒店服务有不满的顾客，应及时回复顾客以表示对顾客所提出的问题的重视，与顾客进行耐心的交流沟通，深入了解顾客不满的原因，并态度诚恳地向顾客道歉，并向顾客表示会对不满的方面进行完善，安抚顾客的不满情绪。西安华清御汤酒店基本上对每位顾客的留言评价均有回复，但回复的内容不具针对性，酒店相关人员应根据住客的问题进行分类，切实地进行回复。酒店应注重客户关系管理，鼓励顾客分享自己的入住体验，对评论内容无论是正面还是负面，都应保持诚恳的态度，为客人表示感谢，荣幸为他们服务，并欢迎顾客下次入住。

2. 优化房间设计，合理布局设施设备

酒店的有形服务主要是以硬件的设施设备为依托，设施设备的布局及使用性能对酒店的服务质量产生很大影响。西安华清御汤酒店刚开业 3 年，各项设施设备的使用磨损度并不大，酒店应该派专人对其进行定期保养。对于酒店客房应重新规划，扩大浴室的空间，采用简单大方的设计风格，增加宽敞度，提升顾客的入住体验；对于酒店室外的照明系统，酒店相应部门应对酒店的照明设备进行逐一调试，适当增加照明设备，并且在顾客出行较多的区域安置亮度较高的设备，给予顾客更多安全感，降低夜晚出行的不便；对酒店客房应采用较好的隔音材质设备，减少夜晚温泉水声对客人的影响，使客人得到更好的休息环境。

3. 重视员工培训，培养员工多元发展

酒店对顾客提供的服务当中，对于顾客而言，能感受到有温度、有差距的服务是无形服务。酒店想要顾客有宾至如归的感觉，前提是培养酒店服务人员的认知。酒店应定期举办酒店内部员工活动，如定期的团建活动、为员工举办生日会、专业技能与其他生活技能大赛等，增强员工对酒店的认同感，为员工创造一个轻松愉快的工作环境，使员工真切地感受到自己与酒店是一家人，自己是这大家庭中的一员，唯有这样才能使服务人员更好地向顾客传递这份家的感觉。此外，酒店还应建立一套合理的员工激励机制，对当月表现较好的员工进行精神上的鼓励及物质上的奖励，提升员工工作的积极性；加强对员工的培训，使员工了解酒店业发展的前沿趋势，多组织员工进行学习，尤其西安华清御汤酒店是以唐文化为主题的酒店，员工应该习得更多唐代文化的知识，以更好地传达给顾客。

4. 注重细节设计，突出酒店主题文化

在西安华清御汤酒店的点评文本中有不少唐文化的爱好者对酒店的设计表示赞同，多数顾客都是为了来享受"春风拂槛露华浓""温泉水滑洗凝脂"的雅韵。酒店应进一步深化其主题，可以参照现代主题酒店的一些做法，将服务人员的工作服饰统一，采用与本酒店主题文化相一致的唐装，并且可以为员工制定一系列的唐风称呼，增加酒店的统一协调感。御膳苑是西安华清御汤酒店为顾客提供餐饮服务的场所，应该进一步挖掘千年陕菜餐饮文化，将古代的宫廷菜肴呈上餐桌，刺激顾客的味蕾，并且提供带有唐代瓷器特色的餐具，进一步继承和发扬唐代的饮食文化；设计更多的活动来吸引顾客的眼球，举办一系列的"唐文化+"主题活动，如唐服体验、唐妆体验、唐茶品尝、唐锦文化欣赏等，配备专门的服务人员邀请顾客一起参加活动，增强入住体验感。

5. 加强卫生监督，保持酒店干净整洁

西安华清御汤酒店属于温泉度假型酒店，酒店很大程度上依赖于自然环境，正是这天然的温泉、旖旎秀美的山水风光和干净的内部环境造就了酒店的核心竞争优势。酒店应进一步加强卫生环境的监督，对客房卫生进行抽查，保证客房中浅色沙发套的干净整洁度，定期进行更换，也可对沙发套的色系进行调整；及时清除地毯上的污渍，并定期进行更换；针对健身房的问题，可对其位置进行重新布局，选择一处距离客房较近的位置，方便顾客使用，并保证健身房的时刻通风，在室内放置除湿剂，为顾客提供一个良好的健身环境。

　　注：本节部分内容系乐山师范学院旅游学院 2016 级酒店管理专业王欣馨毕业论文（设计）成果，其指导教师为冯晓兵。

第四章　经济型酒店的实践案例

一、内江滨江假日酒店服务质量网络评价研究

（一）酒店简介

内江滨江假日酒店 2019 年开业，共 344 间房，是全球知名酒店管理集团——洲际酒店集团（IHG）管理的入驻内江市的国际品牌酒店。内江滨江假日酒店坐落于繁华的沱江江畔，坐拥秀丽江景和都市盛景，距离成渝高速路入口约 10 分钟车程，距离内江高铁站约 15 分钟车程。344 间风格时尚清新的客房，江景在侧，灯火相望，为宾客带来极致的睡眠体验。无论是休闲度假，还是商旅出行，抑或是会议婚礼，内江滨江假日酒店都是顾客的理想选择。

（二）基于市场细分的酒店服务质量在线评价

从表 4-1 可以看出，内江滨江假日酒店的客源类型中，家庭亲子和商务出差的顾客的比例较高，分别达到了 39.66% 和 31.03%，两者累计达到酒店客房售出比例的 70.69%；朋友出游的顾客的比例为 8.62%，独自旅行的顾客的比例为 5.17%，其他类型的顾客的比例为 3.45%；代人预订的顾客的占比最低，为 1.72%。

表 4-1　内江滨江假日酒店网络评分市场差异

出游目的	网络评分	样本数量/条	样本比例/%
代人预订	5	1	1.72
独自旅行	4.93	3	5.17
家庭亲子	4.9	23	39.66

表4-1(续)

出游目的	网络评分	样本数量/条	样本比例/%
朋友出游	5	5	8.62
情侣出游	4.83	6	10.34
商务出差	5	18	31.03
其他	5	2	3.45

从不同细分市场对酒店服务质量的网络评分来看，由于内江滨江假日酒店是一家新开业的酒店，网络评论的样本数量较少，酒店的网络评分整体较高，代人预订、朋友出游、商务出差和其他类型的顾客的网络评分都是满分，达到5.0分；网络评分最低的细分市场的顾客是情侣出游，但也达到了4.83分，独自旅行和家庭亲子的顾客的网络评分分别为4.93分和4.9分。

(三) 基于房间类型的酒店服务质量在线评价

根据携程旅行网相关数据，内江滨江假日酒店共有3种类型的网络在售客房，其中售出客房最多的类型是豪华房，其达到了选取样本的82.76%；其次是江景房，其比例为15.52%；精致套房的比例为1.72%。相比其他酒店来说，内江滨江假日酒店的客房类型较少。内江滨江假日酒店网络评分房型差异见表4-2。

表4-2　内江滨江假日酒店不同房型的网络评分情况

房间类型	网络评分	样本数量/条	样本比例/%
豪华房	4.93	48	82.76
江景房	5.00	9	15.52
精致套房	5.00	1	1.72

由表4-2可知，江景房和精致套房的网络评分都达到了5.0分，酒店客房售出比例最高的豪华房网络评分为4.93分，内江滨江假日酒店三种类型的客房网络评分都在4.9分以上，表现出较高的服务质量，说明顾客的满意度较高。

(四) 基于内容分析的酒店服务质量在线评价

1. 酒店在线点评文本高频词分析

本研究使用ROST软件的分词功能，将顾客在线点评文本进行分词处理，并对提取出来的词语进行出现频次统计，即统计内江滨江假日酒店顾客网络点评文本中出现的高频词。由于文本的限制，没办法将高频词一一显示出来，表4-3是内江滨江假日酒店在线点评文本出现频次在前100位的词语统计。内江滨江假日酒店开业的时间不长，顾客的点评内容不多，所以词语出现的频次都不是很高，图4-1是内江滨江假日酒店在线点评文本高频词云图，图中字体的大小与词语在顾客点评文本中出现的频次的高低直接相关。

表4-3　内江滨江假日酒店在线点评文本出现频次在前100位的词语统计

词语	频次/次	词语	频次/次	词语	频次/次	词语	频次/次
酒店	62	停车	5	问题	3	绝对	2
服务	35	下次	5	感谢	3	一如既往	2
早餐	33	江景	5	免费	3	改进	2
房间	20	超级	5	大气	3	服务员	2
环境	15	大堂	5	态度	3	漂亮	2
前台	14	丰盛	5	合理	3	西餐厅	2
内江	13	干净	4	性价比	3	小孩	2
味道	13	临江	4	一流	3	视野	2
丰富	12	新开	4	品种	3	风景	2
江景房	10	舒适	4	夜景	3	失望	2
升级	9	五星	4	值得	3	惬意	2
方便	9	好吃	4	停车场	3	优秀	2
装修	8	浴缸	4	第一次	2	便利	2
热情	8	硬件	4	配置	2	连锁	2
假日	8	开业	4	员工	2	安排	2
选择	7	景色	4	师傅	2	完美	2
人员	7	豆浆	4	外面	2	牛奶	2
游泳池	7	满意	4	戴泳帽	2	不久	2
位置	6	设施	4	出差	2	可爱	2
贴心	6	周围	4	市中心	2	健身房	2
舒服	6	安静	3	甜品	2	新鲜	2
沱江	6	洲际	3	水果	2	吃饭	2

表4-3(续)

词语	频次/次	词语	频次/次	词语	频次/次	词语	频次/次
入住	6	小朋友	3	水质	2	适合	2
餐厅	5	交通	3	条件	2	惊喜	2
自助餐	5	体验	3	品质	2	唯一	2

图 4-1　内江滨江假日酒店在线点评文本高频词云图

　　由表 4-3 可知，出现频次最高的词语是"酒店"，其出现频次达到了 62 次；其次是"服务"和"早餐"，其出现频次分别为 35 次和 33 次；其他出现频次在 10 次以上的词语分别是"房间""环境""前台""内江""味道""丰富""江景房"。根据词语的属性大致可以发现，顾客的在线点评文本内容主要集中于酒店自身及周边环境简介、酒店服务及设施设备以及顾客对酒店服务及设施设备的评价三类。酒店自身的简介主要是对酒店品牌、位置、周边环境的介绍，如"酒店""环境""内江""假日""沱江""江景""临江""夜景""新开""五星""洲际""市中心"等词语。描述酒店提供软性服务的词语主要有"服务""升级""入住""停车""态度""员工""服务员"等；描述酒店提供的有形餐饮产品的词语有"自助餐""豆浆""甜品""水果""牛奶"等；描述酒店硬件设施设备类的词语主要有"房间""前台""江景房""游泳池""餐厅""大堂""浴缸""硬件""设施""停车场""健身房""西餐厅"等。对酒店服务及设施设备的评价类词语中，对酒店服务评价的词语有"丰富""方便""热情""贴心""舒服""舒适""满意""一流""一如既往""失望""完美""适合""惊喜"等；对酒店设施设备评价的词语有"干净""好吃""大气""漂亮""便利""新鲜"等。

本研究通过分词处理，提取内江滨江假日酒店网络评价文本中出现的高频词，根据高频次的共现频率，利用 ROST 软件的语义网络分析工具描绘整理出内江滨江假日酒店在线点评语义网络图（见图4-2）。从图4-2中可以看出，"酒店""房间""服务""环境"和"早餐"是内江滨江假日酒店在线点评语义网络图的中心、在线点评语义网络的核心词语，也是顾客点评文本中出现频次最高的词语。其他词语与核心词语之间通过线条的方式连接在一起，说明两者有关系，如词语"前台"与"热情"之间有联系，"房间"与"舒服"有联系，说明酒店前台员工服务热情，酒店房间舒服。其他的词语围绕"酒店""服务""早餐""房间""环境"这几个指标展开，共同组成了内江滨江假日酒店的在线点评语义网络分析图。

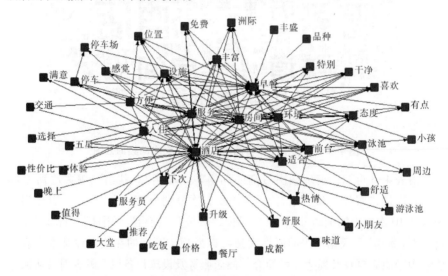

图4-2　内江滨江假日酒店在线点评语义网络图

2. 酒店服务质量在线评价分析

网络评价是顾客对酒店所提供服务的直接感知体验，能比较直观地反映顾客的态度。顾客对酒店进行评价主要涉及酒店的软件、硬件、环境、管理等方面。因此，本研究从"基础服务""设施设备""卫生环境"和"体验感知"四个方面对内江滨江假日酒店在线点评文本的高频词进行分类汇总，并对相似的词语进行频次的统计和汇总。由于内江滨江假日酒店顾客在线点评文本较少，故只统计每个类别排序前15位的网络评价词语及词频，具体见表4-4。

表 4-4　每种类别下排序前 15 位的网络评价词语及词频统计

排序	基础服务		设施设备		卫生环境		体验感知	
	词语	频次/次	词语	频次/次	词语	频次/次	词语	频次/次
1	酒店	62	房间	20	环境	15	丰富	12
2	服务	35	江景房	10	味道	13	方便	11
3	早餐	33	开业	8	装修	8	热情	8
4	前台	14	游泳池	7	位置	6	选择	7
5	员工	13	餐厅	5	沱江	6	贴心	6
6	升级	9	大堂	5	景色	6	舒服	6
7	入住	6	设施	4	江景	5	下次	5
8	自助餐	5	浴缸	4	临江	4	丰盛	5
9	停车	5	硬件	4	周围	4	干净	4
10	豆浆	4	交通	3	夜景	3	舒适	4
11	体验	3	停车场	3	市中心	2	五星	4
12	态度	3	戴泳帽	2	外面	2	好吃	4
13	感谢	3	西餐厅	2	视野	2	满意	4
14	免费	3	健身房	2	新鲜	2	安静	3
15	品种	3	配置	2	水质	2	问题	3

（1）基础服务网络评价。

在"基础服务"这一指标中，"服务""早餐""前台"被提及的频率都很高，构成了内江滨江假日酒店的核心服务关键词。其中"服务"作为酒店最核心的词语，主要涉及前台的登记入住服务、客房免费升级及停车服务，其服务水平对酒店的经济效益和社会效益都会产生巨大的影响，也是影响消费者体验的重要指标。此外，较多的词语更多是对酒店"早餐"的评价及描述，如"自助餐""豆浆""品种"。值得一提的是，通过分析网络评价文本可知，顾客对内江滨江假日酒店的前台服务员都是非常满意的，对其服务态度和服务礼仪都进行了肯定，虽然内江滨江假日酒店作为新开业的酒店，但是员工提供的服务还是被顾客高度肯定的。

（2）设施设备网络评价。

酒店设施设备是酒店服务产品的重要支撑，从内江滨江假日酒店网络评价文本的高频词统计表可以看出，"房间""江景房"都是被提及非常多的。网络评价文本中，多次有顾客提及免费升级江景房，这项服务让顾客十分满意，江景房也成了内江滨江假日酒店的一个特色。"浴缸""设施""硬件""停车场""健身房"和"游泳池"等词语都是设施设备评价涉及相对较多的，酒店的设施设备涉及许多方面，房间的设施设备复杂繁多，酒店的配套设施设备也是顾客关注的重点。

（3）卫生环境网络评价。

从内江滨江假日酒店网络评价文本的高频词统计表可以看出，"环境""味道"这两个词语出现的频率比较高，一方面说明顾客对酒店的卫生环境是非常重视的；另一方面，内江滨江假日酒店作为一家新开业的酒店，客房的装修较新，顾客对房间装修的"味道"也比较在意。通过对点评文本关于卫生环境的网络评价可以看出，大部分顾客对于酒店卫生环境的评价都是积极正面的，从中可以感知内江滨江假日酒店作为一家新开业的酒店，在卫生环境管理方面表现得较为出色。"景色""临江""江景""视野"是顾客对内江滨江假日酒店的外部环境评价，并且都是对江景房的评价感受，内江滨江假日酒店位于沱江江边，距离市区也比较近，顾客对于江景房的体验是非常满意的。

（4）服务质量体验感知。

根据内江滨江假日酒店的网络在线点评文本内容，顾客对内江滨江假日酒店的体验感知总体是满意的。对"高频词统计表"中高频指标所表达的不同情绪进行分类发现，除了"问题"一词外，统计表其他词语都是积极评价，这说明顾客对内江滨江假日酒店的服务质量总体评价是积极正面和满意的。"丰富""方便""热情"和"贴心"出现频率最高，这是入住顾客对酒店员工服务的总体评价；"丰富""舒服""干净""舒适""安静"可以反映出顾客对于酒店提供的有形实物产品和居住环境较为满意；"选择""下次""满意"等直接反映了顾客的消费体验。在线点评文本中多位顾客提到会再次进行消费，这说明酒店通过自己优质的服务赢得了回头客。

（五）酒店服务质量管理提升建议

本研究使用内容分析法对内江滨江假日酒店的网络在线点评文本进行分析发现，内江滨江假日酒店的在线点评文本主要以正向积极为主。内江滨江假日酒店作为内江首家国际连锁品牌酒店，得到了大多数消费者的认可，"服务周到""早餐丰富"和"设施完善"是顾客对内江滨江假日酒店的主要评价，在在线点评文本中的出现的次数也较多。但是，酒店也存在影响顾客住宿体验的问题，如卫生纸质量不佳、房间有异味等。此外，针对顾客关注的服务内容和在线点评文本中反映的酒店服务质量管理的问题，本研究提出以下管理建议。

1. 重视顾客的在线评价内容

顾客在网络上的评价都是基于自己入住后的亲身体验，对其他的潜在消费者起着引导的作用，为酒店增加了一种富有竞争力的营销手段，也是酒店改进自己服务和管理的重要依据。酒店可以对网络评价的文本进行分析整合，根据顾客需求的变化，提供个性化的服务。酒店应不断提高服务的质量，使顾客的体验不断得到优化，从而使顾客在网络上做出积极的体验评价；对待顾客的批评建议，也要虚心接受，态度诚恳，积极做出回应，营造良好的形象。

2. 提高酒店客房配套设施标准

内江滨江假日酒店营业时间不长，设施设备完善，但是存在酒店房间用品质量不高的情况，酒店应完善供货的渠道，提高用品的质量，购买高标准的用品，涉及客人用品的物品都需要严格把关，同时积极向客人询问入住的体验，找到酒店客房存在的不足，定期对房间内外的设施设备进行维护保养。

3. 加强对房间异味的处理

根据网络文本分析，由于内江滨江假日酒店装修完成不久，不少顾客提出房间有异味的问题，这是严重影响顾客入住体验的问题。酒店应请专业工作人员对房间异味进行处理解决，做好通风排气，此外还需要对房间进行环境质量的检测，防止有危害顾客身体健康的情况存在。

4. 丰富和优化酒店早餐种类

早餐对于很多顾客都是非常重要的评价要素，提高早餐的标准，让顾客有一个好的早餐体验是非常重要的。酒店早餐应做到"原汁原味"，注意区分每一类早餐的制作餐具，防止串味发生。此外，早餐还应丰富多元，满足不同人群的口味习惯，提前了解不同地区的饮食文化，对顾客提出的个性化早餐服务也应该尽量满足。

注：本节内容受洲际酒店集团英才培养学院教学开发奖励项目"基于内容分析法的酒店服务质量在线评价研究"资助。

二、雅安智选假日酒店服务质量网络评价研究

（一）酒店简介

雅安智选假日酒店位于城市的中心地带——雨城区文化路，毗邻廊桥和小

吃购物中心街道。酒店整体装修风格素雅、干净、舒适，并以专业周到的服务受到顾客的一致好评。客房配备全球高品质门锁，无缝隔音，入住私密且安全；羽绒床品，软硬双枕，保证差旅睡眠；十秒热水必达，经紫外线消毒的淋浴，既卫生又舒爽。早餐厅为顾客提供现磨咖啡、酸奶、中西式点心、现点面食等干净放心的营养早餐。

（二）基于市场细分的酒店服务质量在线评价

从表4-5可以看出，雅安智选假日酒店的客源类型中，家庭亲子的顾客的比例最高，达到了50.07%；其次是商务出差的顾客，其比例达到了23.65%；朋友出游的顾客的比例均为14.40%，这三类构成了雅安智选假日酒店最主要的客源市场。除此之外，情侣出游和其他类型的顾客的比例均为4.1%；独自旅行的顾客的比例为3.04%；代人预定的顾客的比例最低，为0.66%。

表4-5　雅安智选假日酒店网络评分市场差异

出游目的	网络评分	样本数量/条	样本比例/%
代人预订	4.52	5	0.66
独自旅行	4.67	23	3.04
家庭亲子	4.82	379	50.07
朋友出游	4.82	109	14.40
情侣出游	4.88	31	4.10
商务出差	4.85	179	23.65
其他	4.56	31	4.10

从不同细分市场对雅安智选假日酒店服务质量的网络评分来看，情侣出游的顾客对酒店的评价最高，其网络评分为4.88分；其次是商务出差的顾客，其网络评分为4.85分；家庭亲子和朋友出游市场的顾客对酒店的网络评价也较高，其网络评分为4.82分；代人预定的顾客的网络评分最低，仅为4.52分。可以看出，除代人预定和其他类型的顾客外，该酒店所有细分市场的顾客的网络评分都在4.6分以上，顾客满意度较高。

（三）基于房间类型的酒店服务质量在线评价

携程旅行网有关信息显示，雅安智选假日酒店共有6种类型的网络在售客房，其中售出的客房较多的类型是标准大床房和标准双床房，其分别达到了选

取样本的 34.84% 和 34.47%；高级大床房和高级双床房的售出比例分别为
12.83% 和 11.32%，家庭房的比例为 5.28%。高级套房的比例不高，仅有
1.26%，当然这也和酒店自身的设计有关，套房在酒店总房间数量中的比例就
偏少。雅安智选假日酒店网络评分房型差异见表4-6。

表4-6 雅安智选假日酒店不同房型的网络评分情况

房间类型	网络评分	样本数量/条	样本比例/%
标准大床房	4.8	277	34.84
标准双床房	4.86	274	34.47
高级大床房	4.76	102	12.83
高级双床房	4.88	90	11.32
高级套房	4.38	10	1.26
家庭房	4.77	42	5.28

由表4-6可知，高级双床房的网络评分最高，达到了4.88分；其次是标
准双床房，其网络评分为4.86分，这说明酒店的双床房的服务受到顾客的好
评；酒店客房售出比例中最高的标准大床房的网络评分为4.8分，高级大床房
和家庭房的网络评分分别为4.76分和4.77分；售出比例最低的高级套房的网
络评分却最低，评分仅有4.38分，酒店需加强对该种房型的服务管理。

（四）基于内容分析的酒店服务质量在线评价

1. 酒店在线点评文本高频词分析

本研究使用 ROST 软件的分词功能，对顾客在线点评文本进行分词处理，
并对提取出来的词语进行出现频次统计，即统计雅安智选假日酒店顾客网络在
线点评文本中出现的高频词。由于文本的限制，没办法将高频词一一显示出
来。表4-7是成都雅安智选假日酒店在线点评文本中出现频次在前100位的词
语统计，图4-3是雅安智选假日酒店在线点评文本高频词云图，图中字的大小
与词语在顾客点评文本中出现的频次的高低直接相关。

表4-7 雅安智选假日酒店在线点评文本出现频次在前100位的词语统计

词语	频次/次	词语	频次/次	词语	频次/次	词语	频次/次
酒店	499	安静	38	周到	18	热水	11
早餐	303	假日	34	服务员	18	旁边	11

表4-7（续）

词语	频次/次	词语	频次/次	词语	频次/次	词语	频次/次
房间	219	选择	34	地方	18	朋友	10
服务	198	智选	33	老城区	18	小孩	10
方便	181	舒服	31	首选	17	管理	10
干净	142	丰盛	31	办理	16	合理	10
位置	134	味道	30	住宿	15	超级	10
雅安	123	值得	29	出差	15	温馨	10
环境	118	孩子	28	江边	15	闹中取静	10
丰富	109	周边	27	齐全	15	周围	10
停车	100	免费	26	大堂	14	中心	10
入住	82	市中心	26	连锁	14	美食	10
停车场	76	适合	26	简单	13	出门	10
满意	73	人员	25	好吃	13	市区	10
前台	73	体验	24	家庭	13	告知	9
卫生	68	交通	23	咖啡	13	设计	9
设施	60	装修	23	升级	12	打电话	9
态度	58	洲际	22	靠近	12	特色	9
下次	53	品种	21	河边	12	标准	9
整洁	51	卫生间	21	客人	12	回来	9
性价比	51	青衣江	20	宽敞	12	贴心	9
廊桥	48	附近	20	问题	11	新开	8
热情	41	出行	19	小朋友	11	便利	8
舒适	38	熊猫	19	餐厅	11	优美	8
晚上	38	吃饭	19	出游	11	接待	8

图 4-3　雅安智选假日酒店在线点评文本高频词云图

由表 4-7 可知，出现频次最高的词语是"酒店"，其出现频次达到了 499 次；其次是"早餐"和"房间"，其出现频次分别为 303 次和 219 次；其他出现频次在 100 次以上的词语分别是"服务""方便""干净""位置""雅安""环境""丰富""停车"。根据词语的属性将顾客的在线点评文本内容分为酒店自身及周边环境简介、酒店服务及设施设备、对酒店服务及设施设备的评价、顾客出游目的四个类别。酒店自身及周边环境的介绍词语，如"酒店""位置""雅安""环境""廊桥""假日""智选""市中心""洲际""青衣江""熊猫""老城区""江边""市区"等。酒店的服务及设施设备包括酒店提供的服务内容、服务项目以及酒店硬件设施设备等，如"服务""停车""入住""态度""免费""人员""办理""住宿""升级""接待"等服务接待类的词语，"房间""前台""设施""卫生间""吃饭""大堂""餐厅""咖啡""热水"等酒店服务项目及设施设备类的词语。对酒店服务评价的词语有"方便""干净""丰富""满意""热情""舒适""舒服""值得""周到""首选""齐全""宽敞""温馨""贴心"等。顾客出游目的类的词语有"孩子""体验""出行""出差""小朋友""出游""小孩"等。

本研究通过分词处理的方法从搜集到的网络评价文本中将出现频次高的词语提取出来，利用 ROST 软件的语义网络分析工具描绘整理出雅安智选假日酒店在线点评语义网络图（见图 4-4）。图 4-4 是在线点评文本中出现次数较多的词语，其中"酒店""早餐""环境""房间""服务"是顾客点评网络文本的核心词语，构成游客在线点评的核心内容，相互之间有关联的词语用线条相连，表示两者之间的关系，如"前台"与"热情"之间有联系，说明酒店前台工作人员服务态度较为热情。其他的词语围绕"酒店""早餐""环境""房间""服务"等核心词语展开，共同组成了雅安智选假日酒店的在线点评语义网络图。

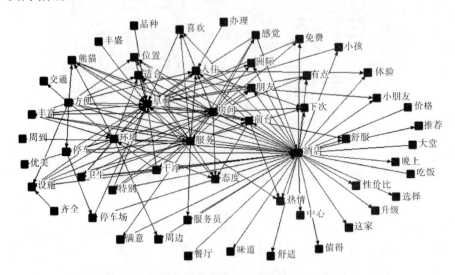

图4-4 雅安智选假日酒店在线点评语义网络图

2. 酒店服务质量在线评价分析

酒店产品构成的综合性，导致顾客对酒店服务质量的评价也呈现出内容的多元性。本节根据对顾客在线点评文本高频词的词语属性进行分类，从"基础服务、设施设备、卫生环境、体验感知"四个方面对雅安智选假日酒店的服务质量进行在线评价。每种类别下排序前30位的网络评价词语及词频统计见表4-8。

表4-8 每种类别下排序前30位的网络评价词语及词频统计

排序	基础服务		设施设备		卫生环境		体验感知	
	词语	频次/次	词语	频次/次	词语	频次/次	词语	频次/次
1	早餐	303	房间	219	干净	142	方便	181
2	服务	198	前台	73	位置	134	丰富	109
3	停车	100	设施	60	环境	118	满意	73
4	入住	82	装修	23	卫生	68	态度	58
5	孩子	28	卫生间	21	整洁	51	性价比	51

表4-8(续)

排序	基础服务		设施设备		卫生环境		体验感知	
	词语	频次/次	词语	频次/次	词语	频次/次	词语	频次/次
6	免费	26	熊猫	19	廊桥	48	热情	41
7	吃饭	19	齐全	15	市中心	36	舒适	38
8	服务员	18	大堂	14	交通	23	丰盛	31
9	办理	16	升级	12	附近	20	值得	29
10	住宿	15	宽敞	12	青衣江	20	体验	24
11	好吃	13	餐厅	11	出行	19	周到	18
12	家庭	13	热水	11	老城区	18	总体	18
13	咖啡	13	设计	9	江边	15	首选	17
14	小朋友	11	标准	9	靠近	12	简单	13
15	朋友	10	空调	8	河边	12	问题	11
16	小孩	10	隔音	8	出游	11	合理	10
17	管理	10	停车位	8	周围	10	超级	10
18	美食	10	风格	8	中心	10	温馨	10
19	告知	9	硬件	7	出门	10	闹中取静	10
20	打电话	9	竹子	7	地理	9	特色	9
21	接待	8	洗澡	7	新开	8	贴心	9
22	订单	7	套房	6	碧峰峡	8	便利	8
23	细节	7	异味	6	打扫	8	优美	8
24	预定	7	声音	6	步行	7	符合	8
25	种类	7	宾馆	5	夜景	7	超高	7
26	饮料	6	窗户	5	旅行	7	主动	7
27	自助	6	地毯	4	地段	5	优雅	7
28	经理	6	客房	4	清静	5	标准化	7
29	办法	5	走廊	4	超市	5	不足	6
30	亲子	5	院子	4	购物	5	便宜	6

（1）基础服务网络评价。

从基础服务网络评价的高频词中可以看出，"早餐""服务""入住"和"房间"和"停车"构成了雅安智选假日酒店的核心服务。客人入住期间的基础服务体验评价主要分为对有形产品和对无形员工服务两个方面，有形产品包括餐厅提供的早餐服务、停车场提供的停车服务等，这类服务在词频中都得到了很大程度的反映；酒店丰富的早餐和停车服务被大多数顾客接受，但是也有顾客反映早餐数量供应不够，甚至出现拥挤、抢餐等不雅现象，停车场假日期间无法满足等问题。无形的员工服务则通过员工的服务水平、服务质量、服务素质等方面进行评价，雅安智选假日酒店的前台服务人员热情、服务周到，受到了客户的一致好评，客人还表示在节假日期间，前台的服务态度依然热情，让客人很欣慰，但唯一不足的是少数客人表示办理入住比较慢，等待时间太久。"自助""特色""美食""细节"等词语一起作为高频词出现，可见酒店的基础服务很全面且都给客户留下了较深的印象；"孩子""家庭""小朋友"等人群的词频较高，反映了酒店针对不同人群提供了差别化的服务，提高了客人的住宿体验。

（2）设施设备服务网络评价。

在酒店设施设备服务质量评价体系中，"房间""前台""设施"三个词语出现的频次最高。客房住宿是酒店提供的最基本的服务，房间内设施设备的种类也较多，同时房间作为顾客在酒店停留时间最长的地方，是影响客人总体评价的主要因素。设施设备类的高频词中与客房相联系的词语多达20个，反映了顾客对房间内设施设备的关注度较高，顾客在设施设备中对客房及其内在设施和环境给予了非常高的关注度。客人对房间内设施设备的总体评价也较高，酒店客房内配套硬件设施设备齐全。"熊猫""装修""设计"一类词的出现频率也较高，反映了雅安智选假日酒店在装修风格和客房主题设计上给了客人深刻印象，但有部分顾客反映酒店的房型较小；此外，"声音""异味"等词也反映了酒店在部分房间的隔音和清洁处理上仍存在一些问题。

（2）卫生环境网络评价。

客人对酒店卫生环境的评价主要依据酒店内设施设备的清洁程度以及卫生环境干净状态。根据表中词语及词频来看，客人对"干净""卫生""整洁"的评价集中，对"打扫""清净"给予了较多的积极评价，说明客人对雅安智选假日酒店的卫生环境状态较为认可。雅安智选假日酒店建筑设计非常现代化，与景相融，景观绿化极具特色，环境清幽雅静，远眺便是廊桥风景线，其装修风格简单清新，以熊猫为主题，布局合理，大部分客人表示入住舒心，很喜欢这家酒店，下次还会选择它。雅安智选假日酒店的内部环境主要由前厅、大堂、客房、餐厅、楼道等内部空间构成，多数客人表示酒店客房宽敞明亮、干净整洁，整体内部环境干净舒适，其存在的主要问题是部分房间的卫生间有异味，室内残留有装修味，床面有掉落的死虫，部分房间座椅和地毯有点脏。外部环境主要指酒店地处的地理位置，如"位置""环境""交通"以及"廊桥""市中心""老城区"等词语，客人对酒店外部环境的评价可概括为"位于雅安市区，环境良好，交通便利，临近廊桥，出游方便"。

（4）服务质量体验感知。

本研究在分析整理"体验感知"指标中高频词所表达的情感态度时，将其分为积极评价、中立评价和消极评价三类，可以看出积极评价词语在评价中占了主导地位。在前 30 个服务质量总体评价的词语中，积极评价的词语有 16 个，累计出现频次 596 次，占总体频次的 71.5%；中立词语有 12 个，出现频次为 222 次，占总体频次的 26.6%；消极评价的词语有 2 个，出现频次为 16 次，占比为 2%。"方便""丰富""满意""热情""舒适""丰盛""周到"等词语出现的频率较高，可以看出客户对酒店的评价总体上是正面积极的，反映了雅安智选假日酒店在基础服务、设施设备、环境卫生等方面给了客人良好的入住体验，获得了客人的一致认可与肯定；"问题""不足"等负面词语也说明酒店在某些方面仍有很大的改进空间。

（五）酒店服务质量管理提升建议

本研究使用内容分析法对雅安智选假日酒店在线点评文本进行分析发现，客人对酒店的评价以正面评价为主，这说明酒店的基础服务、设施设备及卫生环境获得了大多数顾客的认可与信赖。同时，本研究也发现，少数客人在酒店的入住体验并不良好，对酒店产生了一些负面的评价，针对客人反映的问题，拟提出以下管理措施。

1. 保持酒店内外部环境的干净，营造良好的住宿氛围

优美舒适的酒店外部环境和内部环境是影响客户选择酒店的重要因素，因此，酒店要时时刻刻关注内外部的卫生环境，丝毫不能懈怠。对于外部公共环境，酒店应该督促相关人员时刻巡视和打扫，保证其时刻呈现的都是干净的画面。对于内部环境，酒店要定期通风排湿、清除异味，客房人员务必按照客房清洁标准清扫和整理客房，尤其在节假日要注意细节，不要忽视衣柜、桌椅等的清洁，主管更应该时常抽查已经清洁完毕的客房，做到精益求精，尽量不出问题。酒店应对内外部环境的清洁负责人员进行严格的考核，做到有错必查、

有错必纠、优秀必奖，以此督促员工尽职尽责地完成自己的工作。

2. 做好停车场的容量管理，保证住店客人的停车需要

雅安智选假日酒店虽然停车位数量较为充足，但在某些时段没办法兼顾酒店自驾游入住客人的停车需求，被客人吐槽较多。酒店停车场在不考虑对社会开放的情况下，即使酒店的入住率达到最大，仍然能够满足住店客人的停放需求，因此客人吐槽的没办法停车的问题不是由于酒店停车位建设不足，而是因为其停车容量管理问题。外部社会车辆在某些时段占据的酒店停车容量较多的话，就会影响酒店住宿客人的停车。因此，酒店应做好停车场的容量管理，与酒店预订部沟通，了解酒店当天及未来时期内的市场需求情况，结合旅游市场的淡旺季分布情况，对外部社会车辆的停放进行分时段的限制，在优先满足酒店住店客人停车需要的基础上，对外部社会车辆进行开放。

3. 丰富酒店早餐种类，提高酒店早餐供应的效率

雅安智选假日酒店的餐厅服务总体给客人带来了良好体验，但是早餐的供应量不足，供应效率不能及时满足客人多样化的需要，甚至出现客人抢餐等不雅现象，缺乏服务人员的合理引导。造成此问题有多方面的原因，首先餐厅较小的面积和空间容量，都给客人无论在视觉上还是实际体验上有了一种拥挤感和紧迫感，因此餐厅的装饰和构造上还需要考虑改善，尽可能多地给客人空间感和视觉美感；其次酒店需要在最大限度控制成本的情况下，保证早餐种类丰富性和品质口感的多样化，同时扩大食物的供给量；最后，酒店还需要实现对餐厅人力资源的有效配置，随时关注早餐菜品的供应情况，及时提醒后厨保证早餐的供应效率，服务人员要及时清理已完成就餐客人的餐桌，提高餐厅的翻台率，并对就餐客人的行为进行引导。

注：本节内容受洲际酒店集团英才培养学院教学开发奖励项目"基于内容分析法的酒店服务质量在线评价研究"资助。

三、绵阳高新智选假日酒店服务质量网络评价研究

（一）酒店简介

绵阳高新智选假日酒店坐落在处处充满生机与活力的绵阳高新技术开发区，拥有 254 间清新时尚的客房。酒店地理位置优越，距离绵阳南郊机场 10 千米，绵阳火车站 6 千米，临近绵阳涪城万达、东辰九宜城城市奥莱、绵阳会展中心、绵阳教育园区、李白故里等地。酒店附近充足的出租车便于顾客前往

城市的其他地区，一路领略更多精彩。无论是假期旅游，还是公务出差，到访绵阳时下榻绵阳高新智选假日酒店是顾客的"明智之选"。

（二）基于市场细分的酒店服务质量在线评价

从表4-9可以看出，绵阳高新智选假日酒店的客源类型中，商务出差的顾客的比例最高，达到了53.86%；其次是家庭亲子的顾客，其比例达到了22.08%，这两种类型的顾客占据了酒店客房售出比例的75.94%；朋友出游的顾客的比例为8.39%，情侣出游的顾客的比例为6.18%，独自旅行的顾客的比例为3.31%，代人预订的顾客的比例为1.77%，其他类型的顾客的比例为4.42%。

表4-9 绵阳高新智选假日酒店网络评分市场差异

出游目的	网络评分	样本数量/条	样本比例/%
代人预订	4.88	8	1.77
独自旅行	4.76	15	3.31
家庭亲子	4.9	100	22.08
朋友出游	4.89	38	8.39
情侣出游	4.87	28	6.18
商务出差	4.84	244	53.86
其他	4.69	20	4.42

从不同细分市场对绵阳高新智选假日酒店服务质量的网络评分来看，家庭亲子的顾客对酒店的评价最高，其网络评分为4.9分；其次是朋友出游和代人预订的顾客，他们的网络评分分别为4.89分和4.88分；顾客样本中比例最高的商务出差的顾客的网络评分为4.84分，独自旅行、情侣出游的顾客的网络评分分别为4.76分、4.87分；其他类型的顾客的网络评分最低，为4.69分。总体来看，绵阳高新智选假日酒店所有细分市场的顾客的网络评分都在4.69分以上，顾客满意度较高。

（三）基于房间类型的酒店服务质量在线评价

携程旅行网的有关信息显示，绵阳高新智选假日酒店共有6种类型的网络在售客房，其中售出的客房较多的类型是标准大床房和标准双床房，其分别达到了选取样本的33.26%和32.60%；高级大床房和高级双床房的售出比例分别为 7.27% 和 9.25%，精致大床房和精致双床房的售出比例分别为 12.56% 和 5.07%。可以看出，标准房型在绵阳高新智选假日酒店中最受住店客人青睐。绵阳高新智选假日酒店网络评分房型差异见表 4-10。

表 4-10 绵阳高新智选假日酒店不同房型的网络评分情况

房间类型	网络评分	样本数量/条	样本比例/%
标准大床房	4.87	151	33.26
标准双床房	4.81	148	32.60
高级大床房	4.85	33	7.27
高级双床房	4.87	42	9.25
精致大床房	4.84	57	12.56
精致双床房	4.93	23	5.07

由表 4-10 可知，六种房型的网络评分都在 4.8 分以上，保持了较高的顾客满意度。其中顾客评价最高的是精致双床房，其网络评分达到了 4.93 分，也是唯一一个评分在 4.9 分以上的客房类型；其次是标准大床房和高级双床房，这两种房型的顾客网络评分均为 4.87 分；高级大床房的网络评分为 4.85分，精致大床房的网络评分为 4.84 分；标准双床房的网络评分最低，但也达到了较高的 4.81 分。

（四）基于内容分析的酒店服务质量在线评价

1. 酒店在线点评文本高频词分析

本研究使用 ROST 软件的分词功能，将顾客在线点评文本进行分词处理，并对提取出来的词语进行出现频次统计，即统计绵阳高新智选假日酒店顾客网络点评文本中出现的高频词。由于文本的限制，没办法将高频词一一显示出来，表 4-11 是绵阳高新智选假日酒店在线点评文本出现频次在前 100 位的词语统计，图 4-4 中绵阳高新智选假日酒店在线点评文本高频词云图，图中字体的大小与词语在顾客点评文本中出现的频次的高低直接相关。

表 4-11 绵阳高新智选假日酒店在线点评文本出现频次在前 100 位的词语统计

词语	频次/次	词语	频次/次	词语	频次/次	词语	频次/次
酒店	260	商场	27	洲际	12	孩子	6
早餐	160	旁边	23	地方	11	健身房	6

表4-11(续)

词语	频次/次	词语	频次/次	词语	频次/次	词语	频次/次
房间	131	整洁	23	周到	11	出行	6
服务	125	停车场	23	周围	11	市区	6
方便	96	智选	22	标准	11	晚上	6
干净	92	吃饭	22	种类	10	开业	6
丰富	59	选择	22	硬件	10	稍微	6
入住	58	舒适	21	安静	10	不足	5
前台	58	装修	21	齐全	10	管理	5
环境	55	交通	19	宽敞	9	没得说	5
绵阳	48	员工	23	餐厅	9	每次	5
设施	44	免费	19	用品	9	品质	5
停车	40	品种	18	唯一	8	也好	5
位置	38	购物	18	商务	8	时尚	5
卫生	38	服务员	17	适合	8	一如既往	5
态度	35	水果	17	空气	8	咖啡	5
下次	32	假日	17	大气	7	建议	5
性价比	31	附近	16	连锁	7	住宿	5
周边	31	丰盛	15	到位	7	首选	5
值得	31	米粉	14	便利	7	强烈	5
出差	30	体验	14	净化器	7	客房	5
舒服	29	新开	13	枕头	7	窗户	5
味道	28	高新区	13	快捷	7	精致	4
满意	28	配套	13	电梯	7	外观	4
热情	27	高速	12	风格	6	明亮	4

图 4-4　绵阳高新智选假日酒店在线点评文本高频词云图

　　由表 4-11 可知，出现频次最高的词语是"酒店"，其出现频次达到了 260 次；其次是"早餐"，其出现频次为 160 次，"房间"和"服务"出现的频次也在 100 次以上，分别出现了 131 次和 125 次。根据词语的属性大致可以发现，顾客的在线点评文本内容主要集中于酒店自身及周边环境简介、酒店服务及设施设备以及顾客对酒店服务及设施设备的评价三类。酒店自身的简介主要是对酒店品牌、位置、周边环境的介绍，如"酒店""环境""绵阳""周边""商场""智选""假日""高新区""洲际""周围""市区""出行"等词语。描述酒店提供软性服务的词语主要有"服务""入住""停车""态度""员工""免费""体验""住宿"等。描述酒店硬件设施设备类的词语主要有"房间""前台""设施""停车场""配套""硬件""餐厅""净化器""枕头""电梯""客房""窗户"等。对酒店服务及设施设备的评价类词语中，对酒店服务评价的词语有"满意""热情""周到""快捷""安静""到位""没得说""一如既往"等；对酒店设施设备的评价词语有"干净""丰富""舒服""宽敞""大气""时尚""精致""明亮"等。

　　本研究通过对绵阳高新智选假日酒店在线点评文本进行分词处理，将搜集到的网络评价文本中出现频次较高的词语提取出来，利用 ROST 软件的语义网络分析工具，描绘整理出绵阳高新智选假日酒店在线点评语义网络图（见图 4-5）。从图 4-5 中可以看出，绵阳高新智选假日酒店在线点评语义网络图以"酒店""房间""环境""早餐"为中心，构成游客在线点评的核心内容，这也是游客在线点评文本中出现频率最高的几个词语。其他词语基本围绕这几个中心词语，保持着与核心词语或多或少的联系，共同构成了绵阳高新智选假日酒店在线点评语义网络图。

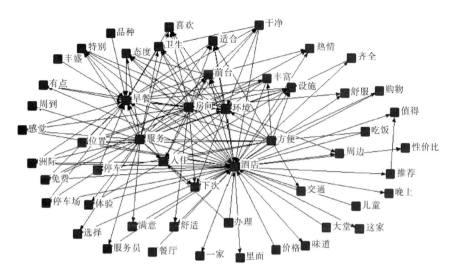

图 4-5   绵阳高新智选假日酒店在线点评语义网络图

2. 酒店服务质量在线评价分析

　　酒店产品不仅包括有形的硬件设施，还有无形的软件设施，如无形的劳务服务，客人购买服务后成了酒店服务质量最为直接和最为重要的感知者和评价者。在互联网高速发展的今天，用户通过网络的交易数量增大，大量的酒店产品通过网络交易，大量的顾客通过在线点评去了解酒店的软硬件设施和酒店的服务质量水平。因此，酒店的网络评分及其他顾客的真实点评内容可以说是用户选择酒店的重要评判指标。本研究以"基础服务、设施设备、卫生环境、体验感知"4 个指标，对绵阳高新智选假日酒店服务质量网络评价词语进行分类。每种类别下排序前 20 位的网络评价词语及词频统计见表 4-12。

表 4-12   每种类别下排序前 20 位的网络评价词语及词频统计

排序	基础服务		设施设备		卫生环境		体验感知	
	词语	词频/次	词语	词频/次	词语	词频/次	词语	词频/次
1	酒店	260	房间	131	干净	92	方便	96
2	早餐	160	设施	44	环境	55	丰富	59
3	服务	125	停车场	23	周边	52	下次	32
4	入住	58	配套	13	绵阳	48	性价比	31
5	前台	58	硬件	10	位置	38	值得	31
6	停车	40	餐厅	9	卫生	38	舒服	29

表4-12(续)

排序	基础服务		设施设备		卫生环境		体验感知	
	词语	词频/次	词语	词频/次	词语	词频/次	词语	词频/次
7	态度	35	用品	9	味道	28	满意	28
8	员工	23	净化器	7	商场	27	热情	27
9	吃饭	22	枕头	7	装修	21	选择	27
10	免费	19	电梯	7	交通	19	整洁	23
11	品种	18	健身房	6	开业	19	舒适	21
12	购物	18	客房	5	附近	16	丰盛	15
13	服务员	17	窗户	5	高新区	13	周到	11
14	水果	17	大堂	4	市中心	13	安静	10
15	体验	14	超市	4	高速	12	齐全	10
16	米粉	14	空调	3	空气	8	宽敞	9
17	品质	5	被子	3	外观	4	大气	7
18	咖啡	5	床垫	3	明亮	4	到位	7
19	住宿	5	拖鞋	3	异味	4	便利	7
20	办理	4	卫生间	3	噪音	3	快捷	7

（1）基础服务网络评价。

从基础服务网络评价高频词中可以看出，"早餐""服务""入住"和"前台"是基础服务网络评价的核心词语，构成了绵阳高新智选假日酒店的核心服务。早餐的口味、种类也被多次提到，酒店将绵阳特色著名小吃"绵阳米粉"融入早餐种类选项，并且还提供中式和西式不同口味，这说明客人对米粉的味道以及这项服务感到很满意。服务员作为酒店服务质量的重要代表，服务质量的好坏，直接影响用户对酒店的评价。在绵阳高新智选假日酒店的基础服务网络评价中，服务员也被多次提到，主要以"热情""周到"和"礼貌"评价为主，这说明服务人员的服务质量水平较高。作为这个酒店的特色，迎宾水果也被多次提到，这说明水果的品质以及安排的服务让客人感到满意。客人对绵阳高新智选假日酒店前台周到的服务感到满意；但也存在一些极少数情况，对顾客进行提醒方面有时候容易被服务人员忽略，如前台忘记提醒客人拿停车卡，而拿了停车卡才可以免费停车，这就需要前台服务更加细致、更加周到，才能让客人对酒店感到满意。

（2）设施设备网络评价。

在绵阳高新智选假日酒店在线点评文本"设施设备"类词语的统计中，"房间"出现的频率最高，可以看出客人对房间的设施设备十分的关注。从客人对房间的设施设备的高关注度可以看出，酒店房间内部设施设备类型涉及广泛且复杂，是客人最容易发现细微问题的地方。绵阳高新智选假日酒店房间"类型多样""干净宽敞""床很舒适"和"设计精致"是顾客对其的积极正面评价，但是其也存在"牙刷过硬""房间隔音效果较差""无总控开关""浴室无换气扇"及"枕头过硬"等极个别房间的问题，绵阳高新智选假日酒店应在房间的硬件细节上予以注意。除了酒店客房内以休息为主的设施设备外，康体休闲类的设施设备同样是影响客人体验感的重要因素之一，如"健身房"和"超市"等在客人的在线点评中被多次提到，足以证明其在酒店评价中的重要性。

（3）卫生环境网络评价。

绵阳高新智选假日酒店顾客在线点评"卫生环境"类词语大致可以分成三个类别。一是酒店的地理位置，"绵阳""位置""周边""交通"和"高新区"等都是对酒店地理位置的描述，酒店处于绵阳高新区，距离高速路口、市政府以及 BOE（京东方）工业园区都比较近，并且周围就有大商场（奥特莱斯），方便顾客娱乐、饮食、运动、购物。二是对酒店外部环境的描述与评价，侧重于对外部环境功能设施的描述，如"附近""周围"和"空气"等词语。酒店附近有大商场、健身房和小吃街，外部环境功能设施较为齐全以及酒店外部空气质量，都让客人感到十分满意。从词条中反映出的酒店外部环境不足之处主要表现在噪音比较多，外部环境比较嘈杂。三是对酒店内部环境的描述与评价，"干净"出现的频次最高，说明酒店为客人提供了干净整洁的住宿环境，但是也有极个别房间存在内部环境潮湿、房间有异味的情况。

（4）服务质量体验感知。

本研究根据表 4-12 中"体验感知"这一指标下属的 20 个高频词所表达的情感属性，将其分为正面评价、中性评价和反面评价三类，并可以看出正面评价占绝大部分，中性评价和反面评价几乎没有。在正面评价中，"方便"词条在总体评价中词频最高，是客人评价最多的词条。酒店靠近火车站，离高速近，有地下停车场，还有商城、健身房、小吃街，这都表明空间距离方便。"热情""周到""到位"的服务，"安静""宽敞""整洁""大气"的服务场所等为客人带来了良好的服务体验，客人表现出"值得"、"舒服""满意"

"适合"等积极的情感态度,"下次""性价比"说明很多客人对酒店的产品表示物有所值,愿意再次入住,这些词条是从总体上对绵阳高新智选假日酒店做出的正面评价。

(五)酒店服务质量管理提升建议

根据网络在线点评词条中可以看出,顾客对绵阳高新智选假日酒店正面的评价占绝大多数,基础服务、设施设备、环境卫生都得到了顾客的认同,其中以早餐、服务、酒店、房间、设施设备、环境卫生、位置区位、性价比的认同度最高。但酒店依然存在不足的地方,如基础服务中就出现前台提醒不到位,设施设备中对房间细节问题的处理,环境卫生中房间存在异味等问题。为了解决酒店在基础服务、卫生环境、设施设备方面存在的问题,提高顾客的满意度,本研究提出如下管理建议。

1. 重视顾客心理,正视顾客网络评价

顾客是酒店产品的直接消费者,是酒店收入的主要来源,因此酒店对于顾客的心理及需求要准确把握。酒店的在线点评内容不仅反映顾客对于酒店服务产品的体验经历,也包括酒店产品对于其需求满足的情感状态。顾客通过对顾客网络评价内容信息的搜集管理,了解酒店产品对于其需求满足的情感状态。酒店应设立专门的岗位或安排专职人员,针对顾客点评的核心内容,进行细致耐心的回复和解释,与顾客之间形成良性的互动,加深顾客对酒店的情感,减少顾客与酒店之间的误会。同时,酒店可以根据在线点评的详细内容,更有针对性地对存在的问题进行整改,这样能有效地对客人的需求进行预测,准确地把握市场方向,完善酒店的产品结构;还可以充分利用互联网在线点评功能,进行网络关系营销,提高酒店的网络口碑。

2. 加强服务管理,完善服务细节内容

针对绵阳高新智选假日酒店基础服务中出现的对顾客提醒不及时的情况,酒店需要加强在服务引导方面的告知管理,设立必要的提示牌和提示标语让顾客可以清楚地看到提示信息。酒店产品的构成,不仅包括有形的硬件设施,还有无形的劳务服务。在绵阳高新智选假日酒店基础服务评价中,服务人员的"态度""热情""细致"等词条多次被提到,对服务人员进行定期培训,提高员工对于细节服务的重视,不仅可以解决提醒不足的问题,还可以提高服务人员的综合素质和积极主动的服务意识以及服务能力,为酒店塑造良好的服务形象。

3. 注重酒店设施设备，定期更新维护

设施设备是酒店服务质量的重要组成部分，也是酒店产品服务的重要载体，顾客感受到的服务大多以设施设备为载体，以直接或间接的形式实现。因此，设施设备使用的便利性与舒适性，直接影响顾客对于酒店产品的综合评价。针对顾客反映的"牙刷过硬""无总控开关""浴室无换气扇"以及"枕头过硬"等极个别房间的问题，酒店客房部、采购部、工程部等相关部门应对客房内部的相关用品进行试用体验，并定期检查房间的设施设备使用情况以及使用年限，对影响顾客试用体验的物品及设施设备进行维修或更换。

4. 保持环境干净整洁，提升隔音效果

从在线点评文本中可以看出，绵阳高新智选假日酒店主要存在内部环境潮湿有异味、外部环境噪音过大两方面的问题，对于客人的睡眠有着较大的影响。对于客房内部潮湿有异味的问题，酒店可以在房间内增加空气净化器和除湿器，在房间里安装上换气扇，打开通风窗口让室内空气流通；对于外部噪音的问题，酒店可以在房间的窗户上做隔音处理，添加隔音棉，或者加装窗帘，或者增强窗户的密封性和玻璃的厚度，甚至更换隔音效果好的窗户，尽可能地减少噪音对住店客人睡眠的影响。

注：本节内容受洲际酒店集团英才培养学院教学开发奖励项目"基于内容分析法的酒店服务质量在线评价研究"资助。

四、乐山广场智选假日酒店服务质量网络评价研究

（一）酒店简介

乐山广场智选假日酒店地处于新广场商圈，有公交车可直达乐山大佛景区，多条公交线路直达"夜游三江"风景项目；酒店附近有华联、王府井、万达广场等购物中心，距离乐山嘉兴路美食街约1千米，距离乐山绿心公园约0.9千米。客房采用现代装修风格，时尚精致、舒适怡人，并选用国际知名寝具和棉织品为顾客提供舒适睡眠。酒店提供中西式智选早餐、无线网络、自助洗衣阁。在这里，顾客拥有的不仅仅是温暖的睡床、干净的客房和友好的微笑，更是一个倍感舒适温馨、尽享自我的空间。

（二）基于市场细分的酒店服务质量在线评价

根据顾客的出游目的的不同，乐山广场智选假日酒店的市场可划分为 7 个类型，见表 4-13。从表 4-13 可以看出，乐山广场智选假日酒店的客源类型中，商务出差的顾客的比例最高，达到了 30.39%；其次是家庭亲子和朋友出游的顾客，他们的比例分别达到了 27.31% 和 23.12%，这三类细分市场的顾客构成了乐山广场智选假日酒店客源的主体；代人预订的顾客的比例为 0.72%，独自旅行的顾客的比例为 4.26%，情侣出游的顾客的比例为 9.89%，其他类型的顾客的比例为 4.32%。

表 4-13　乐山广场智选假日酒店网络评分市场差异

出游目的	网络评分	样本数量/条	比例/%
代人预订	5	11	0.72
独自旅行	4.71	65	4.26
家庭亲子	4.6	417	27.31
朋友出游	4.73	353	23.12
情侣出游	4.64	151	9.89
商务出差	4.64	464	30.39
其他	4.72	66	4.32

从不同细分市场对乐山广场智选假日酒店服务质量的网络评分来看，代人预订的顾客网络评分最高，达到了 5 分；朋友出游、其他类型和独自旅行三类顾客的网络评分差不多，分别是 4.73 分、4.72 分和 4.71 分；顾客样本中比例最高的商务出差的顾客的网络评分为 4.64 分，情侣出游的顾客的网络评分为 4.64 分；家庭亲子的顾客的网络评分最低，为 4.6 分。总体来看，乐山广场智选假日酒店所有细分市场的顾客的网络评分都在 4.6 分以上，说明顾客满意度整体较高。

（三）基于房间类型的酒店服务质量在线评价

携程旅行网的有关信息显示，乐山广场智选假日酒店网络在售 7 种类型客房，其中售出客房最多的类型是标准房型，其中标准大床房的售出比例为62.87%，标准双床房的售出比例为 30.84%，累计占酒店售出房间数量的93.71%；高级大床房和高级双床房的售出比例分别为 2.42% 和 2.03%，家庭房的售出比例为 1.18%，行政大床房和行政双床房的售出比例较低，分别都只有 0.33%。乐山广场智选假日酒店网络评分房型差异见表 4-14。

表 4-14　乐山广场智选假日酒店不同房型的网络评分情况

房间类型	网络评分	样本数量/条	样本比例/%
标准大床房	4.64	960	62.87
标准双床房	4.65	471	30.84
高级大床房	4.52	37	2.42
高级双床房	4.74	31	2.03
行政大床房	4.86	5	0.33
行政双床房	4.2	5	0.33
家庭房	4.74	18	1.18

由表 4-14 可知，行政大床房的网络评分最高，达到了 4.86 分，也是顾客评价唯一在 4.8 分以上的房型；其次是高级双床房和家庭房，顾客网络评分都为 4.74 分；酒店客房售出比例中较高的标准大床房和标准双床房的网络评分分别为 4.64 分和 4.65 分，其网络评分处于酒店整体评价的平均水平当中；高级大床房的顾客评分为 4.52 分；行政双床房的网络评分最低，仅有 4.2 分，酒店需要对该房型的服务接待质量予以重视，分析引起顾客评价较低的因素。

（四）基于内容分析的酒店服务质量在线评价

1. 酒店在线点评文本高频词分析

本研究使用 ROST 软件的分词功能，对顾客在线点评文本进行分词处理，并对提取出来的词语进行出现频次统计，即统计出乐山广场智选假日酒店在线点评文本中出现的高频词。表 4-15 是乐山广场智选假日酒店在线网络点评文本出现频次在前 100 位的词语统计，图 4-6 是乐山广场智选假日酒店在线点评文本高频词云图，图中字体的大小与词语在顾客点评文本中出现的频次的高低直接相关。

表 4-15　乐山广场智选假日酒店在线点评文本出现频次在前 100 位的词语统计

词语	频次/次	词语	频次/次	词语	频次/次	词语	频次/次
酒店	767	舒适	72	出差	29	小朋友	19
房间	397	值得	58	距离	29	打车	19

表4-15(续)

词语	频次/次	词语	频次/次	词语	频次/次	词语	频次/次
早餐	383	高铁站	58	地毯	29	标准	19
服务	299	安静	56	风格	28	超级	19
干净	242	整洁	55	品种	28	吃饭	19
方便	226	热情	55	好吃	27	周到	18
乐山	204	味道	53	洗澡	26	商务	18
入住	175	装修	51	办理	26	餐厅	18
位置	162	免费	51	齐全	26	出游	17
环境	148	空调	46	公交	25	面条	17
前台	140	周边	45	附近	25	公交车	17
设施	129	体验	42	简单	24	楼层	16
性价比	129	人员	41	好找	24	快捷	16
假日	115	好好好	41	隔音	24	价位	15
卫生	109	连锁	37	小吃	22	热水	15
态度	100	大佛	36	不远	22	管理	15
舒服	87	服务员	36	特色	22	很快	15
下次	86	分钟	35	首选	22	温馨	15
满意	83	美食	34	孩子	22	市区	14
丰富	77	便利	34	枕头	21	安全	14
停车	76	洲际	34	每次	21	唯一	14
智选	75	地理	33	好评	20	大堂	13
交通	74	朋友	31	出行	20	完美	13
停车场	74	适合	30	周围	20	种类	13
选择	73	电梯	29	早饭	19	便宜	13

图 4-6　乐山广场智选假日酒店在线点评文本高频词云图

　　由表 4-15 可知，出现频次最高的词语是"酒店"，其出现频次达到了 767 次；其次是"房间"和"早餐"，其出现频次分别为 397 次和 383 次；其他出现频次在 100 次以上的词语分别是"服务""干净""方便""乐山""入住""位置""环境""前台""设施""性价比""假日""卫生""态度"。根据词语的属性大致可以发现，顾客的在线点评文本内容大致可以分为三类，第一类是对于酒店自身的简介及所处地理位置的介绍，第二类是对酒店提供的服务产品及设施设备的评价，第三类是对酒店服务的相关评价。描述酒店自身简介的词语主要有"酒店""假日""智选""连锁""洲际""商务""快捷"；描述酒店地理位置的词语主要有"乐山""位置""高铁站""大佛""周边""距离""公交""市区"等；描述酒店提供的服务产品的词语主要有"早餐""入住""停车""态度""美食""洗澡""办理""早饭""面条""热水"等；酒店设施设备类的词语主要有"房间""前台""设施""停车场""空调""电梯""地毯""隔音""枕头""餐厅""大堂"等；对酒店服务评价类的词语主要有"干净""满意""丰富""值得""安静""热情""整洁""便利""适合""好吃""好找""好评""周到""温馨""完美""便宜"等。

　　本研究对在线点评文本进行分词处理，然后提取文本中出现的高频词，并根据词语出现的频率高低和词语之间的相关性，使用 ROST 软件中的语义网络分析工具，绘制乐山广场智选假日酒店在线点评语义网络图（见图 4-7）。图 4-7 中是在线点评文本中出现频率较高的词语，词语之间的线条代表着二者之间存在联系。从图 4-7 可以看出，乐山广场智选假日酒店在线点评语义网络图以"酒店""服务""房间""环境""早餐"和"设施"为中心，构成游客在线点评的核心内容，其他词语基本围绕这几个指标，共同组成了乐山广场智选假日酒店的在线点评语义网络图。

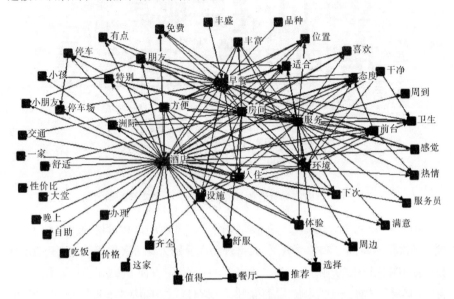

图 4-7　乐山广场智选假日酒店在线点评语义网络图

2. 酒店服务质量在线评价分析

酒店产品是一种由无形的劳务服务和有形的设施设备、卫生环境等组成的综合性产品。酒店产品构成的综合性，导致顾客对酒店服务质量的评价也包括较多的方面。根据对顾客在线点评文本高频词的词语属性进行分类，本研究从"基础服务、设施设备、卫生环境、体验感知"四个方面对乐山广场智选假日酒店的服务质量进行在线评价。每种类别下排序前 30 的网络评价词语及词频统计见表 4-10。

表 4-10　每种类别下排序前 30 的网络评价词语及词频统计

排序	基础服务		设施设备		卫生环境		体验感知	
	词语	词频/次	词语	词频/次	词语	词频/次	词语	词频/次
1	酒店	767	房间	397	干净	242	方便	226
2	早餐	402	前台	140	位置	162	性价比	129
3	服务	299	设施	129	环境	148	舒服	87
4	入住	175	停车场	74	卫生	109	满意	83

表4-10（续）

排序	基础服务		设施设备		卫生环境		体验感知	
	词语	词频/次	词语	词频/次	词语	词频/次	词语	词频/次
5	态度	100	空调	46	交通	74	丰富	77
6	服务员	77	电梯	29	高铁站	58	选择	73
7	停车	76	地毯	29	安静	56	舒适	72
8	免费	51	隔音	24	整洁	55	热情	55
9	美食	34	枕头	21	味道	53	好好好	41
10	品种	28	餐厅	18	装修	51	适合	30
11	办理	26	楼层	16	便利	34	好吃	27
12	洗澡	26	热水	15	距离	29	齐全	26
13	小吃	22	大堂	13	风格	28	好找	24
14	吃饭	19	大厅	12	附近	25	首选	22
15	面条	17	客房	11	市中心	13	好评	20
16	管理	15	硬件	11	景区	11	周到	18
17	自助	13	拖鞋	11	宽敞	11	很快	15
18	牛奶	10	用品	10	清新	8	温馨	15
19	住店	10	面积	9	优雅	8	便宜	13
20	人性化	10	卫生间	9	车站	8	丰盛	13
21	住宿	9	床垫	8	临街	7	完美	13
22	洗衣	9	配套	7	打扫	7	贴心	12
23	预定	8	被子	7	气味	6	完善	10
24	刷卡	8	车位	6	新鲜	6	合理	10
25	手续	8	洗漱	6	异味	6	大气	10
26	升级	7	玩具	5	头发	5	实惠	9
27	饮料	6	电脑	5	混乱	5	失望	8
28	保安	6	淋浴	4	清洁	5	划算	7
29	咖啡	6	床单	4	噪音	4	缺点	6
30	接待	6	配置	4	通风	3	开心	6

（1）基础服务网络评价。

从基础服务网络评价的高频词中可以看出，"餐饮""服务"和"入住"构成了乐山广场智选假日酒店的基础服务，酒店基础服务的词语主要是酒店早餐、客房服务及前台办理入住方面。与餐饮相关的高频词有8个，接近三分之一，其中"早餐"出现了402次，大部分客人对酒店的早餐表示满意，认为乐山广场智选假日酒店早餐种类丰富、味道不错。与酒店服务相关的词语主要是前台的预订、办理入住等环节，酒店员工"服务"出现了299次，"入住"出现了175次，酒店员工"态度"出现了100次。酒店员工服务存在的主要问题是旺季前台因工作量增加而忽视了对客人的照顾，不够热情，前台因不熟悉业务而导致办理入住或离店业务速度缓慢等。此外，"免费""升级""人性化"等词语的多次出现给乐山广场智选假日酒店的品牌形象带来了积极影响。总体来看，客人对酒店的基础服务评价比较积极。

（2）设施设备网络评价。

乐山广场智选假日酒店开业时间不长，大部分客人表示该酒店设施设备很新、很齐全，装修精致，因此给了好评。此外，客人对酒店房间的网络很满意，表示上网速度快，体验舒心。酒店亲子房内有儿童牙刷、拖鞋等用品和儿童系列玩具，很注意小细节，还送小朋友旺仔牛奶、糖果等，增加了客户对该酒店的满意度，不少客户表示还会带孩子来。此外，"停车场""电梯"等作为客人入住酒店经常接触的地方，也是客人评价酒店设施设备的重要指标。客人对酒店的好感度因为酒店配有停车场而大大增加，客人对酒店的停车场非常满意，表示该停车场空间大、停车免费且十分方便。

乐山广场智造假日酒店设施设备存在的主要问题是地毯比较脏，隔音不好，电梯太少、只有两部且速度较慢。地毯的干净程度直接影响客人的入住心情，地毯脏会让客人对酒店产生明显的厌恶和回避情绪，客人不仅会给酒店差评，也容易将其列入黑名单。房间隔音效果不好会直接影响客人休息，酒店的核心任务就是为客人提供干净舒适的休息环境，如果隔音不好，那么客人的睡眠一旦受到外界影响，不仅会给酒店差评，还可能投诉酒店，这会直接影响酒店的品牌形象和口碑。

（3）卫生环境网络评价。

乐山广场智选假日酒店地理位置优越，优势明显。乐山广场智选假日酒店地处新广场商圈，有公交车可直达乐山大佛景区，多条公交线路直达"夜游三江"风景项目；酒店附近有华联、王府井、万达广场等购物中心，距离乐山嘉兴路美食街约1千米，距离乐山绿心公园约0.9千米，距离高铁站2.9千米，出行方便，周边的中高端酒店较少，竞争优势突出，是顾客的首选之一。

顾客对乐山广场智选假日酒店外部环境的评价总体呈积极情感，表示该酒店周围环境干净舒适、空气清新，酒店建筑整体也十分现代化，看起来高端大气。乐山广场智选假日酒店的内部环境主要包括前厅、大堂、客房、餐厅、楼道等，多数客人表示酒店客房宽敞明亮、干净整洁，餐厅环境舒适干净。但从"异味""混乱""噪音""头发"等词可以发现，酒店在卫生清洁方面也存在一些比较严重的问题，表现为①酒店是新装修，房间内有异味；②房间内通风不好，有点闷；③部分房间潮湿、有霉味；④房间隔音效果差，影响客人休息；⑤酒店地毯脏，影响整体环境。

（4）服务质量体验感知

根据"体验感知"指标中高频词所表达的情感态度，将其分为正面评价、中性评价和负面评价三类，其中正面评价的词语有23个，中性词语有5个，负面评价有2个。总体来看，顾客对于乐山广场智选假日酒店的评价以正向词语为主，服务项目人性化、装饰设计符合大众审美、出行方便、配有停车场、整体环境舒适、性价比高等在一定程度上反映出顾客对乐山广场智能假日酒店的满意度和体验感较高。对于"性价比"这个指标而言，顾客之间有分歧，正面词语出现的频率较高，这从"便宜""划算""实惠"等词语可以佐证；"失望""缺点"等负面评价词语，说明酒店的服务还存在不少让顾客不满意的地方，这也都实际反映在顾客的点评文本内容中，同时客人也针对酒店存在的相关问题提出了建议与改进意见。

（五）酒店服务质量管理提升建议

本研究使用内容分析法对乐山广场智选假日酒店的在线点评文本进行了分析发现，房间设施、员工服务、酒店环境是客人最关注的三个方面，在文本中提到的次数也最多。乐山广场智选假日酒店的品牌形象、服务质量、服务项目被多数顾客所认可，但是，在点评文中也暴露出该酒店在服务过程中以及酒店内的设施设备存在的一些问题，如服务人员不够热情、电梯老化、地毯脏、房间闷热、通风差、隔音效果差等。针对点评文本中顾客关注的服务内容和酒店服务质量管理中存在的问题，本研究提出以下管理建议。

1. 强化员工服务技能的训练

酒店服务人员的形象就代表酒店的形象，员工的素质和专业技能直接影响客人的入住体验。针对酒店存在的部分服务员不热情、业务不熟悉的问题，酒店应强化对员工的业务技能培训，一方面，服务人员务必要学习和巩固最基本的理论服务知识和理念，另一方面，服务人员要熟练实际操作技能，培养应变能力和紧急处理问题的能力，如前台人员务必要熟练操作登记入住系统，相关人员要能熟练使用自助服务机器，引导客人规范操作。同时，酒店要强化对员工服务礼仪的培训，让员工以专业的态度对待酒店工作，以热情周到的态度对待客人，不断提高自身素质。

2. 检查和更新维护设施设备

硬件设施设备是酒店服务产品的重要载体，是服务质量的主要构成因素。针对房间潮湿的问题，酒店可以在房间内放置干燥剂或添加香氛，多对房间进行开窗透气；针对通风差的问题，酒店应该检查和改善客房内和楼道通风系统，或者安装空气净化器；针对隔音差的问题，酒店应检查门、墙、玻璃的隔音效果，必要时更换隔音门或增加隔音板；对于酒店地毯脏的问题，酒店要进行清洁或更换地毯。酒店不少的硬件设施已经出现不同程度的问题，定期的检查、维修或更换有利于减小酒店损耗、降低酒店成本。

3. 加强客户关系的维护

网络的评价内容都源自顾客的亲身体验，酒店应该予以重视。对于客人的好评，酒店可以参考着分析自身优势，继续精进；对于客人提到的问题，酒店应根据实际情况检查与分析，有则改之，无则加勉。针对顾客提出的意见，酒店内部应当给予回复，一方面可以得到更多的宝贵意见，另一方面，还可以缓解与顾客之间的矛盾，很好地解决了潜在危机，也促进了酒店的长期健康发展。此外，酒店应安排专门的员工负责网络口碑运营，充分利用互联网资源，做好酒店的客户维系和品牌推广工作。

4. 强化酒店内外部环境卫生管理

优美舒适的酒店外部环境和内部环境是影响客户选择酒店的重要因素，因此，酒店要时时刻刻关注酒店内外部的卫生环境，丝毫不能懈怠，尤其要避免出现脏、乱、差的现象。对于外部公共环境，酒店应该督促相关人员时刻巡视和打扫；对于内部环境，酒店要注意维护和保持公共区域的干净整洁。对于客房，客房服务人员要按照严格的标准清洁打扫，绝对不能偷懒，客房主管应每天抽查已经清洁完成的房间，切实保证为客人提供一个干净舒适的休息环境。

注：本节内容获洲际酒店集团英才培养学院教学开发奖励项目"基于内容分析法的酒店服务质量在线评价研究"资助。

第五章　主题酒店及民宿客栈的实践案例

一、成都西藏饭店服务质量网络评价研究

（一）酒店简介

成都西藏饭店矗立于天府锦江河畔，临近春熙路商圈，毗邻文殊院、龙湖天街和万达购物区，交通便利，步行约3分钟即到地铁一号线及六号线。丰富的中西式自助早餐，搭配独特的藏式特色菜品，可以为顾客提供多种选择。西藏饭店（成都）是集国家星级旅游饭店、金叶级绿色旅游饭店等殊荣于一身的金鼎级藏文化主题旅游饭店，漫步其间，犹如置身藏文化博物馆。松石、珊瑚、蜜蜡的主题楼层，用色彩诠释了"天地人和"的含义；定制家私画龙点睛，完美融合了艺术的感性和工匠的理性；房间超静音升级，新风和净化双管过滤，房间、走廊PM2.5指数实时屏显，守护顾客的健康；智能窗帘和红外线感应夜灯，一键开启智慧生活。让顾客伴一路吉祥祝福，归一段西藏时光。

（二）基于市场细分的酒店服务质量在线评价

根据顾客的出游目的的不同，成都西藏饭店的客源市场可划分为7个类型，见表5-1。从表5-1可以看出，成都西藏饭店的客源类型中，商务出差的顾客的比例最高，达到了45.58%；其次是家庭亲子的顾客，其比例达到了26.74%。商务出差和家庭亲子的顾客的比例合计占72.32%。朋友出游的顾客的比例为12.45%，代人预订的顾客的比例为2.00%，独自旅行的顾客的比例为5.24%，情侣出游的顾客的比例为5.04%，其他类型的顾客的比例为2.94%。

表 5-1　成都西藏饭店网络评分市场差异

出游目的	网络评分	样本数量/条	样本比例/%
代人预订	4.88	60	2.00
独自旅行	4.88	157	5.24
家庭亲子	4.92	801	26.74
朋友出游	4.91	373	12.45
其他	4.92	88	2.94
情侣出游	4.83	151	5.04
商务出差	4.91	1 365	45.58

从不同细分市场对成都西藏饭店服务质量的网络评分来看，家庭亲子和其他类型的顾客对酒店的评价最高，其网络评分为 4.92 分；其次是朋友出游和商务出差的顾客，其网络评分为 4.91 分，其中商务出差在顾客样本中所占比例最高；独自旅行、代人预订顾客的网络评分均为 4.88 分；情侣出游类型的顾客网络评分最低，为 4.83 分。成都西藏饭店所有细分市场的网络评分都在 4.6 分以上，顾客满意度较高。

（三）基于房间类型的酒店服务质量在线评价

携程旅行网的有关信息显示，成都西藏饭店网络在售 23 种类型的客房，其中售出客房最多的类型是豪华大床间，其达到了选取样本的 40.50%；其次是豪华双床间，其比例达到了 26.33%，这两种类型的客房比例累计达到 66.83%；藏韵精致单人房的比例为 15.23%，行政楼层豪华间、西藏时光·看见温暖大床房、家庭房、商务套房、亲子房的比例分别为 5.38%、3.55%、2.20%、1.87%、1.83%；豪华间、舒心房、行政豪华大床房、西藏时光·看见温暖大床房、行政豪华双床房、豪华商务间的比例分别为 0.95%、0.70%、0.33%、0.29%、0.18%、0.15%；西藏时光·布宫星光大床房和西藏时光·布宫星光双床房所占比例均为 0.11%；复式套房和西藏时光·布宫阳光所占比例 0.07%；行政楼层豪华商务间、行政楼层豪华双床间、贴心大床房和西藏时光·布宫阳光套房占比均为 0.04%，后 14 种房型售出数量占比均不到 1%，数量较少。成都西藏饭店网络评分房型差异见表 5-2。

表 5-2　成都西藏饭店不同房型的网络评分情况

房间类型	网络评分	样本数量/条	样本比例/%
豪华大床间	4.88	1 106	40.50
豪华双床间	4.93	719	26.33
藏韵精致单人房	4.88	416	15.23
行政楼层豪华间	4.92	147	5.38
西藏时光·看见温暖大床房	4.96	97	3.55
家庭房	4.91	60	2.20
商务套房	4.93	51	1.87
亲子房	4.79	50	1.83
豪华间	4.71	26	0.95
舒心房	5	19	0.70
行政豪华大床房	4.9	9	0.33
西藏时光·看见温暖双床房	5	8	0.29
行政豪华双床房	4.66	5	0.18
豪华商务间	5	4	0.15
西藏时光·布宫星光大床房	5	3	0.11
西藏时光·布宫星光双床房	5	3	0.11
复式套房	4.5	2	0.07
西藏时光·布宫阳光	4.9	2	0.07
行政楼层豪华商务间	5	1	0.04
行政楼层豪华双床间	5	1	0.04
贴心大床房	4.5	1	0.04
西藏时光·布宫阳光套房	5	1	0.04

　　由表 5-2 可知，行政楼层豪华商务间、行政楼层豪华双床间、豪华商务间、舒心房、西藏时光·布宫星光大床房、西藏时光·布宫星光双床房、西藏时光·布宫阳光套房、西藏时光·看见温暖双床房的网络评分最高，均达到了5.0 分，但这与样本数量较低有关；其次是西藏时光·看见温暖大床房，其网络评分达到了 4.96 分；商务套房和豪华双床间网络评分为 4.93 分；酒店客房售出比例中较高的豪华大床间和豪华双床间的网络评分分别为 4.88 分和4.93 分，顾客评价也较高；行政楼层豪华间、家庭房、西藏时光·布宫阳光、行政豪华大床房的网络评分为 4.92 分、4.91 分、4.9 分、4.9 分；藏韵精致单

人房和豪华大床间评分为 4.88 分；亲子房和豪华间评分为 4.79 分和 4.71 分；行政豪华双床房评分为 4.66 分；顾客网络评价最低的客房类型是复式套房和贴心大床房，其评分均为 4.5 分，酒店需要对该房型予以重视。

（四）基于内容分析的酒店服务质量在线评价

1. 酒店在线点评文本高频词分析

本研究运用 ROST 软件对成都西藏饭店的在线点评文本进行分词处理，提取成都西藏饭店在线点评文本中出现的高频词，并根据在线点评文本中高频词的词频生成成都西藏饭店的在线点评文本高频词云图（见图 5-1）。图 5-1 中是在线点评文本中出现频率较高的词语，字体的大小代表词语被提及的频次的高低。可以看出，"客房"被顾客在点评文本中提及的次数最高，"西藏""早餐""舒适""热情""入住""设施""丰盛""藏族"等构成酒店顾客在线点评文本的核心词语。

图 5-1　成都西藏饭店在线点评文本高频词云图

本研究根据词语出现的频率高低和词语之间的相关性，采用共现分析法构建高频词的共现矩阵，使用 ROST 软件中的语义网络分析工具，形成成都西藏饭店在线点评语义网络图（见图 5-2）。图 5-2 显示了成都西藏饭店在线点评的高频词，连线表示词语间存在联系。由图 5-2 可知，成都西藏饭店在线点评以"酒店""服务""早餐""特色""房间"和"西藏"等词语为中心词语，其中"酒店"出现 867 次，"服务"出现 773 次，"早餐"出现 419 次，"房间"出现 355 次，由此得知顾客对酒店关注度最高或感知程度最深的便是酒店的服务、早餐及房间等，这就提示了酒店应当高度重视服务、餐饮及客房的服务水平，密切关注并随时改进。另外"特色""热情"和"入住"等高频率出现并与其他词语高度关联表明了顾客们对该酒店的服务相当满意并且愿意继续入住。其他词语如"方便"出现 178 次、"环境"出现 145 次、"干净"出现128 次等，表示消费者们尤其关心酒店的位置、内外部环境、硬件设施和风格。

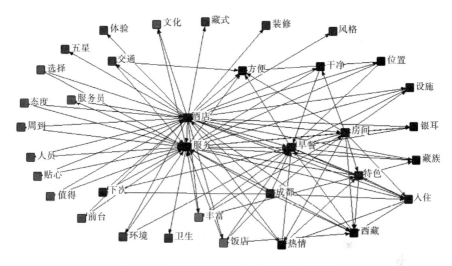

图 5-2　成都西藏饭店在线点评语义网络图

2. 酒店服务质量在线评价分析

鉴于成都西藏饭店是一个主题酒店，主题文化是酒店营造氛围的重点，客人对于酒店卫生环境的评价也大都与酒店的主题氛围营造关联性较强，因此本研究将"基础服务、设施设备、卫生环境、体验感知"评价指标中的"卫生环境"用"主题氛围"代替。体验感知是对酒店的整体服务进行评价分析，能展现出酒店的整体服务质量情况，而基础服务、设施设备和主题氛围是从酒店的细节之处进行分析，可以展现酒店各个部门的服务水平。这四个方面兼顾了酒店的宏观与微观状况，能更全面、完整地分析出酒店真正的服务质量水平。

（1）基础服务网络评价。

基础服务涉及多方面内容，下面从服务项目、服务态度、服务技能和特色服务四个方面进行具体阐述。根据图 5-2 发现顾客对成都西藏饭店的基础服务多以积极评价为主，多次出现"服务""早餐""热情"等词语，同时还频繁地出现几个服务员人名，如"廖春梅"出现10次，"蒋玉娇"出现6次，顾客们对她们的服务表示满意并特地提出了感谢。工作人员佩戴胸牌不只增加了顾客对工作人员的了解，也方便了顾客对工作人员的服务做出及时的反馈，利于工作人员的改进，提高服务水平。至于"投诉"这一词语，1 200条评论中只出现了一两次，由此可见顾客对成都西藏饭店的基础服务持满意态度。

①服务项目评价。

服务项目的研究多从"早餐""入住"和"前台"接待情况这几方面入手，顾客对酒店的早餐或晚餐的感知程度比较深，尤其是"早餐"，而顾客对早餐的评价以"丰盛""好吃""新鲜"为主，也认为食物很有"特色"，95%的顾客都对酒店的餐饮表示满意和喜欢。同时，顾客也表示"入住"过程很愉快，门童帮忙拿"行李"，"前台""办理"手续速度快，效率高。

②服务态度评价。

根据基础服务在线点评词语及频次统计表中整理的服务态度词语发现，服务员的服务态度给顾客们留下了深刻印象，其中"热情"是最主要的，另外还有"贴心""亲切""主动"等词语，"宾至如归"这一词语更是表明了成都西藏饭店高水平的服务态度。在收集的服务态度中频次最高的10个词语皆是积极评价，而表示服务员服务态度不好的评价仅有两三条。这些词语以及出现的高频次表明顾客非常满意成都西藏饭店服务员的服务态度，展现了该酒店优质的基础服务。

③服务技能评价。

服务技能是指服务人员在服务过程中所展现的基本能力，要求服务人员在学习科学文化知识和掌握专业技能的同时还要提高自身的情商，提升交际和应变能力。在成都西藏饭店的在线点评词语中，顾客们多用服务"周到""到位"以及"细节""细心""及时"等词语描述服务员的服务技能，这表示酒店的服务人员的服务技能已非常熟练。

④特色服务评价。

从表5-3中可知，成都西藏饭店的特色服务主要是晚上"赠送"一些"银耳汤"；"体验"酒店一些特色的项目，如甲拉书院、藏式理疗等；临时"管家"给顾客免费提供儿童拖鞋、牙刷等物品以及客人离店时赠送"礼物"，如"手链"之类的小物品。酒店通过为顾客提供一些额外的特色小礼物，提高了大部分住店客人的满意度，但特色服务仅停留在表面，未深入研究顾客的真实需求，并未展现出优质的个性化和差异化服务。

表 5-3　成都西藏饭店基础服务在线点评词语及频次统计表

排序	服务项目		服务态度		服务技能		特色服务	
	词语	词频/次	词语	词频/次	词语	词频/次	词语	词频/次
1	早餐	426	热情	205	周到	104	银耳汤	105
2	入住	222	服务员	109	到位	42	体验	94
3	丰盛	190	态度	102	打扫	25	管家	38
4	前台	107	贴心	98	细节	23	赠送	35
5	味道	48	亲切	18	细心	14	礼物	29
6	晚餐	33	主动	18	帮忙	16	惊喜	16
7	超级	32	暖心	14	及时	14	独特	15
8	好吃	32	宾至如归	10	素质	8	亲子	11
9	办理	21	礼貌	9	优秀	6	儿童牙刷	10
10	新鲜	13	微笑	8	优质	4	手链	4

（2）设施设备网络评价。

客房是顾客主要的消费产品之一，关注度最高，且顾客在客房内停留时间最长，所以顾客对客房的感知程度也是最深的。将在线点评中有关设施设备的高频词以及对设施设备的评价词语总结在表 5-4 中。根据表格可以发现顾客对客房及客房内部设施的评价最多，"客房"及相似词语出现次数最多，达429 次，在设施设备词语占比48.15%，余下的"卫生""洗手间"及相似词语"枕头""空调"和"拖鞋"等评价客房内部设施的词语出现了 160 次。这些词语总共占比65.3%，表明顾客尤其关注客房内的设施设备，酒店要高度重视客房内设施设备的建设。顾客对客房的评价多以"干净""温馨""整洁"等词语为主，积极评价占评价词条的95%，由此可见顾客对成都西藏饭店客房内部的设施设备非常满意。然而，对设施设备的总体评价也出现了"陈旧"一词，说明成都西藏饭店成立时间长达31年，出现了设施陈旧和设备老化的现象。目前酒店已逐步进行重新装修或维修更换设施设备，但也带来了噪音问题，"隔音"效果不好影响顾客的休息而引发顾客们的差评。此外，"停车场""免费"这一点备受自驾游顾客的青睐，有个别顾客因为酒店没有游泳池表示遗憾。总体上来说，顾客们对成都西藏饭店基本设施设备的评价仍以积极评价为主，但酒店应当注意一些如隔音这般的小细节。

表 5-4 成都西藏饭店设施设备在线点评词语统计表

词语	词频/次	词语	词频/次
客房	429	干净	128
设施	134	温馨	49
卫生	74	整洁	45
大堂	48	免费	40
停车场	44	安静	33
餐厅	45	漂亮	22
洗手间	28	陈旧	21
硬件	19	好评	19
枕头	14	豪华	17
空调	14	宽敞	16
拖鞋	13	温暖	11
健身房	12	放松	10
隔音	9	上档次	5
浴缸	8	雅致	4
总计	891	总计	420

（3）主题氛围网络评价。

主题氛围是主题酒店的灵魂，主题氛围的展现是主题酒店成功经营的关键之一。吕函霏等人以成都西藏饭店为例，从味觉、视觉、听觉和嗅觉四个方面研究了该酒店的主题氛围是如何营造的。[①] 因案例酒店相同，所以本文主题文化的研究也从味觉、视觉、听觉和嗅觉四个方面进行。根据在线点评，顾客们一致表示成都西藏饭店极具主题文化特色，其中"特色"一词出现 314 次，"西藏"出现 241 次，"藏族"出现 113 次，"文化"出现 90 次，"藏式"出现 78 次，"民族"出现 42 次，总计达 878 次，在全部评价中占比 73.2%。这表明顾客非常关注酒店的主题氛围，也表明成都西藏饭店的主题氛围建设卓有成效。

---

① 吕函霏，肖晓，江岳安. 主题酒店的氛围营造：以成都西藏饭店为例 [J]. 成都理工大学学报（社会科学版），2010，18（2）：98-102.

①味觉评价。

餐饮产品是酒店展现主题文化的主要媒介。成都西藏饭店的餐饮是极其具有文化特色的，酒店提供独具特色的食物，而顾客品尝特色食物，通过味蕾感受主题酒店的主题文化。味觉词语是四类词语中最多的，包括"味道""酥油茶""小吃""青稞"等7个，占比50%以上。由此观之，酒店的餐饮是顾客最关注的也是感知程度最深的产品之一。"酥油茶""牦牛肉"和"青稞"等皆是西藏特有的食物，经过专业培训的本地厨师能将藏族的风味发挥到极致，在大型活动中还有来自西藏或外国的专业厨师。雪域贵族宴、红宫喜宴、亚克海鲜自助餐厅和拉萨下午茶等皆受到顾客的好评。

②视觉评价。

成都西藏饭店的各类物件、图案及色彩等通过视觉效果更能展现出西藏的文化，所以出现了很多相关词语，如"装饰""漂亮""精致"。大厅的经幡和酥油灯象征着祈福；祥云、哈达和八宝图寓意客人受佛祖保佑；放置于大门口的牦牛造型摆件彰显了藏族人民的热情好客；金黄色的建筑和赭褐色的各式家具展现了绚丽多彩的藏式风格；身穿藏族服饰的工作人员向外传递着别具一格的藏文化；购物长廊和唐卡展览等地让顾客大饱眼福。虽然顾客在视觉评价上不多，但仍然能从顾客的词语间感受到浓浓的藏式风情。

③听觉评价。

顾客们对于听觉的评价主要来自两个方面：歌舞表演和问候用语。酒店一般是周五晚上举行"歌舞表演"，表演者多为酒店的工作人员，顾客们可以免费观看，这就为顾客多提供了一项娱乐活动，也能让顾客近距离感受藏文化；同时，顾客身处酒店中无论何时都能听到来自工作人员的问候"扎西德勒"，这表达了工作人员对顾客的美好祈愿。这二者使得顾客仿佛身临西藏地区，能更深层次地体会到藏文化的魅力。

④嗅觉评价。

嗅觉方面的评价主要是"藏香"和"藏茶"，在酒店公共区域能闻到清心去秽、香气怡人的藏香；另外将放有藏茶砖的布袋置于客房内，安神效果明显，使睡醒后的顾客神清气爽；藏茶吧更是让顾客在茶香中感受到了雪山高原的神秘。藏香和藏茶及各式香器的气味弥漫在整个酒店内，藏族气息始终萦绕在顾客身旁。

（4）服务质量体验感知。

根据携程网站上的数据，成都西藏饭店网络总评分为4.8分，其中卫生4.8分，环境4.8分，服务4.9分，设施4.8分；在线点评总计5 521条，但差评只有33条，且五星好评率达90%以上。具体从高频词分析，可以筛选出"满意""值得""五星"等表示总体评价的词语，将这些词语进行归纳整理，最后汇合成了总体评价词语统计图（见图5-3）。从图5-3中可知，"五星级"及相似词语出现频次最高，达119次，大部分顾客认为酒店的环境设施和服务水平达到五星级要求；其次是"舒适"117次，"满意""值得""完美"等积极评价词语出现的频率也很高。反而是消极评价的"失望"和"不足"的词语各出现了7次，"马马虎虎"出现6次。

　　另外，顾客们对成都西藏饭店的地理位置尤其满意，认为酒店出行"方便"，距离各车站近，去万达广场购物方便，距离文殊院和宽窄巷子十几分钟车程，至双流机场车费不高，地理位置十分优越。同时，"环境"一词出现145次，顾客们大多数表示环境很好，各方面比较和谐。关于"性价比"，大部分顾客也表示性价比较高，软件硬件设施达到期望值，酒店的整体水平与价格相符合，更是表示"下次"仍旧愿意选择这个酒店。总而言之，总体评价词语多以积极评价为主，这说明成都西藏饭店的服务质量水平高，满足了顾客们的期望。

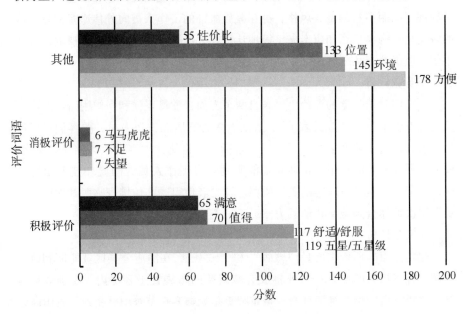

图5-3　成都西藏饭店总体评价词语统计

（五）酒店服务质量管理提升建议

本研究运用ROST软件分析成都西藏饭店的在线点评文本，提取高频词，从基础服务、设施设备、主题氛围和体验感知等方面研究酒店的服务质量水平。研究发现顾客对该酒店的评价以积极评价为主，说明该酒店服务质量水平能够满足消费者的基本需求，但酒店也存在着个性化服务不明显、藏文化内涵有待升入挖掘、设施设备陈旧老化和在线点评利用程度不足等问题。针对成都西藏饭店服务质量管理存在的具体问题，本研究拟提出以下改进建议。

1. 关注顾客真实需求，提供个性化服务

伴随个性化服务理念在酒店业内的普及，大部分酒店开始重视个性化服务，并着手提供个性化服务以提升酒店竞争力。员工轻视"细节服务"、服务创造性不足这一问题是酒店难以提升个性化服务水准的主要原因，要根本解决员工服务创造性问题，管理层应该转变经营理念，重视基层服务人员，吸纳专业水平高、工作经验丰富的基层员工；开展各式培训活动和服务竞赛活动，提升服务员的专业素质；制定层次不同的奖励制度，鼓励服务员创造性地为顾客提供个性化服务。另外，在互联网时代，收集信息和运用网络技术是现代企业提高竞争力的重要手段。酒店要全员参与收集顾客最真实可靠的需求信息，制定个性化服务方案；借助现代化的计算机网络技术记录消费者个人档案，内容包括其基本信息、生活习惯、爱好和禁忌等；保持信息畅通，高效率传达顾客的真实需求，各部门协调合作，共同致力于提供个性化服务。

2. 挖掘藏文化内涵，深入营造主题文化氛围

主题文化是主题酒店的灵魂，主题酒店应当始终把营造主题文化氛围放在首要位置。目前，成都西藏饭店着重在物件、色彩、图案、食物、气味和问候用语等方面展现藏文化，顾客们都认为该酒店极具藏式风格，文化内涵丰富。但这些文化都停留在衣食住等表面层次，文化内涵不够深刻，酒店应当挖掘更深层次的藏文化内涵。酒店可以开设刺绣展览供顾客欣赏，也可开设藏族刺绣班教授顾客学习，丰富顾客们的娱乐休闲活动；在大堂、走廊、餐厅、健身房等公共场所内播放藏族歌谣，使进入酒店的消费者无时无刻都能体会到恍如身处西藏雪域高原的神秘壮阔；提炼出藏族历史文化中比较有代表性的人物，如格萨尔王、仓史嘉措、松赞干布等，将藏族人民耳熟能详的历史人物的故事以表演、歌谣和舞蹈等形式展现给顾客，使顾客徜徉在藏族文化中；在藏历年、雪顿节、燃灯节等传统节日里开展藏族风俗活动，管理者、服务员和消费者共同参与其中；将彩绘、唐卡融入装修建筑及设施设备之中；将藏族书法艺术、特色小饰品作为手信赠送给顾客等。

3. 维修和更新设施设备，保证运转的有效安全

设施设备是展现酒店服务质量的重要载体，也关乎到顾客的人身财产安

全，酒店工程部必须时刻关注其发挥功能作用的有效性和安全程度。酒店应安排专业人员定期检查设施设备工作状况，注意保养、维修和更新换代，保证设施设备始终处于正常工作状态和安全环境之中；同时关注科技新成果，安装自动化设施，配置新设备，努力提高顾客入住体验，提升酒店服务质量水平。

4. 充分利用在线点评，改进服务并转变经营理念

在广泛运用大数据的背景下，在线点评成为影响消费者选择酒店的重要因素，且在线点评有利于酒店制定未来发展战略，所以酒店必须充分利用在线点评，时刻关注顾客的反馈，随时改进服务和转变经营策略。针对点评中顾客提出的问题，酒店应立即改进或解决该问题及相关问题；仔细分析在线点评，从中把握顾客的消费趋向，改进酒店的服务方向；努力建设在线客服，使其能高效、完整且以良好的态度回答消费者的询问。

5. 提高员工素质水平，保证服务质量的稳定性

酒店业属于劳动力密集型产业，对劳动力的数量和质量要求很高。酒店服务员的服务水平是酒店服务质量水平的重要标志，但在线点评中仍旧出现了几条关于服务员服务差的评价，这说明其服务水平还有提升空间。酒店应开展不定期的员工培训，严格把控员工素质标准；加强与高校的合作，吸纳专业人才，为酒店注入新鲜血液；强化与同行业内其他酒店的交流合作，促成员工交换学习，借鉴同行酒店员工培训方式和提供优质服务的经验；提高工资薪酬待遇水平，留住并吸引高素质员工。

注：本节部分内容系乐山师范学院旅游学院 2016 级酒店管理专业胡莉毕业论文（设计）成果，其指导教师为冯晓兵。

二、乐山禅驿·嘉定院子服务质量网络评价研究

（一）酒店简介

乐山禅驿·嘉定院子紧邻世界文化遗产乐山大佛景区，是四川首家以禅文化为主题的精品度假酒店。酒店自 2017 年开业至今，以其独特的酒店文化、别具一格的装修风格，成了许多顾客的优先选择，同时，其利用自身品牌的优势、酒店的文化特色以及行业声誉的广泛传播，得到了行业及消费者的认可，走出了一条与传统酒店相比更具有独特性的禅文化主题度假酒店的发展之路。

（二）基于市场细分的酒店服务质量在线评价

基于顾客的出游目的可将乐山禅驿·嘉定院子的客源市场划分为以下7个类型，见表5-5。从表5-5可以看出，乐山禅驿·嘉定院子的客源类型中，家庭亲子的顾客的比例最高，达到了45.06%；其次是朋友出游的顾客，其比例达到了22.43%，占比前二的两种客源类型在酒店总体客源占比达到67.49%；商务出差的顾客的比例为7.65%，代人预订的顾客的比例为1.15%，独自旅行的顾客的比例为4.91%，情侣出游的顾客的比例为16.12%，其他类型的顾客的比例为2.68%。

表5-5　乐山禅驿·嘉定院子网络评分市场差异

出游目的	网络评分	样本数量/条	比例/%
代人预订	4.46	18	1.15
独自旅行	4.84	77	4.91
家庭亲子	4.84	707	45.06
朋友出游	4.9	352	22.43
其他	4.98	42	2.68
情侣出游	4.82	253	16.12
商务出差	4.8	120	7.65

从不同细分市场对乐山禅驿·嘉定院子服务质量的网络评分来看，其他类型的顾客对酒店的评价最高，其网络评分为4.98分；其次是朋友出游的顾客，其网络评分为4.9分；顾客样本中比例最高的家庭亲子的顾客的网络评分为4.84分，独自旅行和情侣出游顾客的网络评分分别为4.84分和4.82分；代人预订类型顾客的网络评分最低，为4.46分。除代人预订类型外，乐山禅驿·嘉定院子所有细分市场的网络评分都在4.6分以上，顾客满意度较高。

（三）基于房间类型的酒店服务质量在线评价

携程旅行网的有关信息显示，乐山禅驿·嘉定院子网络在售有14种类型的客房，其中售出的客房最多的类型是日式园景房，达到了选取样本的39.50%；其次是园景双床房和园景大床房，比例分别达到了13.62%和12.86%，这三种类型的客房比例累计达到了65.98%；江景大床房比例为11.50%，江景家庭房、江景双床房、江景阳台大床房比例为5.15%、4.02%、

3.91%；江景豪华套房占比 2.39%；豪华园景单间和江景阳台双床房占比 2.06%；园景套房占比 1.52%；360 全景双卧室豪华套房、江景精品套房、远景阳台大床房占比分别为 0.92%、0.27%、0.22%；这三种房型占比均不到 1%。

表 5-6　乐山禅驿·嘉定院子不同房型的网络评分情况

房间类型	网络评分	样本数量/条	样本比例/%
360 全景双卧室豪华套房	4.18	17	0.92
豪华园景单间	4.82	38	2.06
江景大床房	4.92	212	11.50
江景豪华套房	4.63	44	2.39
江景家庭房	4.81	95	5.15
江景精品套房	5	5	0.27
江景双床房	4.83	74	4.02
江景阳台大床房	4.82	72	3.91
江景阳台双床房	4.88	38	2.06
日式园景房	4.85	728	39.50
园景大床房	4.86	237	12.86
园景双床房	4.83	251	13.62
园景套房	4.86	28	1.52
远景阳台大床房	5	4	0.22

　　由表 5-6 可知，江景精品套房和园景阳台大床房的网络评分最高，达到了 5.0 分，但这与样本数量较低有关系；其次是江景大床房，网络评分达到了 4.92 分，顾客评价也较高；江景阳台双床房评分为 4.88 分；园景大床房和园景套房评分均为 4.86 分；日式园景房评分 4.85 分；江景双床房和园景双床房评分为 4.83 分；豪华园景单间和江景阳台大床房评分为 4.82 分；酒店客房售出比例中较高的日式园景房、园景大床房、园景双床房的网络评分分别为 4.85 分、4.86 分、4.83 分；江景家庭房、江景豪华套房评分 4.81 分和 4.63

分；顾客网络评价最低的客房类型是 360 全景双卧室豪华套房，评分为
4.18 分。

（四）基于内容分析的酒店服务质量在线评价

1. 酒店在线点评文本高频词分析

本研究通过分词处理的方法对酒店的在线点评文本内容进行分词处理，提取乐山禅驿·嘉定院子在线点评文本中出现的高频词，根据在线点评文本中高频词的词频生成乐山禅驿·嘉定院子的在线点评文本高频词云图（见图 5-4）。图 5-4 中是在线点评文本中出现频率较高的词语，字体的大小代表词语被提及的频次的高低。可以看出，"服务"被顾客在点评文本中提及的次数最高，"房间""环境""大佛""早餐""乐山""景区""热情""舒服"等构成酒店顾客在线点评文本的核心词语。

图 5-4　乐山禅驿·嘉定院子在线点评文本高频词云图

本研究根据词语出现的频率高低和词语之间的相关性，采用共现分析法构建高频词的共现矩阵，使用 ROST 软件中的语义网络分析工具，描绘整理出乐山禅驿·嘉定院子在线点评形象语义网络图（见图 5-5）。图 5-5 中是在线点评文本中出现次数较多的词语，包括"酒店""服务""乐山""环境""热情""大佛""位置"和"早餐"等，相互之间有关联的词语用线条相连，以此来表示两者之间的关系。可以看出，在线点评语义网络图中，上述词语是中

心词语，由这些中心词语构成顾客在线点评的核心内容。这些词语也是顾客感受到的最直接、最深刻的指标，其他的词语围绕这几个指标展开，共同组成了禅驿·嘉定院子的在线点评语义网络图。

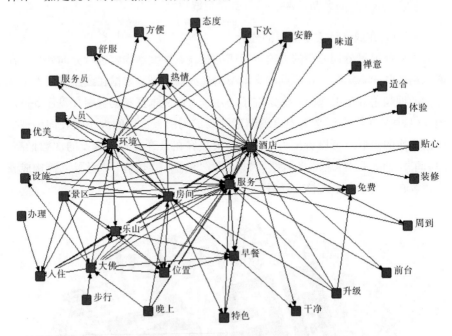

图 5-5　乐山禅驿·嘉定院子在线点评语义网络图

2. 酒店服务质量在线评价分析

乐山禅驿·嘉定院子是一家主题度假型酒店，顾客对于环境、卫生、酒店设施设备等方面的要求较高，同时在网络评价文本中可以看出顾客十分关注酒店的内部和周边环境，还有酒店所处的位置等。因此，本研究通过"基础服务、设施设备、卫生环境、体验感知"这四个方面，共同构成禅驿·嘉定院子的服务质量网络文本评估体系。本研究将出现频次高的词语按照不同的属性分类，归并语义相近的词语，并将这些词语分门别类整理成表，对乐山禅驿·嘉定院子的服务质量进行在线评价分析。表 5-7 是每种类别下排序前 25 位的网络评价词语及词频统计。

表 5-7　每种类别下排序前 25 位的网络评价词语及词频统计

排序	基础服务		设施设备		卫生环境		体验感知	
	词语	词频/次	词语	词频/次	词语	词频/次	词语	词频/次
1	服务	555	房间	360	环境	430	再次入住	91
2	服务员	195	设计	101	大佛	213	舒服	108
3	早餐	169	设施	91	乐山	210	方便	72
4	热情	145	游泳池	73	景区	159	禅意	69
5	办理入住	139	大堂	63	位置	102	满意	67
6	态度	108	院子	45	江边	96	风格	51
7	前台	96	停车场	34	安静	78	五星	49
8	周到	88	佛珠房卡	32	交通	69	到位	49
9	免费升级	81	阳台	27	优美	64	值得	48
10	贴心	66	餐厅	25	干净	62	精致	38
11	员工服务	44	江景房	23	味道	43	一流	36
12	好吃	44	硬件	21	漂亮	40	首选	33
13	夜宵	33	卫生间	19	嘉定码头	31	整体	31
14	接待	29	榻榻米	19	夜景	31	推介	30
15	美食	29	配套设施	17	卫生	27	简单实在	28
16	水果	28	套房	16	幽静	24	问题	20
17	细节	26	茶室	15	清幽	22	好评	20
18	银耳	21	鹦鹉	15	游船	20	建议	20
19	接送	17	浴缸	11	惬意	14	惊喜	18
20	烧烤	16	隔音	11	温馨	11	性价比	17
21	帮忙	15	毛巾	9	佛教	10	美中不足	15
22	耐心	12	儿童乐园	9	空气清新	9	齐全	14
23	主动	12	软件	8	别致	9	整洁	14
24	预定	12	露台	8	布局	7	印象	8
25	礼貌	10	暖气	7	潮湿	5	独特	8

（1）基础服务网络评价。

"服务""早餐""入住"在"基础服务"这一评价指标中出现次数最多，是乐山禅驿·嘉定院子的核心服务。酒店产品的重要组成部分是酒店员工的"服务态度"，这一点被多次提及，"服务员"这个词条出现了195次，其中卓姓和谢姓服务员因令客人满意的服务被多次提及，顾客对酒店的服务员的服务态度的总体评价是极高的，但还是存在个别服务员工作不在状态，对待客人冷淡的问题。前台是整个酒店服务工作的核心，与传统酒店不同，乐山禅驿·嘉定院子的特别之处在于它没有真正意义上的前台，客人进入酒店后先在沙发上休息，吃着冰粉和水果，服务人员办理好入住手续后带领客人去房间。这是乐山禅驿·嘉定院子服务的特色之一，在一定程度上打破了传统意义上的酒店经营管理模式，客人觉得这种方式很新奇有趣，但有的客人也会觉得有所顾虑，也有客人反映身份证离开视野会让他们产生不安全感；也有客人反映到了酒店前台无人接待而受到冷落的情况；还有的客人反映住店期间遇到麻烦不知道找哪个部门处理等情况。此外，"热情""免费升级""周到""贴心"这四个词语出现的频次较高，作为积极因素影响顾客的住店体验。乐山禅驿·嘉定院子在有剩余客房的情况下，会征求客人意见免费为客人升级房间，这也是其对入住客人提供的一种增值服务，即在不影响酒店成本和收益的情况下为客人提供了更优质的服务，提升了客人对酒店的感知形象。酒店的"夜宵""水果""银耳"颇受客人的青睐，被多次提及，酒店晚上提供免费的夜宵，对酒店来说，这是一个加分项，但存在一些需要改进的地方，有的客人反映承诺的夜宵没有兑现，有的客人对酒店盛放夜宵的器皿提出了一些意见，这些都是酒店在日后的工作中需要注意的细节。

（2）设施设备网络评价。

客房作为客人进入酒店后停留的地方，为酒店带来主要的收入，有关酒店设施设备的网络评价可以为酒店管理人员调整管理方案提供有价值的参考。从网络评价的数据分析来看，住店客人对酒店设施设备的总体效果给予了高度的评价，认为乐山禅驿·嘉定院子的设施设备齐全、完善、有档次。对于酒店的设计理念，客人认为酒店的设计风格独特，其设计注意到了细节并且颇具人性化。在本书录入的与设施设备相关的高频词中，与客房有关的占了17个，事实证明客房在客人对酒店的感知与评价中占据了重要的地位。客房服务内容有多和杂的特点，且服务过程中有很多需要注意的细节。近年来，许多星级酒店和知名品牌的连锁酒店频频爆出客房清洁乱象的负面新闻，导致顾客对酒店的信任危机。乐山禅驿·嘉定院子的客房与星级酒店和连锁酒店相比独具特色，与客房有关的词语也比较多，如"佛珠房卡""阳台""榻榻米""卫生间""浴缸""隔音""毛巾""暖气"等。

酒店存在的问题有由于酒店的房间是砖木结构的仿古式，在隔音效果方面有所欠缺；酒店毛巾是棉麻的材质，吸水性不是很好；卫生间内有异味，浴缸打扫不彻底，厕所里的感应灯使用不便；酒店的供暖采用的是暖气，这在南方酒店很新颖，但是存在个别房间供暖温度低的情况。总的来说，乐山禅驿·嘉定院子虽然开业时间不长，但是其以独具特色的酒店装潢给酒店客人留下了深刻的印象，打破了现代酒店的装修与摆件风格，充分将"禅"的韵味融入酒店的每一个细节中，细化到每个员工的衣着举止和酒店供应的餐饮中。

（3）卫生环境网络评价。

通过整理乐山禅驿·嘉定院子的"卫生环境"评价指标词条，发现可以将其大致分为以下三类。

第一类是酒店的地理位置，地理位置上占据优越性对于酒店的经营发展有着莫大的助推作用，这是毋庸置疑的。"大佛""景区""江边""码头""嘉定""市区""交通"等是酒店所处位置的地理坐标，乐山禅驿·嘉定院子位于嘉定坊，隔江与乐山市区相望，左边是乐山大佛，右边是嘉州长卷，交通便捷，处在游客去往乐山大佛的必经之路上，地理位置十分优越。

第二类是对酒店外部环境的描述与评价。乐山禅驿·嘉定院子是主题型度假酒店，对"禅"这个主题的凸显是极其重要的，"夜景""游船""江边""码头""游船""空气"等词语描述了酒店的外部环境资源，"安静""优美""清幽""漂亮""惬意""雅致""清新"等词语展现了酒店外部环境的概况，都是一些积极的向上的词语。

第三类是对酒店内部环境的描述与评价。乐山禅驿·嘉定院子不仅在酒店的外部环境方面凸显出了酒店"禅"的主题，而且在酒店的内部环境方面也十分注重细节，"温馨""优雅""氛围""清幽""干净""味道""潮湿""卫生""打扫"等都是对酒店内部环境的描述与评价。除了上文提到的酒店客房卫生间打扫不彻底有异味的情况外，由于酒店临江而建且为了打造出"禅"的意境，酒店内绿化面积广，房屋楼层低，这在提升了顾客住宿体验的同时，给酒店客房带来了不同程度的"潮湿"和"异味"问题。

（4）服务质量体验感知。

本研究在整理"体验感知"指标中出现频次高的词条所表述的情感立场时，将它们分成积极评价、中立评价和消极评价，其中积极评价占据主要地位。所以说，顾客对乐山禅驿·嘉定院子的总体评价是比较高的。乐山禅驿·

嘉定院子作为乐山酒店业的后起之秀，虽然在乐山这片区域知名度方面不如红珠山宾馆等老牌宾馆，也不如开元这类星级连锁酒店，但它在短短的三年多时间内，成长为同类酒店中的行业翘楚，其极具特色的服务给它的住店客人留下了较深的印象，而且整个酒店有一种麻雀虽小、五脏俱全的感觉，服务项目新颖，装修别致，服务周到热情。

对于"禅意"这个指标，文中共出现了 69 次，客人表示酒店的禅意很浓厚，从酒店的装修摆设到服务都是禅意满满，这足以说明其作为以"禅"为主题的度假酒店，在凸显自身酒店文化特色方面是做得比较好的。顾客在对一些指标做出评价时，存在一些分歧，比如说"性价比""星级"方面，大部分客人认为酒店非常划算，甚至达到或超过了五星级酒店的水准，也有一小部分客人觉得酒店的性价比不高，不如选择五星级酒店入住。乐山禅驿·嘉定院子作为一家精品主题度假酒店，并没有评定星级，却能够得到诸如"五星级""一流""最好"的评价，足以证明客人对其的认可，除此之外，对其的评价还有"再次入住""首选""推介""精品""大气""满意""精致""好评""完美"等积极的词语。当然，也有一些负面的评价，如"美中不足""问题"等，顾客对酒店在早餐、房间隔音、接送服务等方面提出了意见。

（五）酒店服务质量管理提升建议

作为精品主题度假酒店，乐山禅驿·嘉定院子的品牌形象、酒店文化和服务项目得到了顾客的认可。服务、设施设备、环境是客人特别关注的三个维度，从点评内容中折射出的一些影响顾客住宿体验的问题，如早餐和夜宵缺乏供应和种类稀少的现象，酒店房间不隔音、临江房间潮湿、卫生间打扫不彻底有异味、暖气温度过低等，是该酒店目前需要迅速解决的问题。对于服务业来说，100 分为满意，100 分以下均为不满意。哪怕是 99 分，也是 100 分以下，也就是不满意，哪怕 99 分和 100 分只相差那么"一丁点"，而就是这么一丁点，也许就是一处细节，处理好了就从"不满意"变成了"满意"。为了让酒店的服务无限趋近于 100 分，针对存在的这些问题，本研究提出以下管理建议。

1. 明确酒店目前存在的不足之处

一般来说，客人给出的评价都是基于自身的真实体验，对酒店来说是一种可贵的资源，有助于管理者对酒店服务进行改进，因此酒店的管理人员应该对客人的在线评价给以充分的重视，了解客户需求和酒店服务管理中存在的不足，做出工作方面的调整，好的方面继续精进，不足的地方及时改进。同时，酒店应根据点评内容，与客人有效互动，特别是评价酒店不足之处的客人，在客人方便的情况下，最好能够与客人电话沟通深入了解客人认为需要改进的地方，避免因缺乏沟通或沟通不顺而产生矛盾，要让客人感受到自己的意见是被酒店所关注和重视的，酒店可以安排专职人员负责这项工作。

2. 提升酒店的品牌实力和影响力

乐山禅驿·嘉定院子凭借"以禅设驿"的理念，把慢生活、会生活、优质生活融入主题度假酒店这样一个特殊群体中，作为川内首家以"禅"为主题的度假酒店，乐山禅驿·嘉定院子可以充分利用自身地理位置上的优越性，以乐山大佛和峨眉山的佛文化为依托，让酒店的特色更加凸显出来，不断更新和精进酒店的产品。近年来，各种视频社交软件如抖音、快手等受到广大网友的青睐，酒店可以抓住这个机遇让更多的潜在顾客了解到乐山禅驿·嘉定院子的酒店文化、经营理念，这样不仅运营成本比较低，而且传播面广。除了利用视频软件之外，酒店还需要将酒店的公众号好好运营起来。通过观察乐山禅驿·嘉定院子的官方公众号发现如下一些问题：文章推送更新缓慢，内容单一，功能欠缺。乐山禅驿·嘉定院子要将公众号这个工具的作用充分发挥起来，其实公众号不仅可以用来推送文章，还可以搭载酒店服务，客人可以通过公众号呼叫客房服务和其他服务；酒店及时的信息推送还可以让客人更了解乐山禅驿·嘉定院子的最新动态。

3. 优化房间设计，加强房间设施质量检查

酒店为客人提供服务需要以硬件设施为依托，硬件设施在很大程度上对酒店的服务质量造成影响。乐山禅驿·嘉定院子的开业时间不长，大部分的设施设备损耗并不严重，如果做到经常检查与保养，不仅可以给顾客带来好的使用感受，还可以起到节约成本的作用，因此酒店相关部门应拟订有效的设施设备按期维护保养计划，并按照计划严格执行。在乐山禅驿·嘉定院子的网络评价指标"设施设备"中，有客人反映酒店厕所的灯具影响入住体验，对个别房间物件的摆放不满意，酒店应及时了解情况，重新参考，及时对不合理的地方作出调整。

4. 注重服务人员管理

首先，重视被聘人员的实际才能，按照不同的岗位要求选用合适的人选。其次，员工入职后要进行体系的培训，从进入酒店开始建立培训档案，根据个人的后续发展不断进行跟踪栽培；建立全方位的又兼顾酒店特色的培训体系，在重视员工服务技巧培训的同时，增强提升其能力的培训；围绕酒店服务的特点，结合禅驿的"禅"的服务特色，培养员工的人际交往能力，包括沟通能

力、解决冲突的能力、跨文化敏感意识、人际意识、以服务为导向意识、团队精神等。最后，酒店还要重视员工队伍的建设，建立合理的激励体系和有效的监督机制，运用相应的考核奖惩制度规范员工的行为，建设高素质的员工队伍。

5. 保持酒店的干净整洁

优美的周边环境和酒店内部环境增加了乐山禅驿·嘉定院子的竞争优势，但也存在底层房间潮湿和卫生间打扫不彻底两个方面的问题。因为乐山禅驿·嘉定院子临江而建，解决潮湿成了酒店的一大难题，本研究认为酒店可以采用竹炭除湿或使用空气吸湿器的办法，在室外潮湿的天气关闭门窗防湿防潮，并在平时多开窗透气。针对酒店客房卫生间打扫不彻底的问题，酒店应及时发现问题存在的原因，如果是清洁用品的问题，应及时做出更换；如果是员工的工作能力或态度问题，应加强员工培训，建立相应的奖惩制度。

注：本节部分内容系乐山师范学院旅游学院 2015 级酒店管理专业王旭毕业论文（设计）成果，其指导教师为冯晓兵。

三、泸沽湖真美里格客栈服务质量网络评价研究

（一）客栈简介

泸沽湖真美里格客栈坐落于泸沽湖里格中心广场，与泸沽湖里格半岛景点毗邻，湖景优美，交通方便，距里格停车场仅有 1 分钟路程，距摩梭母系大家庭最大的视听盛宴花楼恋歌仅有 3 分钟路程，距里格码头仅 5 分钟路程。里格村一直以来都是泸沽湖的标志性景点，有幸能在此处落脚且位置能以视角 45度从高处俯览有如仙境的里格湾及 180 度广角视觉 270 度旋转视野，如同置身于仙境。入住泸沽湖真美里格客栈的私家阳台观景房，远处的湖景尽收眼底，晨曦时分在这里看日出是一件无比享受的事。远离尘嚣、遗世独立的自然景致，成为私房景点。客栈配有私房菜、特色火锅，还可根据客人需求订制菜品；可为客人安排出行计划，如徒步、骑车、划船看日出，参加篝火晚会、感受摩梭风情，体验不一样的快乐。

（二）基于市场细分的客栈服务质量在线评价

根据顾客的出游目的的不同，泸沽湖真美里格客栈的市场可划分为 7 个类型，见表5-8。从表5-8可以看出，泸沽湖真美里格客栈的客源类型相对较为

均衡，家庭亲子、朋友出游和情侣出游的顾客的占比较高，累计占到客栈全部客源的86.12%。其中，家庭亲子的顾客的比例最高，达到了34.09%；其次是朋友出游的顾客，其比例达到了29.18%；情侣出游的顾客的比例为22.85%，代人预订的顾客的比例为0.56%，商务出差的顾客的比例为0.73%，独自旅行的顾客的比例为9.98%，其他类型的顾客的比例为2.61%。

表5-8　泸沽湖真美里格客栈网络评分市场差异

出游目的	网络评分	样本数量/条	比例/%
代人预订	4.85	20	0.56
独自旅行	4.91	356	9.98
家庭亲子	4.66	1 216	34.09
朋友出游	4.84	1 041	29.18
其他	4.29	93	2.61
情侣出游	4.83	815	22.85
商务出差	4.95	26	0.73

从不同细分市场对泸沽湖真美里格客栈服务质量的网络评分来看，商务出差的顾客对酒店的评价最高，其网络评分为4.95分；其次是独自旅行的顾客，其网络评分为4.91分；家庭亲子的顾客的网络评分为4.66分，代人预订和朋友出游的顾客的网络评分分别为4.85分和4.84分；其他类型的顾客的网络评分最低，为4.29分。除其他类型的顾客外，泸沽湖真美里格客栈所有细分市场的网络评分都在4.6分以上，顾客满意度较高。

（三）基于房间类型的客栈服务质量在线评价

携程旅行网的有关信息显示，泸沽湖真美里格客栈网络在售有15种类型的客房，其中售出客房最多的类型是一号院摩梭大床房，达到了选取样本的30.30%；其次是友之善榻榻米双床房、一号院花楼大床房和一号院摩梭双床房，售出比例分别达到了17.09%、9.62%和9.55%，这四种类型的客房售出比例累计达到66.56%。一号院花楼双床房、二号院豪华观景精品双床房、一号院恋歌三人房、二号院豪华观景精品大床房、二号院豪华观景大床房、二号院豪华观景双床房六种房型售出比例分别为6.96%、6.00%、5.97%、5.49%、5.39%、2.80%。和之美榻榻米双床房、和之美榻榻米大床房、友之善榻榻米三人房、福之家榻榻米观景大床房、福之家榻榻米观景双床房的售出比例分别仅有 0.41%、0.20%、0.10%、0.07%、0.03%，数量较少。

表 5-9　泸沽湖真美里格客栈不同房型的网络评分情况

房间类型	网络评分	样本数量/条	比例/%
一号院摩梭大床房	4.86	888	30.30
友之善榻榻米双床房	4.77	501	17.09
一号院花楼大床房	4.72	282	9.62
一号院摩梭双床房	4.8	280	9.55
一号院花楼双床房	4.75	204	6.96
二号院豪华观景精品双床房	4.65	176	6.00
一号院恋歌三人房	4.72	175	5.97
二号院豪华观景精品大床房	4.71	161	5.49
二号院豪华观景大床房	4.65	158	5.39
二号院豪华观景双床房	4.7	82	2.80
和之美榻榻米双床房	4.86	12	0.41
和之美榻榻米大床房	4.63	6	0.20
友之善榻榻米三人房	3.33	3	0.10
福之家榻榻米观景大床房	4.75	2	0.07
福之家榻榻米观景双床房	4.5	1	0.03

由表 5-9 可知，一号院摩梭大床房和和之美榻榻米双床房的网络评分最高，达到了 4.86 分，其中一号院摩梭大床房也是客栈售出数量最多的房型。一号院摩梭双床房的网络评分达到了 4.8 分，也具有较高的顾客满意度；友之善榻榻米双床房、一号院花楼双床房、福之家榻榻米观景大床房的网络评分也处于较高的水平，均在 4.75 分以上，分别达到了 4.77 分、4.75 分、4.75 分；网络评分在 4.7 分以上的房型还有一号院花楼大床房、一号院恋歌三人房、二号院豪华观景精品大床房、二号院豪华观景双床房，网络评分分别为 4.72 分、4.72 分、4.71 分、4.7 分。二号院豪华观景大床房、二号院豪华观景精品双床房、和之美榻榻米大床房评分分别为 4.65 分、4.65 分、4.63 分，福之家榻榻米观景双床房商务网络评分为 4.5 分。顾客网络评价最低的客房类型是友之善榻榻米三人房，评分仅有 3.33 分，但是样本数量只有三条。

（四）基于内容分析的客栈服务质量在线评价

1. 客栈在线点评文本高频词分析

本研究以携程网上 2 160 条在线点评为样本，并在此基础上对顾客评价的文本内容进行深入分析。本研究首先对顾客在线点评的文本进行分词处理，然后提取网络文本中出现的高频词。本研究根据在线点评文本中高频词的词频生成泸沽湖真美里格客栈的在线点评文本高频词云图（见图 5-6）。图 5-6 中是在线点评文本中出现频率较高的词语，字体的大小代表词语被提及的频次高低。可以看出，"服务"被顾客在点评文本中提及的次数最多，"房间""热情""客栈""环境""前台""老板"等构成泸沽湖真美里格客栈顾客在线点评文本的核心词语。

图 5-6　泸沽湖真美里格客栈在线点评文本高频词云图

根据词语出现的频率和词语之间的关联性，本研究使用 ROST 软件语义网络分析工具，绘制出了真美里格客栈在线点评语义网络图（见图 5-7）。图 5-7 是客栈在线点评文本中出现的高频率词语，直观地展示了词语与线条之间存在的联系。由图 5-7 可知，泸沽湖真美里格客栈在线点评网络图中以"泸沽湖""服务""热情""前台""环境""房间"以及"客栈"为中心词语，是消费者对客栈印象感知的关键要素，其他要素则围绕中心词语分布，共同构成了在线点评语义网络图。

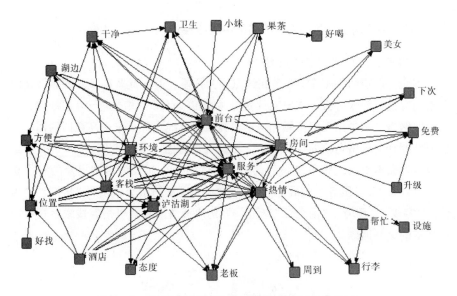

图 5-7　泸沽湖真美里格客栈在线点评语义网络图

2. 客栈服务质量在线评价分析

不同于传统的酒店旅馆,以民宿客栈为代表的非标准住宿业的兴起是中国旅游住宿业供给侧改革的成功尝试。民宿也许没有高级奢华的配套设施,但它能让人体验当地风情,感受民宿主人的热情与互动服务,体验不一样的生活情趣。民宿客栈由于自身非标准住宿的特点,其服务质量在整个产品的体验过程中尤为重要。泸沽湖真美里格客栈以 4.8 分的高分位居民宿客栈榜首,其设计以泸沽湖独特的自然风景为中心,融入了摩梭人民浓厚的文化底蕴,致力于为顾客打造具有民俗情怀的住宿体验。泸沽湖真美里格客栈位于旅游胜地里格半岛,毗邻泸沽湖畔,地理位置十分优越,自然环境也独具特色。因此,在排除低频词和关联性较小的词之后,本研究根据真美里格客栈提取的高频词及当地民宿客栈经营的实际情况,从"基础服务、设施设备、卫生环境、体验感知"四个方面对泸沽湖真美里格客栈的服务质量进行在线评价。每种类别下排序前30 位的网络评价词语及词频统计见表 5-10。

表 5-10　每种类别下排序前 30 位的网络评价词语及词频统计

排序	基础服务		设施设备		卫生环境		体验感知	
	词语	词频/次	词语	词频/次	词语	词频/次	词语	词频/次
1	服务	940	房间	900	环境	630	客栈	509
2	热情	603	干净	283	位置	395	下次	152

表5-10（续）

排序	基础服务		设施设备		卫生环境		体验感知	
	词语	词频/次	词语	词频/次	词语	词频/次	词语	词频/次
3	前台	486	免费	221	方便	284	性价比	105
4	老板	340	卫生	193	湖边	260	满意	85
5	态度	297	升级	156	泸沽湖	248	选择	79
6	果茶	145	设施	131	风景	98	漂亮	75
7	服务员	122	停车场	107	好找	78	舒服	73
8	提行李	113	阳台	76	半岛	71	好评	63
9	周到	108	空调	75	优美	59	值得	61
10	帮忙	82	不隔音	65	观景	49	失望	60
11	姜茶	82	热水	51	安静	44	温馨	55
12	贴心	69	洗澡	48	附近	42	特色	54
13	早餐	66	整洁	43	交通	40	朋友	47
14	水果	51	卫生间	37	日出	40	体验	38
15	住宿	43	电热	35	码头	37	感谢	32
16	餐厅	40	味道	31	周围	37	齐全	32
17	老板娘	38	木质	25	广场	22	总体	31
18	主动	28	装修	25	丽江	21	暖暖的	26
19	接待	24	布置	20	美景	20	棒棒的	23
20	零食	23	被子	19	坐船	18	强烈	23
21	好客	19	厕所	18	便利	17	问题	22
22	真心	19	宽敞	18	景点	16	最好	21
23	到位	17	用品	17	靠近	13	五星	20
24	好吃	17	陈旧	17	阳光	12	还要	20
25	亲切	16	床单	11	中心	11	实惠	18
26	宾至如归	16	配套	11	临湖	11	风格	17
27	耐心	16	一次性	10	不远	11	建议	16
28	打扫	16	简陋	10	视野	9	摩梭	15
29	打折	12	声音	10	一百米	8	优惠	14
30	微笑	10	潮湿	8	步行	8	完美	8

（1）基础服务网络评价。

从基础服务网络评价体系中可以看出，泸沽湖真美里格客栈为顾客提供了全方位的住宿服务。"服务""热情""前台"是频次位居前三的高频词，表明了客栈经营的服务态度；"老板""老板娘"作为客栈的经营主体，也会为顾客提供服务，拉近了与客人之间的关系，让顾客感受到了不一样的服务形式。不同于酒店的标准服务模式，这是客栈作为非标准住宿的一大特点。"服务员""提行李""餐厅""打扫"是客栈为顾客提供的基础性服务。中低频次词语，如"果茶""姜茶""早餐""水果""零食"等也会影响客栈的整体服务，客栈的服务人员把这些作为主服务产品中的附属产品免费赠送给顾客，极大地提高了到店顾客的好感度与满意度。"周到""帮忙""贴心""宾至如归""主动""好客""到位""亲切"这一系列高频词是描述服务性质的关键词，从正面积极描述了泸沽湖真美里格客栈从老板到相关服务人员的整体服务态度，真正让顾客感受到了如家一般的归属感，这是民宿打开消费市场独特的经营理念，也是顾客选择民宿的重要影响因素。基础服务网络评价体系中的30个高频词都是对泸沽湖真美里格客栈服务的正面评价，由此可见，顾客选择民宿客栈十分注重其提供的人性化服务。

（2）设施设备网络评价。

本研究通过对泸沽湖真美里格客栈服务质量网络评价高频词进行分析发现，顾客对民宿客栈的关注不仅表现在软性的服务方面，而且对客栈房间硬件设施的配备也十分看重。设施设备网络评价高频词中，与客房相关的有28个，其中有12个高频词描述的是客房相关性质，如不隔音、整洁、宽敞、陈旧等；17个高频词是客房所配备的基本设施，如房间、阳台、空调、热水、电热、用品等。"房间""干净""免费"的频次位居前三，得到了顾客的极大认可。"停车场"是客栈必备的区域，为自驾游的顾客带来了方便，顾客对此也感到非常满意。"升级""免费"是顾客对客房的评价，泸沽湖真美里格客栈在考虑到顾客实际的情况下，可以为其提供免费的房间升级服务，这提升了顾客对客栈的好感度。

泸沽湖地区呈低纬度高山气候特征，早晚温差较大，只有部分顾客对客房提供的"热水""空调""电热""被子"表示满意。泸沽湖真美里格客栈发展起步早、经营历史长远，房间的装修和设施设备难免会有老化的现象，客栈如果不注重翻修和维护，必然会引起顾客的负面情绪，高频词"陈旧""简陋"就表达了顾客对客栈现状的消极情绪。泸沽湖真美里格客栈海拔2 690米，高山气候会对客栈的房间温度与潮湿度产生影响，高频词"味道"出现了31次，"潮湿"出现了8次，表达了顾客的不满。泸沽湖真美里格客栈周边居民以摩梭族最多，当地的民宿客栈的设计融入了独特的摩梭民族风情，其房间的材质以木质为主，高频词"不隔音""木质""布置""装修"体现了顾客对房间内部问题的关注。

（3）卫生环境网络评价。

根据卫生环境网络评价体系中高频词性质的分类，高频词可大致分为地理位置和自然环境两大方面。从地理位置来看，"位置""方便""湖边"是顾客重点关注的方面；"好找""便利""附近""交通"也是顾客所看重的次要因素；"半岛""码头""坐船"等有利条件方便了顾客出行旅游。泸沽湖真美里格客栈位于丽江市宁蒗县里格半岛边上，紧邻泸沽湖景区，距离不过百米，对于顾客来说交通出行较为便捷。因此，对客栈地理位置的高度评价是顾客选择泸沽湖真美里格客栈的重要因素。从自然环境来看，"泸沽湖""风景""优美"是高频核心词，"日出""安静""美景""阳光"是对客栈周边自然环境的评价，泸沽湖景区属于自然保护区，客栈坐落其中，周边群山环抱，湖泊连片，其得天独厚的生态环境和怡然景色吸引了顾客来此放松身心。

（4）体验感知总体评价。

情感分析是对带有情感色彩的主观性文本进行分析、处理、归纳和推理的过程。针对总体评价网络文本中的 1 734 个高频词所归属的感情色彩，运用情感分析法可将情感分为积极、中性和消极情绪三种。其中，表示积极的高频词有 20 个，频次总计数达 911 次，如"满意""好评"等，约占总体评价的 52.54%；表示中性的高频词有 8 个，约占总体评价的 42.39%；表示消极的高频词有 2 个，分别为"问题""失望"，频次总计数达 88 次，约占总体评价的 5.07%。综上分析可知，顾客对于泸沽湖真美里格客栈的整体评价和满意度较高，消费情感以正面的、积极的倾向为主，中性次之，消极的情绪比例最小。泸沽湖真美里格客栈作为经济型非标准住宿型客栈，其从客栈位置、民族特色、人情化的服务多渠道入手，赢得了顾客的五星好评、强烈推荐，但仍存在如"失望""问题"等消极因素影响顾客的消费情感。

（五）酒店服务质量管理提升建议

泸沽湖真美里格客栈毗邻泸沽湖景区，水、陆交通通达度高，优越的地理位置满足了游客的观光和出行需求。景区周围以摩梭族居民为主，客栈将其整体设计与本地文化结合起来，体现出独特的摩梭民俗情怀；同时，客栈也十分注重与顾客的互动以及顾客的入住感受，由此，顾客对客栈提供的温情服务认可度高。本研究使用 ROST 软件分析顾客住宿的网络评价文本，使用内容分析法研究顾客对真美里格客栈服务质量的体验感知。在泸沽湖真美里格客栈的总体评价中，顾客仍存在消极情绪，"客栈房间不隔音""房间设施简陋"等都是客栈应该引起重视的问题和亟待改进的方面。针对文本中顾客关注的服务问题，客栈可从以下方面加强建设和管理。

1. 更新维护设施设备

客栈的设施设备是最基本的服务产品形式的体现，投入的不足和不完善必然会引起顾客的消极情绪。泸沽湖真美里格客栈属于非标准住宿业，在设施设备方面更应该加强建设与完善，管理人员要定期安排检修人员对房间内部的空调、电热、吹风等基础设备进行维护，及时淘汰过时、老旧的设施产品，更换新设备，提高客栈的服务水平和质量，同时注重客房文化建设，结合客栈实际经营能力与长期发展目标，将民族文化特色与现代智能技术相融合，打造与酒店不一般的住宿体验，提高客房的性价比，以满足不同顾客的体验需求。

2. 安装房间隔音装置

泸沽湖真美里格客栈整体的建筑材质为木质，虽然体现了其独特的摩梭文化风情，但对于住宿的客人来说木质结构的房间个人隐私性不够强，而且隔音效果不好也会打扰到客人的休息。这些因素会极大降低顾客对客栈的满意度和忠诚度。客栈管理人员在收到上述问题后要及时采取补救性措施，尽量满足客人合理的要求，并且在后期安装隔音装置，改善隔音效果，在一定程度上解决噪音问题。

3. 保持环境的干净整洁

泸沽湖真美里格客栈气温呈高山气候特征，导致一部分客房内部潮湿、有气味，管理人员可利用除湿剂或干燥剂改善潮湿的环境，定期为房间开窗透气通风，特别是低层客房，要保持室内空气流通，排散出异味。除此之外，客房清洁人员要及时换洗床上用品和更换一次性用品，时刻做好客人在"入住前、入住中、退房后"三个阶段的清洁卫生。顾客在"基础设施"中指出客房的"卫生间"和"被子"存在清洁不到位、床单和被子没有更换甚至有头发等异物残留的问题，对此管理人员应该引起重视，加强对相关服务人员的管理，指导他们完成好自己的服务工作，强化人员服务意识，端正其服务态度。

4. 解决供电问题

在网络评价文本中，顾客有提及客栈出现的停电问题。泸沽湖真美里格客栈由于气候因素，早晚昼夜温差大，尤其是冬天来此旅游的客人，必定会使用电热毯、空调、热水器等用电设备，客栈要克服用电问题，加大技术投入，提前做好停电的准备，在停电时能及时利用发电机发电，并及时通知、安抚客人，避免因停电给客人带来的不便。

5. 加强网络平台管理

泸沽湖真美里格客栈的经营者要加强对网络信息平台的建设和管理，利用线上渠道与顾客进行后续的交流与沟通，一是可以了解不同顾客的个性需求，建立顾客个人信息档案，便于定期维持与顾客的联系与互动，留住客源；二是顾客的建议或意见可以帮助客栈人员认识到自身的优势和存在的不足，在不断保持独特的优势的同时，对亟待解决的弊病做出调整和改善。对于顾客抱怨、不满的评价，客栈应通过网络平台及时回应，安抚顾客情绪，认真对待每一次的负面评论，深入了解顾客情绪，有针对性地分析问题，在确定事实的情况下主动承担责任，找出解决方案，给予相应的解释和道歉，并对存在的失误服务做出弥补行为，以获得顾客的谅解，从而减小负面评价所带来的消极影响。

注：本节部分内容系乐山师范学院旅游学院 2015 级酒店管理专业唐燕毕业论文（设计）成果，其指导教师为冯晓兵。

四、大乐之野民宿（庚村店）服务质量网络评价研究

（一）民宿简介

大乐之野是我国设计师自主打造的一个中高端精品连锁民宿。该民宿一直坚持"野于身，乐于心"的经营理念，如今因其独特的选址、别致的设计感和优质的服务成了网红民宿，深受中青年的喜爱。民宿庚村店是大乐之野民宿品牌的第二家店，位于国家 4A 级旅游景区和中国四大避暑地之一的莫干山景区，地处莫干山镇，位于整个莫干山景区交通枢纽处，区位非常好，因此大乐之野民宿（庚村店）也被大家亲切地称作"小镇姑娘"。这里舒适的客房、无敌景观的顶层餐厅、一家需要一点时间才能读懂它故事的 LOST PLACE、小孩撒野圣地之一户外花园及戏水池，再加上已有的一味调料——历史，使它看上去齐集了以上我们对于小镇的所有幻想。

（二）基于市场细分的民宿服务质量在线评价

根据顾客的出游目的的不同，大乐之野民宿（庚村店）的市场可划分为 7 个类型，见表 5-11。从表 5-11 可以看出，大乐之野民宿（庚村店）的客源类型中，家庭亲子的顾客的比例最高，达到了 33.26%；其次是朋友出游的顾客，其比例达到了 29.21%；情侣出游的顾客的比例为 25.62%，代人预订的顾客的比例为 0.22%，独自旅行的顾客的比例为 2.92%，商务出差的顾客的比例为 6.07%，其他类型的顾客的比例为 2.70%。家庭亲子、朋友出游和情侣出游的顾客的比例达到 88.09%，构成大乐之野（庚村店）的核心客源市场。

表 5-11　大乐之野民宿（庾村店）网络评分市场差异

出游目的	网络评分	样本数量/条	样本比例/%
代人预订	5	1	0.22
独自旅行	5	13	2.92
家庭亲子	4.74	148	33.26
朋友出游	4.82	130	29.21
其他	4.91	12	2.70
情侣出游	4.8	114	25.62
商务出差	4.87	27	6.07

由表 5-11 可知，代人预订和独自旅行的顾客对酒店的评价最高，其网络评分为 5 分；其次是其他类型，其网络评分为 4.91 分；顾客样本中比例最高的家庭亲子的顾客的网络评分为 4.74 分，朋友出游、情侣出游和商务出差的顾客的网络评分分别为 4.82 分、4.8 分和 4.87 分；家庭亲子的顾客的网络评分最低，为 4.74 分。大乐之野民宿（庾村店）所有细分市场的网络评分都在 4.6 分以上，顾客满意度较高。

（三）基于房间类型的民宿服务质量在线评价

携程旅行网的有关信息显示，大乐之野民宿（庾村店）网络在售共有 10 种类型的客房，其中售出客房最多的类型是精致大床房，其达到了选取样本的 24.83%；其次是舒适大床房和舒适标间，其比例分别达到了 19.19% 和 12.19%，这三种类型的客房比例累计达到 56.21%；亲子房、阁楼大床房、复式大床房、D 栋大床房、浴缸大床房、特价房、D 幢包栋占比分别为 9.26%、8.80%、7.45%、5.87%、4.74%、4.51%、3.16%，客房类型较为多样。大乐之野民宿（庾村店）网络评分房型差异见表 5-12。

表 5-12　大乐之野民宿（庾村店）不同房型的网络评分情况

房间类型	网络评分	样本数量/条	样本比例/%
D 栋大床房	4.81	26	5.87
D 幢包栋	4.79	14	3.16
复式大床房	4.75	33	7.45
阁楼大床房	4.79	39	8.80
精致大床房	4.78	110	24.83
亲子房	4.82	41	9.26

表5-12（续）

房间类型	网络评分	样本数量/条	样本比例/%
舒适标间	4.8	54	12.19
舒适大床房	4.76	85	19.19
特价房	4.89	20	4.51
浴缸大床房	4.97	21	4.74

由表 5-12 可知，浴缸大床房的网络评分最高，达到了 4.97 分；其次是特价房，其网络评分达到了 4.89 分；酒店客房售出比例中较高的精致大床房、舒适大床房、舒适标间的网络评分分别为 4.78 分、4.76 分、4.8 分，顾客评价也较高；亲子房、D 栋大床房、舒适标间评分分别为 4.82 分、4.81 分、4.8 分；D 幢包栋、阁楼大床房评分均为 4.79 分；舒适大床房评分为 4.76 分；顾客网络评价最低的客房类型是复式大床房，其评分为 4.75 分。

（四）基于内容分析的民宿服务质量在线评价

1. 民宿在线点评文本高频词分析

本研究以携程旅行网上的 445 条顾客点评文本作为基础数据，通过 ROST 软件对在线点评文本进行分词处理，提取大乐之野民宿（庾村店）在线点评文本中出现的高频词，根据在线点评文本中高频词的词频生成大乐之野民宿（庾村店）的在线点评文本高频词云图（见图 5-8）。图 5-8 中是在线点评文本中出现频率较高的词语，字号的大小代表词语被提及的频次高低。可以看出，"服务"在点评文本中被顾客提及的次数最多，"房间""设计""餐厅""个性化""拍照""管家""前台""环境""装修"等构成酒店顾客在线点评文本的核心词语。

图5-8　大乐之野民宿（庾村店）在线点评文本高频词云图

根据在线点评文本中词语出现的频率和词与词之间的相关性，本研究使用
ROST 软件中的语义网络分析工具来制作大乐之野民宿（庾村店）的在线点评形
象语义网络图（见图 5-9）。从图 5-9 中可以看出，大乐之野民宿（庾村店）的
在线点评语义网络图主要以"服务""设计""房间""管家""体验""酒店"
和"餐厅"等高频词为中心，是顾客感知最深的几个指标。同时围绕着这几个
指标的"莫干山""环境""位置""设施""周边"等主要外在设施和"早餐"
"味道""贴心""干净""周到""拍照""风格"等内在设施的相关评价词语，
共同构成了大乐之野民宿（庾村店）的在线点评语义网络图。

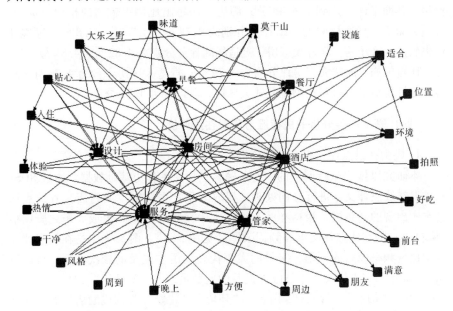

图 5-9　大乐之野民宿（庾村店）在线点评文本语义网络图

2. 酒店服务质量在线评价分析

民宿由于自身非标准住宿的特点与限制，其服务质量的水平在整个产品的体
验过程中尤为重要。大乐之野民宿（庾村店）属于中高端度假型民宿，顾客对
体验性和个性化等方面的要求较高，除此之外，在顾客网络点评文本中关于大乐
之野民宿（庾村店）的独特选址、设计风格和环境方面的点评内容较多，因此
根据大乐之野民宿（庾村店）的实际情况，本研究首先从"基础服务、设备设
施、卫生环境和体验感知"构建了大乐之野民宿（庾村店）服务质量网络评价
分析指标体系。其次，本研究在对语义相近的词语进行合并和剔除掉关联度较低
的词语后，形成统计表。每种类别下排序前 30 位的网络评价词语及词频统计
见表 5-13。

表 5-13　每种类别下排序前 30 位的网络评价词语及词频统计

排序	基础服务		设施设备		卫生环境		体验感知	
	词语	词频/次	词语	词频/次	词语	词频/次	词语	词频/次
1	服务	171	房间	127	环境	94	贴心	67
2	个性化	155	餐厅	114	周边	64	热情	65
3	设计	138	前台	112	莫干山	54	适合	54
4	管家	105	干净	110	大自然	32	体验	47
5	亲子	91	拍照	106	安静	31	方便	46
6	入住	74	装修	105	舒适	22	满意	45
7	早餐	66	设施	92	户外	11	干净	44
8	风格	65	味道	91	小镇	10	周到	35
9	大乐之野	61	前台	90	周围	10	细节	32
10	位置	60	景区	78	施工	10	舒适	27
11	接待	56	地方	58	空气	9	优质	20
12	好吃	53	停车	55	度假区	8	简约	17
13	提醒	50	泳池	45	山里	8	整体性	16
14	食物	48	院子	45	出游	7	性价比	16
15	客栈	42	游泳池	34	新鲜	7	态度	15
16	丰富	37	咖啡厅	23	附近	7	到位	15
17	情侣	32	停车场	21	有机	7	开心	13
18	能力	32	大堂	20	区域	7	丰富	13
19	预定	27	客房	17	淡季	6	温馨	12
20	喝茶	26	阁楼	14	广场	6	好看	11
21	布置	26	房型	12	步行区	6	特色	11
22	改进	25	用品	8	宠物	6	精致	10
23	连锁	15	拥挤	8	山脚下	5	值得	9
24	住店	14	卫生间	8	小溪	5	惊喜	7
25	服务员	9	行李	8	风景	5	好评	7
26	品质	8	隔音	7	花园	5	不值得	6

表5-13(续)

排序	基础服务		设施设备		卫生环境		体验感知	
	词语	词频/次	词语	词频/次	词语	词频/次	词语	词频/次
27	自助	6	牙刷	7	街道	4	完美	6
28	设计感	6	音响	5	庭院	4	细致	6
29	活动	5	电视	4	别墅	4	失望	5
30	打扫	4	空调	2	路线	4	贵	5

（1）基础服务网络评价。

由表5-13可知,在基础服务中,"服务""个性化""设计""管家"与"亲子"这五部分构成我们民宿基础服务的主要高频词,其中"服务"是住宿业经营者最需具备的特征,而"管家"则体现出大乐之野民宿(庾村店)的"个性化服务"和服务贴心程度;"设计"和"亲子"体现了大乐之野民宿(庾村店)的特别之处,其不仅有别树一帜的设计和装修风格,同时也针对带孩子的消费者提供了特别的亲子活动等。"大乐之野""莫干山"和"风格"作为中频词语,体现了作为连锁休闲度假型民宿的大乐之野民宿(庾村店)的环境和品牌效应也是其吸引顾客的重要因素。除此之外,顾客还从接待预定、食物菜品、室内布置、活动等多个方面进行评价。但有少数点评关于"早餐自助"菜品种类较少和食物冰冷,除此以外对于房间打扫的问题也有顾客指出打扫不到位的情况。由前30名基础服务网络评价可见,顾客在选择民宿上最看重的还是服务,其中"管家""入住""接待""个性化""预定""服务员"等中高频词实质上都反映了服务的重要性。其中"管家"式的服务越来越受人们欢迎,不仅在于它的贴心和周到程度,最重要的还在于管家式服务具备"定制化"和"个性化"的特点。

（2）设施设备网络评价。

客房的收入是住宿业收入的重要组成部分,据统计,客房收入约占住宿业总收入的60%以上。尤其对经营规模较小的民宿来说,客房入住率更是民宿经济来源之根本,同时客房也是顾客在民宿待得时间最久的地方,所以顾客对居住条件及相应的设施设备也有一定的高标准高要求。大乐之野民宿(庾村店)的设施设备网络在线文本评价的前30个高频词中,16个词语与客房设施设备相关,这说明顾客密切关注民宿客房的设施设备。其中有4个词语描述的是客房相关性质,如"干净""味道""隔音"等,而评价客房内设施设备的词语有12个,其不但出现的频率较高,而且包含的种类也很多,大到房间内装修风格、有无"院子"的房型、到"床""空调"和"电视"这些大件设施，小到"牙刷""装饰品"和"音响"等，这些都会影响到客人对房间的体验感和舒适度，这说明了客房服务不仅内容复杂而且包含了很多的细节点。对于民宿来说，硬件设施可能没有酒店那么高调奢华，但该有的设备设施都是有的，其中包括高频词中的前台、拍照区、游泳池和停车场等，除此之外，大乐之野民宿（庾村店）还设有自己的大堂、咖啡厅和亲子活动区等。这些场所和设施不仅给消费者带来了极大的方便，同时也给顾客提供了多种多样的休闲放松的方式，使消费者的体验度和舒适感都得到了提高。但其仍然存在一些问题，在设施设备评价中，关于"隔音"的问题出现了 7 次，房间"拥挤"的问题出现了 8 次，这些问题都表达出了顾客的不满。

（3）卫生环境网络评价。

选址对民宿的宣传和经营发展的重要性不言而喻，而地理环境也是影响顾客选择民宿的重要因素之一。而对于大乐之野民宿来说，别致的选址和因地制宜的建筑风格是其核心优势，"莫干山""度假区""位置""户外""小镇"等词语都是对民宿所处位置的描述。大乐之野（庾村店）民宿地处莫干山景区，位于莫干山交通枢纽处，具有得天独厚的位置优势。除此以外，从"环境""大自然""山里""风景""小溪""空气新鲜""广场""步行区""庭院""花园"等对民宿周边环境的评论可以看出，大乐之野的民宿对选址有很高的要求。从上面这 15 个高频词我们可以想象到大乐之野民宿（庾村店）是一间坐落在一个世外桃源般的民宿，这部分词语占据了"地理环境"评价指标的大部分，也反映出了消费者对其较高的认可度，民宿周围优美的自然生态环境提升了顾客的住宿体验。但仍有不少顾客提到了道路"施工"的问题，虽然说这不是可控的事件，但依旧给顾客带来了不便，从而会影响顾客的体验感和满意度。

（4）服务质量体验感知。

根据"体验感知"指标中高频词所表达出的消费者态度和情感，本研究将文本分为积极评价、中立评价和消极评价三类，其中正向评价 17 条，中性评价 10 条，负面评价 3 条。其评价主要围绕"服务态度""体验度"和"性价比"三个方面展开。总体来看，顾客对大乐之野民宿（庾村店）的评价以正向词语为主，如对服务态度主要有"贴心""热情""满意""周到"等，体验度可从"舒适""体验""特色""惊喜"等词体现出来。但是对于"性价比"这个中性词语，顾客评价有些许分歧，"值得""到位""完美""好评"等褒义词出现的频次一共有 51 次，但是"不值得""贵""失望"等负面评价也共出现了 16 次。由此可见，民宿虽然对消费者提供的都是一样服务与体验，但由于客人自身的需求与特点的差异，会导致顾客在入住过程中，对民宿的体验感和满意度各不相同。

（五）酒店服务质量管理提升建议

大乐之野民宿（庾村店）由于其品牌形象、独特的选址、优质的管家服务、定制的亲子活动和充满设计感的装修风格等优势被大量的消费者欣赏和认可。其中，民宿环境、管家服务和房间设施是客人在住房过程中最关注的三个方面，同时在文本中被提及的次数也是最多的。但是，点评文本中也暴露出了一些影响顾客住房体验的问题，如酒店房间隔音效果不好、房间不大、道路施工和性价比不高等问题。针对在线文本中顾客所关注的服务内容和民宿服务质量管理中存在的问题，笔者提出以下几点管理建议。

1. 重视顾客评价，加强网络平台管理

大数据时代，越来越多潜在的消费者会通过在线点评内容来决定是否进行消费，因此对网络平台中顾客点评内容进行分析整理，不仅有助于及时认识到民宿工作人员在服务和管理过程中存在的问题，同时也可以通过了解顾客的需求，更好地给顾客带来满意的服务。顾客评价中有少数顾客提到回复不及时、回复的速度也不够迅速等问题，所以针对这一问题，管理者应组织专人负责网络口碑运营、客户维护和品牌推广的工作。对用户在线评论进行迅速、高效和细致的回复，及时有效地与消费者互动，缓解因沟通不畅、信息接收不正确而造成的民宿与客户之间的矛盾，同时这也能让顾客感受到民宿的诚意和对其的重视程度。除此之外，民宿还应对服务的意见与建议及时进行总结与整合，以便服务者在服务中进行改进，为顾客提供满意服务的同时也建立了顾客忠诚度。

2. 加强员工培训，注重服务细节

"服务性"是酒店、民宿等住宿业的特性之一，而提供服务的服务人员就是民宿的一面镜子，客人对服务人员的印象和评价会直接影响顾客对民宿的评价。在大乐之野民宿（庾村店）的网络评价指标"基础服务"中，由民宿服务人员提供的一系列服务被客人提及，如"打扫不当"和"自助餐加热"等。针对这些问题，管理者应该加强对餐厅服务人员和客房服务人员交际用语和专业技能的培训，为员工制定评分标准，并进行定期考核与抽查，以此来提升员工的服务意识、提高服务效率和及时准确地履行服务承诺的能力。

3. 保持房间干净，环境优美

宜人的生态环境和独特的设计风格是大乐之野民宿（庾村店）的核心优势之一，但由于房间清洁不到位和道路施工的问题，环境从有利因素变成了不利因素，导致给客人造成不便。对此，民宿应及时与当地有关部门沟通了解情况，商量解决措施。对于已经住店的客人，可为其升级房型或换个安静的房间。除此之外，民宿还应及时与即将到店的顾客提前进行沟通，告知并说明情况，为此造成的不便道歉等。在网络评价文本中，顾客提及关于房型的问题，在房间装修设计上，民宿应把顾客的舒适度和体验感放在第一位，为顾客提供舒适宜人的居住环境。

4. 房间安置隔音装置，保证顾客隐私

大乐之野民宿（庾村店）房间类型多样，有套房也有独栋，但数量均不多，这体现了民宿小而精的特点，房间内部设施也很齐全，但有顾客反映靠近路边的房间隔音效果不好等，再加上道路建设等噪音，会打扰到顾客的休息，同时隔音效果不好，也会侵犯到顾客的隐私等方面。因此，民宿管理者应该在后期为靠近街边和隔音效果不好的房间添加隔音设施，如隔音玻璃、降噪耳塞等，在一定程度上解决隔音效果不好的问题。除此之外，前台服务人员也应对有特殊需求的老年、孕妇或带小孩的客人在预约进店前，提前对其进行询问和提醒，如有特殊需求可安排入住大乐之野其他民宿或引荐附近其他同类型民宿或酒店。在淡季或有空房的情况下为顾客进行房间升级或换房等服务，以此来保证顾客能有一个好的住房和服务体验。

5. 价格回归理性，提升民宿性价比

很多顾客在选择民宿时，一方面，出于体验的需求，希望有一个好的居住体验；另一方面，在于看中民宿的价格比高星级酒店更实惠，而价格无疑是民宿的最大优势。但由于莫干山景区内的民宿很多，同时质量参差不齐，价格差别大，没有相应的定价标准和管理机构，在周末和节假日等特殊时间段，价格普遍较高，这一行为会让民宿失去其核心竞争优势，因此也有客人吐槽大乐之野民宿价格高、性价比低等。针对这点，管理者应结合民宿本身的定位、特色产品和硬软设施等实际情况，在一定的范围调整其房价，同时针对淡季也可以进行一些房价打折或其他优惠活动等，以此实现价格的理性回归，提升民宿的性价比。

6. 建立客史档案，为客人提供个性化服务

从大乐之野民宿（庾村店）的网络评价可知，有很多客人都是大乐之野的忠实客户，他们喜欢大乐之野民宿"周到""贴心""细致""优质"的服

务，也有些客人觉得大乐之野民宿"性价比低"，体验感不太好，对此，不免有失望情绪，这启示服务者在具体的服务上应根据客人自身的特点为其提供属于他的定制化、个性化服务。作为连锁的民宿品牌，大乐之野应该有专业的预定系统和详细的客史档案来记录客人的个人信息与偏好，并对不同店之间的客史档案进行共享。这就要求前台预订部要提前了解每位客户的基本信息与基本偏好等，根据每个顾客自身的特点为其提供不同的服务，对大乐之野民宿的VIP客人，更应该为其提供更加细致的服务。

注：本节部分内容系乐山师范学院旅游学院 2016 级酒店管理专业刘萍毕业论文（设计）成果，其指导教师为冯晓兵。

五、成都繁星我们青年旅社服务质量网络评价研究

（一）酒店简介

成都繁星我们青年旅社位于春熙路步行街内，坐拥繁华，寸步不移即可感受"最春熙"，交通便利，距离地铁春熙路站步行距离约 400 米，步行到太古里约 5 分钟，前往成都中心地标天府广场步行约 20 分钟。酒店所有房间均配备独立卫浴、24 小时热水、中央空调、新风系统、无线网全覆盖。为满足不同用户的需求，这里拥有多种房型供顾客选择，大床房都配有智能家居系统，床位房都配有独立的储物柜、独立书架、阅读灯和 3USB 插座。青旅大厅台球、电影、酒水吧、桌游、体感游戏等设施设备齐全，旨在打造一个轻松舒适、慵懒文艺、自由愉快的交友空间，让每一个来到成都繁星我们青年旅社的人都能畅快体验"不上班的理想生活"。

（二）基于市场细分的酒店服务质量在线评价

根据顾客的出游目的的不同，成都繁星我们青年旅社的客源市场可划分为 7 个类型，见表 5-14。从表 5-14 可以看出，成都繁星我们青年旅社的客源类型中，独自旅行的顾客的比例最高，达到了 36.83%；其次是朋友出游的顾客，其比例达到了 31.14%，独自旅行和朋友出游的顾客的比例合计达到 67.97%，构成成都繁星我们青年旅社的核心客源市场；其他类型的顾客的比例为 10.52%，家庭亲子的顾客的比例为 5.59%，商务出差的顾客的比例为 8.99%，情侣出游的顾客的比例为 5.69%，代人预订的顾客的比例为 1.24%。

表 5-14　成都繁星我们青年旅社网络评分市场差异

出游目的	网络评分	样本数量/条	样本比例/%
代人预订	4.96	37	1.24
独自旅行	4.88	1 106	36.83
家庭亲子	4.82	168	5.59
朋友出游	4.94	935	31.14
其他	4.92	316	10.52
情侣出游	4.8	171	5.69
商务出差	4.89	270	8.99

　　从不同细分市场对成都繁星我们青年旅社服务质量的网络评分来看，代人预订的顾客对酒店的评价最高，其网络评分为4.96分；其次是朋友出游的顾客，其网络评分为4.94分；顾客样本中比例最高的独自旅行的顾客网络评分为4.88分，商务出差、情侣出游、家庭亲子、其他类型的顾客的网络评分分别为4.89分、4.8分、4.82分、4.92分；情侣出游的顾客的网络评分最低，为4.8分。可以看出，成都繁星我们青年旅社所有细分市场的网络评分都在4.6分以上，顾客满意度较高。

（三）基于房间类型的酒店服务质量在线评价

　　携程旅行网的有关信息显示，成都繁星我们青年旅社网络在售共有13种类型的客房，其中售出客房最多的类型是观景十二人间，其达到了选取样本的20.65%；其次是兄弟八人间和闺蜜八人间，其比例分别达到了15.42%和13.05%，这三种类型的客房比例累计达到49.12%；闺蜜四人间的售出比例为9.92%，闺蜜六人间的售出比例为8.99%，兄弟六人间的售出比例为8.06%，轻奢大床房的售出比例为7.53%，兄弟四人间的售出比例为6.63%，驴友三人间的售出比例为4.03%，智享大床房的售出比例为3.82%，舒压标准间、零压高级大床房和繁星月光特惠大床房的比例较低，分别仅有1.37%、0.50%和0.03%。成都繁星我们青年旅社网络评分房型差异见表5-15。

表 5-15   成都繁星我们青年旅社不同房型的网络评分情况

房间类型	网络评分	样本数量/条	样本比例/%
繁星月光特惠大床房	4.5	1	0.03
观景十二人间	4.89	620	20.65
闺蜜八人间	4.95	392	13.05
闺蜜六人间	4.95	270	8.99
闺蜜四人间	4.88	298	9.92
零压高级大床房	4.47	15	0.50
驴友三人间	4.82	121	4.03
轻奢大床房	4.8	226	7.53
舒压标准间	4.52	41	1.37
兄弟八人间	4.96	463	15.42
兄弟六人间	4.95	242	8.06
兄弟四人间	4.88	199	6.63
智享大床房	4.77	115	3.83

由表 5-15 可知，兄弟八人间的网络评分最高，达到了 4.96 分；其次是兄弟六人间、闺蜜八人间、闺蜜六人间，其网络评分均达到了 4.95 分；酒店客房售出比例中较高的观景十二人间、闺蜜八人间、兄弟八人间的网络评分分别为 4.89 分、4.95 分、4.96 分，顾客评价也较高；顾客网络评价最低的客房类型是零压高级大床房，其评分仅有 4.47 分；繁星月光特惠大床房的顾客网络评分为 4.5 分，舒压标准间的顾客网络评分为 4.52 分，这三种房型的顾客网络评价相对较低，需要在后续管理中予以重视。

（四）基于内容分析的酒店服务质量在线评价

1. 酒店在线点评文本高频词分析

本研究通过对携程网上的 1 101 条顾客评价内容进行分析和处理，首先剔除掉过于单一的评语，如"好好好好好好好"，其次剔除掉同一用户的重复的评语和没有文字的评语，最后将相似的词语进行转换，并以此作为分析文本材料再利用 ROST 软件，提取出关于成都繁星我们青年旅社在线点评文本的高频词，根据在线点评文本中高频词的词频生成成都繁星我们青年旅社的在线点评文本高频词云图（见图 5-10）。图 5-10 中是在线点评文本中出现频率较高的词语，字号的大小代表词语被提及的频次高低。可以看出，"房间"一词被提及的次数最多，其次是"干净""方便""位置""环境""春熙路"等，从这几个高频词可以看出，成都繁星我们青年旅社"房间环境干净""位置方便"。

图 5-10　成都繁星我们青年旅社在线点评文本高频词云图

本研究通过对携程网上的网络评价进行整理，将文本中出现的高频词提取出来，采用共现分析构建成都繁星我们青年旅社的高频词共现矩阵，利用 ROST 软件中的语义网络分析工具，绘制成都繁星我们青年旅社在线点评语义网络图（见图 5-11）。图 5-11 所出现的词语在整个网络评价中出现次数相对较多，从中可以清晰地看出顾客对成都繁星我们青年旅社所在意的方面有哪些。成都繁星我们青年旅社以"房间""干净""方便""位置""交通""服务""环境"等为中心，从这几方面构成了顾客们点评的关键内容，也就是顾客最在意的几个指标。其他词语大多基于此而进行拓展，共同组成了成都繁星我们青年旅社在线点评语义网络图。

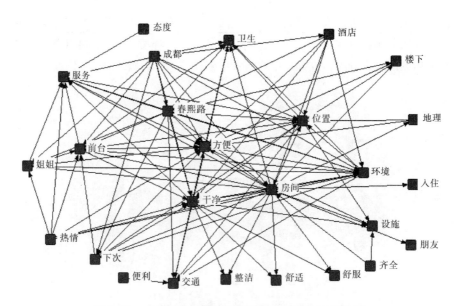

图 5-11 成都繁星我们青年旅社在线点评语义网络图

2. 酒店服务质量在线评价分析

本研究以"基础服务、设施设备、卫生环境、体验感知"作为成都繁星我们青年旅社服务质量网络文本分析指标体系,并对在线点评文本高频词按照其属性进行归类,整理出成都繁星我们青年旅社服务质量网络评价体系的词语统计表。此外,本研究根据词语的词义属性对其分类,每种类别下排序前 21位的网络评价词语及词频统计见表 5-15,并针对青年旅社在基础服务、设施设备、卫生环境和体验感知等方面存在的服务质量问题,提出相关意见和建议。

表 5-15 每种类别下排序前 21 位的网络评价词语及词频统计

排序	基础服务		设施设备		卫生环境		体验感知	
	词语	词频/次	词语	词频/次	词语	词频/次	词语	词频/次
1	前台	183	房间	297	干净	267	舒服	116
2	服务	179	设施	117	位置	257	下次	104
3	热情	104	装修	62	环境	229	舒适	75
4	入住	67	齐全	55	春熙路	211	第一次	63
5	体验	66	大厅	43	成都	144	满意	62

表5-15(续)

排序	基础服务		设施设备		卫生环境		体验感知	
	词语	词频/次	词语	词频/次	词语	词频/次	词语	词频/次
6	态度	65	床位	42	卫生	134	性价比	53
7	满意	62	枕头	39	交通	111	适合	52
8	老板	45	洗漱	28	整洁	79	选择	44
9	年轻人	34	住宿	27	地方	64	可爱	42
10	打扫	33	漂亮	26	地铁站	80	值得	38
11	阿姨	19	设计	26	出行	44	好评	29
12	贴心	18	电影	23	步行街	36	最好	29
13	店长	27	台球	22	周边	33	实惠	28
14	耐心	13	空调	21	小吃	33	开心	28
15	到位	13	智能	20	氛围	28	便宜	27
16	温柔	12	问题	20	温馨	26	周到	27
17	老板娘	10	用品	20	安静	22	强烈	21
18	用心	10	宽敞	17	方便	265	担心	15
19	店员	8	隔音	16	优越	17	效果	12
20	有求必应	8	床垫	15	优美	11	完善	10
21	洗衣	8	床单	12	好找	27	很棒	10

（1）基础服务网络评价。

从成都繁星我们青年旅社服务性网络评价的高频词中可以看出，"干净、前台、服务、热情"被提及最多。青年旅社和酒店有所不同，它的服务人员相对较少，也相对较为灵活，大多采用自助的形式，因此在青年旅社中老板和前台的服务态度显得尤为重要。酒店大多"以顾客为上帝"，而青年旅社讲究平等，认为服务人员和顾客之间是朋友的关系。在线点评中多次出现"前台""老板""店员""店长"等词语，并且相关评论都积极向上。许多顾客都觉得前台很好，老板也超级热情，旅社里服务人员也非常好，让他们有种回归大家庭的感觉。"店长是个90后的男生，相对来说很好相处，也特别友好，经常给旅客们推荐很多好吃、好玩的地方。"成都繁星我们青年旅社的前台非常热情和积极，给许多顾客都留下了深刻的印象，在评论中都表现出了他们对前台的喜爱和对其工作的肯定。而老板本人就比较年轻，他以朋友、家人的身份和顾客相处，尽自己最大的努力帮助每一位前来咨询的顾客，使得他与顾客间的相处十分愉快。也正是因为他们的服务态度都非常好，让旅客感受到了家的温暖，因而吸引了很多回头客，再次来这里旅游的旅客也愿意继续选择成都繁星我们青年旅社。

本研究将成都繁星我们青年旅社的服务效率从两个方面进行分析，一是服务的可靠性，即是否准确完成了承诺的所有服务；二是服务的反应性，即为旅客提供快捷、有效的服务所需要的时间。作为青年旅社来说，其应该及时并且准确地提供他们所能提供的服务，对于顾客的入住问题，青年旅社的房型相对较多，顾客的需求也各不相同，旅社应该记录旅客的合理性需求，提供对于房型相应的意见供顾客参考。"热情""周到""有求必应"等评价体现了顾客对服务普遍感到满意，他们在成都繁星我们青年旅社都感受到了家的温暖，前台服务人员会主动询问顾客在外没有吃完的小吃是否需要加热，给他们体贴和关心。由此可以看出繁星我们青年旅社的前台会主动地为顾客提供服务，针对不同顾客需求尽量提供给他们所想要的，并且非常快捷和有效。青年旅社和大型酒店服务人员的不同就在于人更少，但是相对更为灵活，所以在服务效率方面需要的就是服务人员的主动性。

（2）设施设备网络评价。

成都繁星我们青年旅社的设施设备非常"齐全"，房间内有空调、锁柜、拖鞋和便利挂兜，整体设计比较实用。评论中出现频次较高的"隐私"一词，也表明了旅客对隐私方面的注重；旅社带有独立的卫浴且每张床都有隔帘，能很好地保护隐私。旅社整体干净整洁，女生房间有独卫，洗发水、护发素和沐浴露都准备得很齐全。男生、女生房间分开排列，进去走廊有门禁。从众多评论中可以看出顾客对有无独立的卫生间和浴室非常在意，而成都繁星我们青年旅社在这一点上也深受顾客喜欢。关于卫浴方面，"洗漱"一词在评论中被提及较多。现在很多青年旅社也比较注重环保，提倡低碳生活，因此不提供一次性的牙刷等洗漱用品，有的顾客会在评论中表达不满，他们认为一次性洗漱用品是作为酒店必备的东西，因此自身没有准备相关物品，也没有时间再去购置，对此深感不便。青年旅社提供了顾客们广交朋友的机会，大厅中提供了台球、桌游、电影设备等各种娱乐设施，以供顾客进行选择；另外还提供了非常丰富的活动，顾客们可以一起玩狼人杀，一起看电影，一起聊天，一起玩网络游戏，一起下象棋。互动性公共空间在青年旅社中是十分重要的，旅社的互动性空间和丰富的娱乐活动满足了顾客入住青旅的社交目的。

评价中对房间的提及有房间布置样式、房间大小、房间通风效果等方面。评论中顾客最基本的住宿需求体现在"房间""床位"等词语,青年旅社一般一间房间可入住二至八人不等,成都繁星我们青年旅社提供日式榻榻米大床房、静雅标准间、品味三人间、男女四人间等多种房型,顾客可根据自己的实际需求进行选择。对于床上用品,如"床垫""枕头"等词语的评价都是很积极的,顾客觉得睡起来非常舒服,认为房间性价比很高,高于顾客自身预期。在搜集整理的在线点评中,"设计""漂亮""简约"等词语是对旅社装修的评价,大多评价都表现出对房间装饰的基本满意,不同房间有不同的装饰,顾客也可以据此选择自己所喜欢的类型。关于房间的设置,顾客在网络评论中写道:房间整体较大,配有独卫和单独的淋浴间;床位明亮宽敞,每个床位配备有灯;床帘也很遮光,可以很好地休息不被打扰。关于房间的通风效果,顾客抱怨颇多,并在评论中多次提到了"空调"一词:房间内太闷热,窗户密封性不好,楼下是火锅店,空气中也有股火锅味;空调制冷效果也不佳。总的来说,这些表明了大多顾客对所住房间的大小和装饰还较为满意,但是旅社在通风这一方面做得略显不足。

(3)卫生环境网络评价。

酒店的环境包括内部环境和外部环境两个方面。成都繁星我们青年旅社地处春熙路繁华地段,外部环境相对较为复杂。成都繁星我们青年旅社周围有很多小吃、餐馆,一方面方便了顾客的餐饮,另一方面也使旅社周围环境相对较差,评论中"味道"一词多次出现,许多顾客都抱怨房间没有窗户,楼下是餐馆味道散不走,觉得室内油烟味太重,有点接受不了。相对外部环境而言,成都繁星我们青年旅社的内部环境总的来说较好。从旅客评价中可以看出,成都繁星我们青年旅社大厅较为宽敞,能容下许多人,整体装修呈简约的北欧风,有摆放有序的座椅位,有适合独处的懒人沙发,也有供多人一起休闲娱乐的桌游,总体较为休闲、舒适。还有顾客认为老板非常用心,让青旅真正有了它的内涵,环境好,让人感到温馨、文艺。顾客对成都繁星我们青年旅社的内部环境整体都比较满意,该旅社的大厅空间容纳量也足够大,同时装修和布局基本符合现代年轻人的审美。老板对装饰这方面同样比较上心,设计出来的风格能吸引到许多顾客。

地理位置对一个酒店来说是至关重要的,出游旅客对酒店的选择很大程度会因为地理位置而进行考虑。"位置""交通""出行""地方""地铁站"等词语被顾客频频提及,"成都""春熙路""步行街"是成都繁星我们青年旅社大概所在位置,相对来说地理位置十分优越。作为来成都旅游的旅客来说,春熙路是绝大多数旅客都会选择的一个地方,并且春熙路是一个重要的交通中转地，到各个地方都十分便捷。成都繁星我们青年旅社就位于春熙路，这在一定程度上方便了旅客的出行和游玩。顾客们在评论中写到酒店的位置处于春熙路商圈，逛街、购物和吃饭都很方便，坐地铁和旅游大巴也非常便捷。优越的地理位置是旅客选择这家青旅的重要原因，但是也正因为地理位置位于春熙路中心，属于步行街范围，也给行李很多的旅客造成了一定程度上的困扰，如旅客对旅社具体位置不明的抱怨，他们认为自己带着行李，出租又不允许进入，旅社最好发个定位或地图能让他们尽快找到。

（4）服务质量体验感知。

从成都繁星我们青年旅社服务性网络评价的高频词中可以看出，"方便、舒服、下次再来、朋友"被提及最多。"好评""满意""实惠""值得"等积极正向词语也被多次提及。笔者利用 ROST 软件，提取出了关于成都繁星我们青年旅社的情感分布表，见表 5-16。结果显示，83.58%的顾客评论都表现出了对成都繁星我们青年旅社的肯定，15.33%的顾客对成都繁星我们青年旅社的一些地方较为不满意，其中高度满意的旅客占 0.08%，高度不满的旅客占 1.25%。

表 5-16　成都繁星我们青年旅社点评文本情感分布统计结果

项目	类别	样本数量/条	比例/%
情绪分段统计结果	积极情绪	12	1.09
	中性情绪	921	83.58
	消极情绪	169	15.33
积极情绪分段统计结果	一般（0~10）	6	0.50
	中度（11~20）	5	0.42
	高度（20 以上）	1	0.08
消极情绪分段统计结果	一般（-10~0）	96	60
	中度（-20~-11）	62	38.75
	高度（-20 以下）	2	1.25

从整体舒适度来看，成都繁星我们青年旅社的在线评论大多为好评。第一个方面体现在整体卫生方面，干净卫生是一个酒店的首要条件，也是多数顾客对酒店的第一印象来源，在成都繁星我们青年旅社的入住评论中许多顾客也提到了"干净"一词，表示了他们对旅社这方面的认可。第二个方面体现在装修设施上，老板根据年轻人爱好的整体风格对旅社进行装修，使得很多顾客认

为成都繁星我们青年旅社的装修设计都比较符合他们的喜好，让他们觉得更有家的感觉。也有顾客再次来到成都，再一次选择入住成都繁星我们青年旅社，他们认为这里对他们来说非常熟悉、亲切和温馨。设施齐全、房间干净舒适、给人家的感觉，这些方面从很大程度上提升了成都繁星我们青年旅社给人带来的舒适度。第三个方面体现在活动区域，对于要休息的旅客，有自己的床位，同时还配上了遮光帘以保证旅客的隐私；对于需要交友活动的旅客，有聊天区、桌游区等供他们进行选择。

愿意选择青年旅社的大多为年轻人，青年旅社中的顾客彼此间也没有职业、性别、宗教、文化等的歧视，大家都认为这里是"背包客"旅游的家。在成都繁星我们青年旅社中有顾客评论道："我们对成都繁星我们青年旅社的感觉非常好，虽然每位旅客彼此都是陌生人，只是相逢在驿站，但是这里很适合出行居住，就像个家，能够安放旅客的心。"大多数顾客都表达出了对成都繁星我们青年旅社的喜爱，他们认为这里就像家一样，给人温馨愉悦的感觉，也让他们感觉到轻松自在，可以卸下旅途中的疲惫。在顾客评论中，笔者发现有很多顾客是第一次入住青年旅社，大多数人对成都繁星我们青年旅社感到非常满意，也有不少顾客会推荐朋友到成都玩的时候入住，并表示下次有机会还会再去，认为成都繁星我们青年旅社是他们所住过最好的青旅，这无疑是对成都繁星我们青年旅社的一种最高评价。

（五）酒店服务质量管理提升建议

青年旅社是一种特殊的住宿形式。随着旅游行业的迅速发展和青年旅游者数量的增加，青年旅社在我国逐渐兴盛起来。本研究以成都繁星我们青年旅社为例，以携程网上关于该旅社的顾客点评文本内容为基础，使用 ROST 软件提取顾客在线点评文本中的高频词，并根据词语属性对高频词进行归类；从"基础服务、设施设备、卫生环境、体验感知"等方面分析评价成都繁星我们青年旅社的服务质量，发现成都繁星我们青年旅社总体评价都较好，旅客对成都繁星我们青年旅社也基本满意，但该旅社缺少令人十分欣赏的地方，除此之外还存在一些问题有待改善。根据对成都繁星我们青年旅社的总体性分析，本研究给出以下建议。

1. 改善旅社环境卫生，完善设施设备

成都繁星我们青年旅社整体布局舒适，给人温馨的感觉，此方面应继续保持，以获得顾客好感。旅社基础设施较为完善，有充足的热水，良好的网络信号、单独的卫浴，房间隔音效果也较好，除此之外还配备有洗衣机，但是有的顾客入住时间较短，建议配备烘干机以方便顾客携带干净衣物。除此之外，成都繁星我们青年旅社卫生间的通风情况略微糟糕，旅社可以安装通风装置，以实现空气流通。由于旅社周围有大量的饭店，味道较重，旅社可与底楼商铺商量安装排油烟机，并在窗口多安装清新剂，定期检修窗户，保证窗户能完好关闭，以此保证顾客能感受到清新的空气。成都繁星我们青年旅社地理位置极佳，但由于位于成都春熙路步行街，人流量较大，车辆不好通行，旅社应提前联系顾客，告知其旅社的具体位置，以便顾客能较为方便准确地到达。

2. 保障旅社产品质量，提供周到友善服务

青年旅社虽然价格较为实惠，但是一般入住的都是年轻人，而年轻人对产品质量往往较为在意。产品质量大多体现在卫生方面，可以较为简单但一定要干净整洁，最主要就是床上用品的质量，无论房间价格高低，首先一定要保证床上用品干净，这是住宿的基本条件；其次就是卫生间所提供的产品，因为注重环保，提倡低碳生活，青年旅社不提供一次性的牙刷等洗漱用品，可事先在预定平台上备注好，提醒顾客提前准备好，并说明原因，大多顾客都会表示理解，也能减少不必要的麻烦。

服务是体现一个住宿行业整体情况的重要因素，青年旅社虽不似酒店那么专业、严谨，但会给人一种较为轻松的氛围，旅社服务人员的态度能非常直观地影响到顾客的心情。本研究分析了在线点评的顾客感知服务质量对顾客重复购买意向的影响，发现服务人员的态度对顾客的在线点评也起着很重要的作用。成都繁星我们青年旅社的老板和前台都深受各位顾客的好评，大家对他们也表示非常满意，也正因此使得部分顾客有了下一次再来的想法。旅社应该继续保持并且积极提升他们的服务，保证顾客有很好的体验感。

3. 增加人员安全培训，加强旅社安全管理

安全问题在青年旅社中往往容易被忽视，旅社安全系数相对较低。安全问题往往包括内部安全问题和外部安全问题两方面。成都繁星我们青年旅社在房间内设有锁柜、每张床都有隔帘以保护旅客的独立隐私，这对于顾客来说，部分安全问题得到了保障，也让顾客更加放心，但是缺少外部安全防范。外部安全通常包括旅社出入口的安全和安全防范措施，青年旅社大多只有服务人员，缺少门口安保人员，成都繁星我们青年旅社可在旅社门口安装实时监控并配备专门的安保人员，以加强旅社出入口安全监管，保障顾客的人身安全。对于安全防范措施，旅社必须配备消防设施和应急设施，以保证消防通道的畅通。成都繁星我们青年旅社外部环境复杂，周围是餐饮区，存在一定的安全隐患，因此旅社必须保证消防通道的畅通以及配备必需的消防设施，同时应对服务人员

定期进行安全逃生的培训，确保他们能熟练使用基本消防设施，确保顾客的人身安全。

4. 加强文化交流传播，提升传播旅社文化

青年旅社的核心吸引力是文化交流和社会交流的互动。青年旅社的客源大多为年轻人，他们往往有自己的个性和特点，喜欢相互间的交流和互动，而青年旅社的布局大多贴合了年轻人的想法，从而营造了独特的氛围。成都繁星我们青年旅社有供顾客相互交流的场所。除此之外，旅社还可设计和开展更多有趣的交流活动，增设年轻人喜欢的游戏平台等，以此创新文化的交流方式，使得青年旅社的文化不断创新发展，具有源源不断的活力和吸引力，也以此发挥青年旅社的一大重要作用，将年轻人齐聚在一起，并担起青年人的社会教育职责。

注：本节部分内容系乐山师范学院旅游学院2016级酒店管理专业薛桃毕业论文（设计）成果，其指导教师为冯晓兵。

参考文献

［1］前瞻经济学人. 2018 年在线旅游行业规模与 2019 年在线旅游发展前景分析［EB/OL］.（2018-12-12）［2021-09-30］. https：//www. qianzhan. com/analyst/detail/220/181212-6dc3ac93. html.

［2］DELLAROCAS C N，AWAD F. Neveen and X. Zhang. Exploring the Value of Online Product Reviews in Forecasting Sales：The Case of Motion Pictures［J］. Journal of Interactive Marketing，2007，21（4）：23-45.

［3］CHEVALIER J. A. and D. Mayzlin. The Effect of Word of Mouth on Sales：Online Book Reviews［J］. Journal of Marketing Research，2006，43（3）：345-354.

［4］雷晶，李霞. 在线点评对消费者行为意向影响的实证检验［J］. 统计与决策，2015，（18）：117-121.

［5］张慧. 网络环境下山东省五星级酒店顾客满意度评价研究［D］. 济南：山东师范大学，2015.

［6］郝海媛. 酒店产品在线评价的可信度研究：以缤客网香港酒店为例［J］. 现代商业，2018（14）：29-31.

［7］李孙琴. 酒店在线点评对消费者购买意向的影响［D］. 合肥：安徽财经大学，2017：43.

［8］秦海菲，杜军平. 酒店在线评论数据的特征挖掘［J］. 智能系统学报，2018，13（6）：1006-1014.

［9］丁鑫，汪京强，王晓燕. 基于在线点评的酒店顾客感知服务质量研究［J］. 内蒙古师范大学学报（哲学社会科学版），2018，47（3）：43-47.

［10］卢向华，冯越. 网络口碑的价值：基于在线餐馆点评的实证研究［J］. 管理世界，2009（7）：126-132.

［11］姚晨洋. 酒店服务质量网络评价研究［J］. 旅游纵览（下半月），2018（5）：85.

［12］朱峰，吕镇. 国内游客对饭店服务质量评论的文本分析：以 e 龙网的网友评论为例［J］. 旅游学刊，2006，21（5）：86-90.

［13］熊伟，高阳，吴必虎. 中外国际高星级连锁酒店服务质量对比研究：基于网络评价的内容分析［J］. 经济地理，2012，32（02）：160-165.

［14］于最兰. 游客对酒店服务质量评论的文本分析［D］. 济南：山东大学，2013.

［15］谭金凤. 基于携程网在线点评探析广州高星级酒店的顾客满意度［J］. 中国市场，2017（1）：103-105.

［16］张彩霞，武君阳. 基于网络在线点评的酒店顾客感知服务质量研究［J］. 通讯世界，2019，26（8）：11-12.

［17］冯晓兵，侯瑞萍. 酒店服务质量网络评价研究［J］. 科技和产业，2017，17（3）：119-123.

［18］前瞻经济学人. 2018 年中国在线旅游竞争格局分析 携程系占据半壁江山［EB/OL］.（2018-06-27）［2021-09-30］. https：//www. qianzhan. com/analyst/detail/220/180627-5f0bf9d9. html.

［19］携程旅行网. 成都环球中心天堂洲际大饭店［EB/OL］.（2019-10-25）［2021-09-30］. https：//hotels. ctrip. com/hotel/705260. html#ctm_ ref＝www_ hp_ bs_ lst.

［20］携程旅行网. 成都世纪城天堂洲际大饭店［EB/OL］.（2019-10-25）［2021-09-30］. https：//hotels. ctrip. com/hotel/416180. html#ctm_ ref＝www_ hp_ bs_ lst.

［21］携程旅行网. 成都保利公园皇冠假日酒店［EB/OL］.（2019-10-25）［2021-09-30］. https：//hotels. ctrip. com/hotel/430322. html#ctm_ ref＝www_ hp_ bs_ lst.

［22］携程旅行网. 成都温江皇冠假日酒店［EB/OL］.（2019-10-25）［2021-09-30］. https：//hotels. ctrip. com/hotel/6261713. html#ctm_ ref＝www_ hp_ bs_ lst.

［23］携程旅行网. 宜宾鲁能皇冠假日酒店［EB/OL］.（2019-10-25）［2021-09-30］. https：//hotels. ctrip. com/hotel/2707296. html#ctm_ ref＝www_ hp_ bs_ lst .

［24］携程旅行网. 成都城市名人酒店［EB/OL］.（2019-08-25）［2021-09-30］. https：//hotels. ctrip. com/hotels/detailPage? hotelId＝435194#ctm_ ref＝www_ hp_ bs_ lst.

［25］携程旅行网. 成都香格里拉大酒店［EB/OL］. （2019-08-25）
［2021 - 09 - 30］. https：//hotels. ctrip. com/hotels/425825. html？hotel =
425825&tab=1&#abtest=200820_ HTL_ cdhwp：B，2019-08-25.

［26］携程旅行网. 简阳三岔湖长岛天堂洲际酒店［EB/OL］. （2019-10-
25）［2021-09-30］. https：//hotels. ctrip. com/hotel/6378413. html#ctm_ ref=
www_ hp_ bs_ lst.

［27］携程旅行网. 眉山黑龙滩长岛天堂洲际酒店［EB/OL］. （2019-10-
25）［2021-09-30］. https：//hotels. ctrip. com/hotel/688673. html#ctm_ ref=
www_ hp_ his_ lst.

［28］携程旅行网. 三亚文华东方酒店［EB/OL］. （2019-08-30）［2021-
09-30］. https：//www. mandarinoriental. com. cn/sanya/dadonghai/luxury-hotel.

［29］携程旅行网. 蒲江花样年福朋喜来登度假酒店［EB/OL］. （2019-08-
25）［2021-09-30］. https：//hotels. ctrip. com/hotel/3799528. html#ctm_ ref=
www_ hp_ bs_ lst.

［30］携程旅行网. 西安华清御汤酒店［EB/OL］. （2019-08-25）［2021-09-
30］. https：//hotels. ctrip. com/hotel/778503. html#ctm_ ref=www_ hp_ bs_ lst.

［31］携程旅行网. 内江滨江假日酒店［EB/OL］. （2019-10-25）［2021-09-
30］. https：//hotels. ctrip. com/hotel/6299898. html#ctm_ ref=hod_ hp_ sb_ lst.

［32］携程旅行网. 雅安智选假日酒店［EB/OL］. （2019-10-25）［2021-
09-30］. https：//hotels. ctrip. com/hotel/23130468. html#ctm_ ref=www_ hp_
bs_ lst.

［33］携程旅行网. 绵阳高新智选假日酒店［EB/OL］. （2019-10-25）
［2021-09-30］. https：//hotels. ctrip. com/hotel/19612415. html#ctm_ ref=www
_ hp_ bs_ lst.

［34］携程旅行网. 乐山广场智选假日酒店［EB/OL］. （2019-10-25）
［2021-09-30］. https：//hotels. ctrip. com/hotel/5907799. html#ctm_ ref=www
_ hp_ bs_ lst.

［35］携程旅行网. 成都西藏饭店［EB/OL］. （2019-08-25）［2021-09-
30］. https：//hotels. ctrip. com/hotel/436877. html#ctm_ ref=www_ hp_ bs_ lst.

［36］吕函霏，肖晓，江岳安. 主题酒店的氛围营造：以成都西藏饭店为例
［J］. 成都理工大学学报（社会科学版），2010，18（2）：98-102.

［37］携程旅行网. 乐山禅驿·嘉定院子［EB/OL］. （2019-08-25）
［2021-09-30］. https：//hotels. ctrip. com/hotels/8514712. html.

［38］携程旅行网. 泸沽湖真美里格客栈［EB/OL］. (2019-08-25)［2021-09-30］. https：//hotels. ctrip. com/hotel/4342816. html#ctm_ ref = www _ hp_ bs_ lst.

［39］携程旅行网. 大乐之野民宿（庾村店）［EB/OL］. (2019-08-25)［2021-09-30］. https：//hotels. ctrip. com/hotel/8445137. html.

［40］携程旅行网. 成都繁星我们青年旅社［EB/OL］. (2019-08-25)［2021-09-30］. https：//hotels. ctrip. com/hotel/23988651. html#ctm_ ref = www _ hp_ bs_ lst.